W0237168

# Inhaltsverzeichnis

*1. Teil*

HISPANISTIK IN SCHULE UND HOCHSCHULE

13

ALBERTO GIL / ENRIQUE BANUS

# KOMMENTIERTE ÜBERSETZUNGEN DEUTSCH - SPANISCH

Texte, Musterübersetzungen, vergleichende Grammatik

4., verbesserte Auflage

Romanistischer Verlag · Bonn

Hispanistik in Schule und Hochschule
Herausgegeben von Karl-Heinz Joppich

13

Die Deutsche Bibliothek — CIP-Einheitsaufnahme

**Gil, Alberto:**
Kommentierte Übersetzungen deutsch-spanisch : Texte, Musterübers., vergleichende Grammatik / Alberto Gil ; Enrique Banús. — Bonn : Romanistischer Verl., 1987
(Hispanistik in Schule und Hochschule ; 13)
ISBN 3-924888-24-8
NE: Banús, Enrique:; GT

Satz: Satzanstalt Mänken, Bonn
Gestaltung: Satz- und Schreibdienst Th. Babiel, Bonn

Romanistischer Verlag Jakob Hillen
Hochkreuzallee 46, 5300 Bonn 2


1. Auflage: Januar 1988
2. Auflage: November 1988
3. Auflage: Januar 1990
4. Auflage: Juni 1991

ISBN 3-924888-24-8
ISSN 0177-3607

## *Vorbemerkung*

Das vorliegende Werk behandelt anhand von Musterübersetzungen systematisch die Hauptschwierigkeiten, die bei der Übertragung von deutschen Texten ins Spanische entstehen. Von den Übersetzungen ausgehend werden außerdem die wichtigsten Gebiete der spanischen Grammatik auf kontrastiver Grundlage erläutert.

Das Buch besteht also aus zwei Teilen. Der erste Teil enthält Musterübersetzungen. Sie wurden hauptsächlich nach didaktischen und nicht nach stilistischen Gesichtspunkten erstellt. Darum haben wir nicht auf bereits publizierte Übersetzungen einiger Texte zurückgreifen können. Die Texte sind mit Fußnoten versehen; ein Teil dieser Anmerkungen enthält unmittelbare Erklärungen zu den Übersetzungen. Die meisten verweisen jedoch auf den zweiten Teil. Hier werden anhand von wörtlichen bzw. leicht veränderten Textpassagen aus Teil 1 Themen der spanischen Grammatik dargelegt, die sich für die übersetzerische Praxis als relevant erwiesen haben. Diese Aufteilung des Lehrwerks eröffnet eine zweifache Nutzungsmöglichkeit: Einerseits kann der Lerner die Übersetzungen bearbeiten und dabei auftauchende Fragen in einem größeren grammatischen Zusammenhang studieren; andererseits ist es aber auch möglich, den grammatischen Teil unmittelbar zu erarbeiten, wobei die angegebenen Beispiele jeweils in einen größeren Textzusammenhang eingeordnet werden können. Einige idiomatische Wendungen in Teil 1 reißen außerdem ein weites Problem der Übersetzung an.

Es sei ausdrücklich darauf hingewiesen, daß Teil 2 des Buches kein Ersatz für eine spanische Grammatik sein kann, zumal für eine wirksame Nutzung des Buches Grundkenntnisse der spanischen Grammatik - vor allem der Formenlehre - unabdingbare Voraussetzung sind. Weder Vollständigkeit hinsichtlich der behandelten Themen noch Ausführlichkeit hinsichtlich der aufgegriffenen Fragen konnten außerdem hier angestrebt werden. Jedoch ist insgesamt die Auswahl der Kapitel repräsentativ. Adressaten dieses Buches sind hauptsächlich Studierende der Romanischen Philologie, des Übersetzens und Dolmetschens. Die Texte haben unterschiedliche Schwierigkeitsgrade und eignen sich besonders zur Vorbereitung auf Zwischen- und Fachprüfungen, Staats- und Magisterexamina sowie Endklausuren des Übersetzerdiploms. Nützliche Dienste kann das Werk aber auch - durch das ausführliche Stichwortverzeichnis - als Handbuch in der übersetzerischen Praxis leisten. Die angefügten bibliographischen Hinweise sollen eine Hilfe bei der Vertiefung einzelner Fragestellungen der kontrastiven Grammatik bieten.

Das Buch ist auch Ergebnis unserer Lehrerfahrung an der TH Aachen,der Universität Bonn und der Fachhochschule Köln. Für die dort erhaltenen Anregungen und für die - in manchen Fällen intensive - Mitarbeit von Kollegen und Studenten sind wir sehr dankbar.

Text I

## Bücher in Spanien

Das erste Buch, das in Spanien gedruckt wurde[1], datiert aus dem Jahre 1474, also kurz nachdem Gutenberg die Buchdruckerkunst erfunden hatte[2]. Deshalb gibt es in Spanien zahlreiche Inkunabeln (antike[3] Bücher, die vor 1500 gedruckt wurden[1]), nicht nur[4] in den großen öffentlichen[3] Bibliotheken, sondern auch in den Läden von Antiquitätenhändlern[5]. Alte Bücher[6] ziehen heutzutage nicht nur Sammler[7], sondern auch viele andere Menschen[8] an. In Spanien lassen[9] sich, sogar zu moderaten Preisen, Unmengen[10] solcher[11] Bücher finden, es sei denn[12], man versteht es[13] nicht, sie aufzuspüren. Madrid, Barcelona und auch einzelne[14] kleinere Städte sind dafür wahre Fundgruben.

Aber mit der Welt des Buches verhält es sich nicht anders[15] als mit der Welt der Kunst. Nicht alles ist Vergangenheit. Spanien gehört heute[16] zu den Ländern, die die meisten[17] Bücher pro Jahr[18] hervorbringen. Die Tradition ist beibehalten worden[19]. Abgesehen von[20] der Herausgabe schöner[3] Faksimile-Ausgaben ungewöhnlicher Bücher, eröffnen die modernen Verleger dem Sammler oder Leser[7] weitreichende[21] Möglichkeiten auf allen Gebieten des Geisteslebens[22], zumal[23] in den letzten Jahren die Umsätze in diesem Bereich sehr lukrativ geworden[24] sind.

Es gibt in Spanien ein bestimmtes Datum, das sozusagen[25] die Liebe des Spaniers zum[26] Buch symbolisiert: es[27] ist der 23. April, Todestag von Cervantes. Dies[28] ist der Tag des Buches[29]. Am 23. April[30] werden an unzähligen[31] Straßenständen die neuesten Veröffentlichungen angeboten[32] . Die größte[33] Anzahl von Teilnehmern an diesem für Europa einmaligen Volksbrauch findet sich in Katalonien zum Festtag von San Jordi (hl. Georg), der mit Büchern, Rosen und Fahnen begangen wird[34].

Wer[35] sich dem Studium der Geschichte[36] widmet, hat dann reichlich Gelegenheit[37], in Bibliotheken und historischen Archiven zu stöbern. Millionen von Büchern sind sozusagen das „Gedächtnis der Welt“ und bieten dem Spezialisten alle erdenklichen[38] Forschungsmöglichkeiten[39]. Die Nationalbibliothek[40] in Madrid, in einem der schönsten klassizistischen[41] Gebäude der Stadt untergebracht, besitzt über[42] zwei Millionen Bände[43]. Die historischen Archive[3] sind außergewöhnlich, einige von ihnen sogar unentbehrlich für den, der[44] die Geschichte Spaniens und Amerikas studieren will[45]. Hierzu zählen das „Archivo de Indias“[40] in Sevilla und das der „Corona de Aragón“ in Saragossa[46].

Text I

## Libros en España

El primer libro impreso en España data del año 1474, es decir, poco después de que Gutenberg inventara la imprenta. Por eso hay en España numerosos incunables (libros antiguos impresos antes de 1500), no sólo en las grandes bibliotecas públicas sino también en las tiendas de anticuarios. Los libros antiguos atraen hoy en día no sólo a los coleccionistas, sino también a muchas otras personas. En España, uno puede encontrar una enorme cantidad de estos libros, incluso a precios económicos, a no ser que no sea capaz de descubrirlos. Madrid, Barcelona y también algunas ciudades pequeñas son a este respecto auténticas minas.

Pero el mundo del libro no es distinto del mundo del arte. No todo es historia. España es hoy uno de los países que editan el mayor número de libros por año, conservándose así la tradición. Además de la edición de hermosos facsímiles de libros raros, los editores modernos ofrecen al coleccionista o al lector enormes posibilidades en todos los sectores de la vida intelectual, sobre todo teniendo en cuenta que en los últimos años las ventas en este sector se han vuelto muy lucrativas.

Existe en España una fecha determinada que, por así decir, simboliza la afición de los españoles por los libros: es el 23 de abril, aniversario de la muerte de Cervantes. Este es el Día del Libro. El 23 de abril, en innumerables puestos callejeros, se ponen a la venta las últimas publicaciones. El mayor número de participantes en esta costumbre popular, única en Europa, se da en Cataluña en la festividad de San Jordi, que se celebra con libros, rosas y banderas.

Quien se dedica al estudio de la Historia tiene muchas posibilidades de revolver en bibliotecas y archivos históricos. Millones de libros son algo así como la „memoria del mundo" y ofrecen al especialista todas las posibilidades de investigación que uno se pueda imaginar. La Biblioteca Nacional de Madrid, instalada en uno de los edificios neo clásicos más bellos de la ciudad, alberga más de dos millones de volúmenes. Los archivos históricos son excepcionales, algunos de ellos incluso indispensables para el que quiera estudiar la historia de España y América. Entre ellos se encuentran el „Archivo de Indias" en Sevilla y el de la „Corona de Aragón" en Zaragoza.

Text I

**Anmerkungen zum Text I**

1) a) Übersetzung von Relativsätzen durch Partizip: I.9.5.C.c1.

b) „impreso“ gehört zur Gruppe unregelmäßiger Partizipien, welche das Spanische in begrenzter Zahl enthält:

abrir - abierto - öffnen
absolver - absuelto - lossprechen
cubrir - cubierto - (zu)decken
decir - dicho - sagen
escribir - escrito - schreiben
freír - frito - braten
hacer - hecho - machen
imprimir - impreso - drucken
morir - muerto - sterben
poner - puesto - stellen, legen
romper - roto - (zer)brechen
ver - visto - sehen
volver - vuelto - zurückkehren

2) Zeitenfolge: Die "-ra"-Form: II.2.4.

3) Stellung des Adjektivs: I.3.1.A.

4) Nicht nur...sondern auch: II.3.

5) Wortzusammensetzungen: I.6.5.B.c.

6) Verwendung des Artikels: I.1.1.A.a1.

7) Suffixe: IV.2.2.

8) Für die Übersetzung von *Menschen* ist folgendes zu beachten:

allgemein (wie hier) = las personas
die Leute = la gente
alle Leute = todo el mundo
„el hombre/los hombres“ (= der Mensch/die Menschen) wird meistens im abstrakten Sinne verwendet.

*Bsp.:* El hombre, en su lucha a favor del medio ambiente...
(= Der Mensch in seinem Einsatz für die Umwelt...)

*Merke:*
- humanidad: Menschheit; aber auch: Menschlichkeit
- humano: menschlich

9) „lassen“: I.9.13.B.b.

10) Verneinung mit negativer Vorsilbe: I.8.1.D.c.

11) Für die Übersetzung von *„solcher* ist der Kontext entscheidend. Dabei ist folgendes zu berücksichtigen:
a) *„solch“ in der Bedeutung von „so geartet“*:
Sp.: „tal“/„un(a)...así“
*Bsp.:* - Aber es klingt etwas Verbitterung in solchen Formulierungen mit (Text IV 16).
(= Pero en tales fórmulas resuena también un deje de amargura.)
- Er machte solchen Lärm, daß ich weggehen mußte.
(= Hacía tal ruido que tuve que irme.)
- Der Urlaub als solcher war gut.
(= Las vacaciones como tales fueron buenas.)
- Solch ein Mensch ist zu meiden.
(= Hay que evitar a una persona así.)
- Solcher Zustrom überrascht mich (vgl. Text IX 6).
(= Una acogida así me sorprende.)
b) Da „solche(r)“ im Dt. ja ein Demonstrativpronomen ist, überwiegt in manchen Kontexten seine *deiktische* (= hinweisende) Funktion vor der qualitativen Bestimmung. In diesem Falle wird es im Spanischen mit „este,-a“/„ese,-a“ wiedergegeben.
*Bsp.*: - angesichts solcher Entschlossenheit (Text IV 35)
(= frente a esta firme postura)
- Solche Ausdrücke haben mir ganz und gar nicht gefallen.
(= Estas expresiones no me han gustado absolutamente nada.)
- In Spanien lassen sich Unmengen solcher Bücher finden (vgl. Text I 11).
(= En España uno puede encontrar una enorme cantidad de estos libros.)
c) Häufig steht umgekehrt im Dt. „dieser, -se, -ses“ dort, wo im Sp. das Demonstrativum in der Bedeutung von „so geartet“ auftritt:
*Bsp.:* - ...diese Urteile meinen...(Text VII 17)
(= ...las opiniones de este tipo destacan...).
d) Merke daneben folgende Wendungen mit „tal“:
- No haré yo *tal*.
(= So etwas werde ich nicht tun.)
- Estoy *tal cual*.
(= Es geht mir wie immer.)

Text I

- *Cual* el padre *tal* el hijo.
(= Wie der Vater, so der Sohn.)

12) Restriktivsätze: II.5.4.F.f.

13) Übersetzungen von „es“: I.5.2.B.b2.

14) „einzeln“ hat hauptsächlich die zwei folgenden Bedeutungen:

a) *„für sich allein stehend“/„jeder für sich“*

*Bsp.:* - als Adjektiv:
Einzelne Menschen vermögen wenig.
(= Personas *solas* pueden poco.)

- als Adverb:
Wir kamen einzeln zum Hotel.
(= Llegamos *uno a uno* al hotel.)

- als Indefinitpronomen:
Jeder einzelne wird eine Startnummer bekommen.
(= A cada uno se le dará un número de salida.)

b) *„einige“*

*Bsp.:* *Einzelne* kleine Städte sind wahre Fundgruben (vgl. Text I 14).
(= *Algunas* ciudades pequeñas son auténticas minas.)

15) Für die Übersetzung von *„anders...als“* ist folgendes zu unterscheiden:

a) „anders“ *adjektivisch* übersetzt.

*Bsp.:* Mit der Welt des Buches verhält es sich nicht anders als mit der Welt der Kunst (Text I 15).
(= El mundo del libro no es *distinto del* mundo del arte.)

b) „anders“ *adverbial* übersetzt.

*Bsp.:* Dieser Mensch handelt anders als seine Freunde.
(= Esta persona actúa *de manera distinta a* sus amigos.)

c) Wendungen:

- Er spricht anders als er denkt.
(= Dice una cosa y piensa otra.)
- niemand anders als er
(= nadie sino él)
- Das ist nichts anderes als...
(= No es otra cosa sino/que...).

d) Dem Ausdruck „no (ser) otro que" entspricht das deutsche „kein anderer als".
*Bsp.:* Sein Vetter war kein anderer als der Gärtner.
(= Su primo no era otro que el jardinero.)

16) *„gehören"* verlangt je nach Kontext verschiedene Übersetzungen.
*Bsp.:* - Spanien gehört heute zu den Ländern...
(= España *es* hoy uno de los países...)
- Er gehört zu den hervorragendsten Gestalten dieses Jahrhunderts.
(= *Es* una de las figuras más sobresalientes de este siglo.)
- Das gehört mir.
(= *Es* mío/*me pertenece a* mí.)
- Diese Stadt gehört zur Provinz Barcelona.
(= Esta ciudad *forma parte de*/*pertenece a* la provincia de Barcelona.)
- Das gehört sich nicht.
(= Eso *no está bien*/*no se hace.*)

17) Die meisten: I.3.4.B.c1)
Zur Variante „más libros" s. I.3.4.B.c3)

18) Zeitliche Angaben: I.4.2.F.

19) Funktionen des gerundio: I.9.5.B.b.

20) *„abgesehen von der Herausgabe"* = *además de* la edición/*dejando aparte* (oder: *de lado*) la edición.
Ebenfalls mit konzessivem Sinn finden sich folgende präpositionale Ausdrücke:
- unbeschadet + Gen.: sin menoscabo de
- ungeachtet + Gen.: a pesar de/sin hacer caso de
*Bsp.:* - Unbeschadet seiner großen Verdienste um den Sport, müssen wir ihm vorhalten, daß...
(= Sin menoscabo de sus grandes méritos a favor del deporte, tenemos que reprocharle que...)
- Ungeachtet der Vorwürfe seiner Frau ging er zum Fußballspiel.
(= Sin hacer caso de/a pesar de los reproches de su mujer, se fue al partido de fútbol.)

21) Für die Übersetzung von „weitreichend" ist die Verbindung mit dem jeweiligen Substantiv zu berücksichtigen.
*Bsp.:* - weitreichende Möglichkeiten: enormes posibilidades
- weitreichende Vollmachten: amplios poderes

Vgl. dazu das ähnliche Phänomen bei „weitgehend“:

*Bsp.:* - weitgehendes Verständnis: gran comprensión
- weitgehende Unterstützung: apoyo generoso.

22) *„Geistes-“/„geistig“/„geistlich“*

Die im Dt. scharfe Abgrenzung dieser Begriffe ist im Sp. weniger ausgeprägt.

- *Espiritual* heißt neben „geistlich“ auch „geistig“, unter Einschluß des Religiösen.

*Bsp.:* El Siglo de Oro es una época de gran riqueza espiritual.
(= Das Goldene Zeitalter ist eine Zeit großen geistigen Reichtums.)

- *Intelectual* hat neben der dem Dt. ähnlichen Bedeutung (Bsp. substantiviert „los intelectuales“ = „die Intellektuellen“) die weitere Bedeutung von „geistig“. Das dazugehörige Substantiv *intelecto* wird hauptsächlich für das Denkvermögen verwendet, während *espíritu* eine eher poetische, theologische oder philosophische Dimension hat.

*Bsp.:* - En los otros sectores de la vida intelectual y literaria... (Text VI 31)
(= In den anderen Bezirken des geistigen und literarischen Lebens...)

23) Kausalsätze: II.5.4.B.c.

24) „werden“: I.9.12.A.b.

25) „sozusagen“ = „por así decir„. Vgl. weitere solche feststehende Wendungen:

*Bsp.:* - im Grunde genommen: en definitiva
- im allgemeinen: por lo general
- auf jeden Fall: en cualquier caso

26) Substantiv + Präposition: I.6.7.D.b.

27) Übersetzungen von „es“: I.5.2.B.a4.

28) Demonstrativpronomen: I.5.4.E.

29) Großschreibung: III.1.1.E.

30) Zeitangaben: I.4.2.B.

31) Negations-Präfixe: I.8.1.D.a.

32) Pasiva refleja: I.9.2.

33) „mayor“: Text V 32

34) Für *„begehen“* gibt es im Sp. folgende Hauptübersetzungsmöglichkeiten, die phraseologisch festgelegt sind:

a) *cometer*

- eine Dummheit begehen: cometer una tontería
- einen Fehler begehen: cometer una falta
- eine Sünde begehen: cometer un pecado
- Selbstmord begehen: cometer suicidio; quitarse la vida

b) *celebrar, conmemorar*

- ein Fest begehen: celebrar una fiesta
- ein Jubiläum begehen: conmemorar un aniversario

35) Substantivierte Relativsätze: II.5.3.F.b2.

36) Großschreibung: III.1.1.F.

37) Substantiv und Präposition: I.6.7.D.a.

38) Die deutschen *Suffixe -bar* und *-lich* (letzteres in einer seiner Verwendungen) verleihen der Basis (Grundwort) den Charakter eines „Eignungswortes“.

*Bsp.:* - lenkbar, trinkbar, untrennbar
- nützlich, unzerbrechlich, unzertrennlich, zerbrechlich

a) Im Spanischen gibt es als Entsprechung das Suffix „-ble“ (s.IV.2.3.):

*Bsp.:* - dirigible, potable, irrompible, inseparable
(= lenkbar, trinkbar, unzerbrechlich, untrennbar/unzertrennlich)
*Aber:* nützlich = útil
zerbrechlich = frágil

Diese letzten Beispiele zeigen also, daß sich das Suffix „-ble“ in der Übersetzung nicht automatisch verwenden läßt, da es im Sp. nicht für jedes Wort zugelassen ist.

b) Eine weitere Übersetzungsmöglichkeit ist die *Umschreibung* mit PODER:

*Bsp.:* - alle erdenklichen Dummheiten...
(= todas las tonterías...que se pueda uno imaginar)
- Die neuen Tendenzen...sind noch kaum sichtbar (Text VII 11).
(= Las nuevas tendencias...apenas pueden atisbarse aún.)

39) Wortzusammensetzungen mit „de“: I.6.5.A.b.

40) Großschreibung: III.1.1.E.

41) Stellung des Adjektivs: I.3.1.E.b.

42) Steigerung: I.3.3.A.b.

43) Wortzusammensetzungen mit „de“: I.6.5.A.c.

44) Substantivierung der Relativsätze: II.5.3.F.e4.

45) Subjuntivo in Relativsätzen: II.5.3.E.b.

46) *Städtenamen*

Grundsätzlich werden die spanischen Städdtenamen im Deutschen unverändert übernommen; Ausnahme: Zaragoza - Saragossa. Lediglich der Akzent fällt meist weg. Im Spanischen hingegen verwendet man für manche deutsche Städtenamen noch die von der lateinischen Form abgeleiteten Bezeichnungen, etwa:

Berna für Bern (Text VIII 39)
Ratisbona für Regensburg
Friburgo für Freiburg
Aquisgrán für Aachen

Üblich ist auch die orthograhische Anpassung und die Angleichung der Endung, so für:

Augsburg: Augsburgo
Frankfurt: Francfort
etc.

*Vergleiche*

- wie ein Schloßhund heulen
- llorar como una Magdalena

*Bsp.:* Als ich sie anbrüllte, fing sie an, wie ein Schloßhund zu heulen.
(= Cuando la grité, se echó a llorar como una Magdalena.)

- etwas geht weg wie warme Semmeln
- algo se vende como churros

*Bsp.:* Diese Grammatik ist wunderbar. Sie geht weg wie warme Semmeln.
(= Esta gramática es estupenda. Se vende como churros.)

- arm wie eine Kirchenmaus sein
- ser más pobre que una rata

*Bsp.:* Manolo kann sich nichts leisten; er ist arm wie eine Kirchenmaus.
(= Manolo no puede permitirse ningún lujo; es más pobre que una rata.)

- häßlich wie die Nacht sein
- ser más feo que Picio

*Bsp.:* Manolo ist sehr nett, aber der Ärmste ist häßlich wie die Nacht.
(= Manolo es muy simpático, pero el pobre es más feo que Picio.)

## Das „Wassergericht“ von Valencia

Das „Wassergericht“[1] von Valencia ist zweifelsohne[2] die älteste[3] in Europa noch existierende[4] Institution der Gerichtsbarkeit. Seit tausend Jahren treten jeden Donnerstag[5], bevor[6] die Uhr des „Miguelete“[7] zwölf[8] schlägt, acht Richter zu[9] jenem schlichten aber hochberühmten[10] und ehrenvollen[11] Tribunal zusammen. Es waren die Araber, die[12] uns diese Form der Gerichtsbarkeit hinterlassen haben. Es[13] war um das Jahr 960, als diese Rechtsinstanz so geschaffen wurde[14], wie[15] sie bis zum heutigen Tage unverändert Recht spricht[16].

Da die Wassermenge des Flusses Turia[17] sehr gering[18], das zu versorgende[19] Gebiet aber zu groß war, wäre[20] die Bewässerung der gesamten Zone, mit entsprechender Sicherstellung der Ernte, völlig unmöglich gewesen, hätte[20] man nicht eine Verteilung des Wassers mittels einer alle verpflichtenden[21] Regelung erdacht. Die einzuhaltenden[19] Regeln sind ein Modell für eine einfache und machbare[11] Verteilung des allen zur Verfügung stehenden[22] Wassers. Zugleich aber sind sie verbindliche Richtschnur für den schwierigen[23] Augenblick, in dem das Gemeinwohl möglicherweise in Gefahr gerät[24].

Tatsächlich erkennt und urteilt das Gericht ausschließlich darüber, ob den Beklagten ein Verschulden trifft oder nicht, denn die jeweilige Strafe folgt ohne weiteren[25] Urteilsspruch aus den bereits festgelegten und schriftlich[26] fixierten Verordnungen. Die Gründe für eine Klage können[27] sehr vielfältig sein, je nachdem ob[28] es sich um Wasserdiebstahl, Kanalbruch oder Nichteinhaltung der Reihenfolge bei der Wasserentnahme handelt. Die Reihenfolge wird zum Beispiel dadurch gestört, daß[29] man Wasser an einem Tag entnimmt, an dem man nicht an der Reihe ist. Ein weiterer[25] Grund zu[30] einer Klage liegt vor[31], wenn jemand Wasser entnimmt, ohne überhaupt einen Platz in der Reihenfolge beantragt zu haben[32].

Der Ruf dieses Gerichts ist sprichwörtlich geworden[33]. Im Laufe der Jahrhunderte hat es mehr und mehr[34] Modellcharakter[35] gewonnen, so daß es noch heute[4] eines der hervorragendsten Tribunale seiner Art ist[36].

## El „Tribunal de las Aguas" de Valencia

El „Tribunal de las Aguas" de Valencia es, sin duda alguna, la institución de justicia más antigua que sigue existiendo en Europa. Desde hace mil años, cada jueves, antes de que el reloj del „Miguelete" dé las doce, ocho jueces se reúnen constituyendo aquel sencillo, pero famosísimo y glorioso Tribunal. Fueron los árabes los que nos legaron esta forma de administrar justicia. Fue hacia el año 960 cuando esta institución jurídica quedó organizada de la forma en que viene impartiendo justicia hasta nuestros días sin variación alguna.

Como el caudal del río Turia era muy escaso, pero el territorio a abastecer demasiado grande, el riego de toda la zona, con la correspondiente conservación de la cosecha, habría sido totalmente imposible, si no se hubiera inventado una sabia distribución del agua por medio de una regulación que obligara a todos. Las normas a cumplir son un modelo de distribución sencilla y realista del agua a disposición de todos. Pero, al mismo tiempo, constituyen la norma vinculante para el difícil momento en que el bien común pueda verse en peligro.

El Tribunal, en realidad, reconoce y juzga exclusivamente si el demandado es culpable o no, pues la pena correspondiente se deduce sin más sentencia de las ordenanzas establecidas y fijadas por escrito. Los motivos para una demanda pueden ser muy variados, según se trate de robo de agua, rotura de canales o alteración del turno de riego. El turno de riego se altera, por ejemplo, al tomar agua el día que no le corresponde a uno. Otro motivo para una demanda se da al tomar agua sin haber solicitado siquiera un puesto en el orden establecido.

La fama de este tribunal ha llegado a ser universal. A través de los siglos ha ido adquiriendo carácter modelo y, por lo tanto, sigue siendo hoy uno de los tribunales más destacados en su género.

**Anmerkungen zum Text II**

1) Großschreibung: III.1.1.E.

2) Negation: I.8.2.B.b.

3) Superlativ: I.3.4.A.b.

4) Periphrasen mit gerundio: I.9.7.C.d.

5) Zeitangaben: I.4.2.D.

6) Temporalsätze: II.5.4.G.a.

7) ***„El Miguelete"***: Name des berühmten Turmes des Doms von Valencia. Er wurde zwischen 1381 und 1425 von Andrés Juliá und José Franch erbaut und gilt als einer der bekanntesten und höchsten gotischen Türme der Region.

8) Verwendung des Artikels: I.1.1.A.c2.

9) Richtungsanzeigende Partikeln: I.7.3.B.b.

10) Superlativ: I.3.4.B.b.

11) Stellung des Adjektivs: I.3.1.E.b.

12) Substantivierter Relativsatz: II.5.3.F.b1.

13) Übersetzungen von „es": I.5.2.B.b2.

14) Periphrasen mit Partizip: I.9.7.D.c4.

15) Modalsätze: II.5.4.F.d1.

16) Periphrasen mit gerundio: I.9.7.C.e.

17) Wortzusammensetzungen mit „de": I.6.5.A.b.

18) Kausalsätze: II.5.4.B.e.

19) Gerundivkonstruktionen mit Partizip: I.9.6.A.

**20) Konditionalsätze: II.5.4.D.c2.**
**Subjektinversion bei vorangestellten Adverbialien: II.1.3.**

21) Deutsche Partizipien auf „-nd" können häufig adjektivisch übersetzt werden:
„una regulación obligatoria para todos".
Begründung des subjuntivo in dem hier als Übersetzung gewählten Relativsatz: II.5.3.E.a.

22) Gemäß I.9.5.B.c4) sollte hier ein Relativsatz stehen. Etwa:
„el agua que está a disposición de todos".
Bei der gewählten Übersetzung handelt es sich lediglich um eine verkürzte Ausdrucksweise, in der „que está" als selbstverständliches Element nicht eigens versprachlicht wird; also „el agua a disposición de todos".

23) Stellung des Adjektivs: I.3.1.B.b.

24) Modus im Relativsatz: II.5.3.E.a.

25) Je nach Kontext muß man das im Deutschen häufig verwendete Indefinit-Adjektiv „*weiterer*" im Spanischen unterschiedlich wiedergeben.

*Bsp.*: - Alles *weitere* sage ich dir später.
(= *Todo lo demás* te lo diré después.)

- *Weitere* Fälle sind mir nicht bekannt.
(= No conozco *más* casos.)

- Das kannst du nicht so *ohne weiteres* tun.)
(= Esto no puedes hacerlo así *sin más*.)

- Die jeweilige Strafe folgt ohne *weiteren* Urteilsspruch aus den Verordnungen.
(= La pena correspondiente se deduce de las ordenanzas sin *más* sentencia.)

- ein *weiterer* Grund
(= *otro* motivo)

26) Adverbien der Art und Weise: I.4.1.D.b5.

27) „können": hier nach I.9.13.A.a. übersetzt.

28) Modalsätze: II.5.4.F.d4.

29) Nebensatzverkürzung durch Infinitiv: I.9.5.A.d2.

Text II

30) Präposition „zu“: I.6.4.A.

31) Infinitivsätze: I.9.5.A.d7.

32) Infinitivsätze: I.9.5.A.d6.

33) Übersetzungen von „werden“: I.9.12.C.c.

34) Verbalperiphrasen mit gerundio: I.9.7.C.c.

35) Wortzusammensetzungen mit „de“: I.6.5.B.d.

36) Konsekutivsätze: II.5.4.C.f.

*Paarformeln*

- auf Biegen und Brechen
- contra viento y marea

*Bsp.:* Der Vorstand versucht, diese Entscheidung auf Biegen und Brechen durchzusetzen.
(= La junta directiva intenta llevar a cabo esta decisión contra viento y marea.)

- Himmel und Hölle in Bewegung setzen
- revolver Roma con Santiago

*Bsp.:* Ich muß dieses Dokument bekommen, auch wenn ich Himmel und Hölle in Bewegung setzen muß.
(= Tengo que hacerme con ese documento, aunque tenga que revolver Roma con Santiago.)

- von A bis Z
- de pe a pa

*Bsp.:* Frag mich ruhig, ich kann diese Lektion von A bis Z.
(= Puedes preguntarme lo que quieras. Me sé esta lección de pe a pa.)

- weder Fisch noch Fleisch
- ni chicha ni limoná

*Bsp.:* Halbe Sachen interessieren mich nicht. Das ist weder Fisch noch Fleisch.
(= No me gustan las cosas a medias. No son ni chicha ni limoná.)

# Der ewige[1] Spanier

**Zum Gedenken[2] an Salvador de Madariaga**

Der 1886[3] geborene Madariaga besuchte[4] in Madrid das Gymnasium. Mit 14 Jahren siedelte er nach Paris über, wo ihn, „abweichend von der natürlichen Berufung, ein böses[1] Geschick zur naturwissenschaftlichen und technischen[5] Ausbildung" (Madariaga) führte. Dort erlangte er aber an der École Polytechnique den ersten Rang[6] seines Jahrganges als[7] Diplomingenieur. Seine Neigungen lagen[8] allerdings von jeher auf dem geisteswissenschaftlichen[9] Gebiet. Bescheiden[10] bekennt er: „Als die Universität Oxford[11] mir den neuen Lehrstuhl für Spanische Studien anbot, sah ich mich plötzlich in einen Hispanisten malgré lui verwandelt." Aber gerade auf dieser Ebene entfaltete sich[12] sein Genie.

Im Exil, aber kein[13] Haß, das war und ist nicht selbstverständlich. Die innere Beschäftigung mit seinem ständigen Thema, Spanien, war Ausdruck seiner Liebe für dieses Land. Aber er beschäftigte sich nicht nur mit den Spaniern von damals, auch „der ewige Spanier" war sein Thema, und wenn er ihn charakterisierte[14], charakterisierte[15] er sich[16] selbst. Der Spanier sei ein Patriot[17], „empfindet aber Patriotismus[18], so wie er Liebe empfindet, als[7] eine Passion, durch die er sich den Gegenstand seiner Liebe einverleibt und assimiliert, sich zu eigen macht".

Madariaga wußte von der Gefährdung[19] des Spaniers. Der jedem[20] Spanier innewohnende Don Quijote sei[21] „ein Reichtum seines persönlichen Ichs, wohl aber auch ein gewisses[22] Zeichen der Armut seines sozialen Wesens[23]": Die Überbetonung persönlicher Ansichten gegenüber sachlichen Gesichtspunkten, das[24] ist die Gefahr. Er versucht, sie auf seine Weise zu meistern, indem er die persönlichen Gesichtspunkte der anderen gelten lassen[25] will[26]): einen „Fanatiker der Toleranz" hat man ihn genannt. Jegliche Art Überbetonung[27] des Persönlichen[28] stieß bei ihm auf heftige Kritik.

Durch und durch Liberaler mit allen Konsequenzen, war ihm Unschärfe[29] im Blick gegenüber Bereichen eigen, die über menschliche Ansichten hinausgehen und ins Absolute stoßen. Deswegen war er etwas ratlos[30], wenn es darum ging[14], die Freiheit auf festem Boden zu verankern. Dieser Boden war für[31] ihn der Humanismus[32]. Vielleicht[33] erklärt sich auch von daher seine Verbitterung gegenüber dem Mißbrauch der Idee des Menschen seitens[2] des Totalitarismus[32]. Seine Romane mit religiösem Hintergrund zeigen ein ehrliches Bemühen um[34]Objektivität und Respekt gegenüber dem Christentum, doch auch einen unverkennbar[35] antiklerikalen Zug, und manchmal bedauert man[36], daß der scharfsinnige Analytiker es[37] nicht vermocht hat[38], hier deutlicher zu sehen, leidenschaftsloser.

# El español eterno

**En memoria de Salvador de Madariaga**

Madariaga, nacido en 1886, cursó el bachillerato en Madrid. A los 14 años se trasladó a París, donde „un destino maligno, apartándome de mi natural vocación, me condujo a una carrera científica y técnica" (Madariaga). Pero allí, en la École Polytechnique, le fue otorgado el Premio Extraordinario de su promoción como ingeniero. Sin embargo, sus aficiones se dirigían desde siempre hacia el campo de las letras. Modestamente confiesa: „Cuando la Universidad de Oxford me ofreció la nueva cátedra de Hispanística, me vi convertido de repente en un hispanista malgré lui." Pero fue precisamente en este campo donde llegó a manifestarse su genialidad.

En el exilio, pero sin odio: esto ni era ni es natural. La dedicación interior a su tema constante, España, era expresión de su amor por este país. Pero no se ocupaba tan sólo del español del pasado, también el „español eterno" era su tema, y cuando lo caracterizaba, se estaba caracterizando a sí mismo. El español es un patriota, „pero siente el patriotismo, igual que siente el amor, como una pasión, gracias a la que incorpora y asimila el objeto de su amor, se identifica con él".

Madariaga conocía el peligro que corre todo español. El Quijote - dice - que vive dentro de todo español es „un enriquecimiento de su propio yo, pero también cierto signo de la pobreza de su naturaleza social": La sobrevaloración de los puntos de vista personales frente a los objetivos, éste es el peligro. Madariaga intenta dominarlo a su manera queriendo hacer valer los puntos de vista de los demás: un „fanático de la tolerancia", así se le ha llamado. Todo tipo de sobrevaloración de lo personal provocaba en él una crítica violenta.

Liberal cien por cien con todas sus consecuencias; por eso le caracterizaba una cierta falta de lucidez respecto a los campos que, sobrepasando las opiniones humanas, trascienden a lo absoluto. Por eso se encontraba algo desconcertado cuando se trataba de fundamentar la libertad sobre una base firme. Esta base era para él el humanismo. Quizá se pueda explicar así también su amargura frente al abuso de la idea del hombre por parte del totalitarismo. Sus novelas de trasfondo religioso muestran un sincero esfuerzo de objetividad y respeto frente al cristianismo, pero también un rasgo inconfundiblemente anticlerical y a veces uno siente que el agudo crítico no haya sido capaz de juzgar aquí con más claridad, menos apasionadamente. Madariaga, plenamente comprometido con la tolerancia

Text III

Madariaga, fest der Toleranz als menschlichem Wert verpflichtet, hat hier oft unzulässig[39] vereinfacht, indem er Fehlhaltungen einzelner Gläubiger als[40] Produkt ihrer Dogmentreue[41] erklärt. Doch hier zeigen sich seine Grenzen, indem[42] die Toleranz (letzten Endes eine subjektive Haltung) zum höchsten Wert erhoben wird - gewollt oder ungewollt[43] führt dies zu einer Spielart der Intoleranz, die nicht gelten läßt[44], daß es Menschen[45] gibt[46], die nicht aus einer subjektiven Haltung heraus, sondern aus Verpflichtung zur objektiven Wahrheit keine Kompromisse schließen[47], ohne sich dadurch von der Liberalität gegenüber Andersdenkenden entbunden zu fühlen[48].

Dies nicht zu sehen[49] führt sogar zu einer Abwertung der Toleranz, die dann zum Relativismus wird[50] - Madariaga war manchmal nicht weit davon entfernt, obwohl[51] seine Menschlichkeit[45], seine spanische Ritterlichkeit ihn davor bewahrten, aus diesem Relativismus Gleichgültigkeit zu machen, wie es oft der Fall ist. Dafür war er zu sehr „Mensch“[45].

Die Züge, mit denen er das Bild des Spaniers umriß, fassen seine eigene Existenz zusammen: ursprünglich, ganz, immer mit seiner eigenen Person zur Stelle und mit seinem ganzen Dasein engagiert, wo er auch war[52]... Er war weder bloß der Bürger eines Staates, noch bloß der Partner einer nationalen Gemeinschaft, noch bloß der Untertan eines Reiches. Er war ein Mensch.

Alberto Gil

(Aus: Rheinischer Merkur, 22. Dezember 1978)

como valor humano, ha simplificado aquí a menudo de forma inadmisible, calificando actitudes erróneas de algunos creyentes como producto de su fidelidad a los dogmas. Pero aquí se ponen de relieve sus limitaciones: al elevar la tolerancia (al fin y al cabo una postura subjetiva) al valor supremo, se llega, se quiera o no, a una variante de la intolerancia, que no permite que haya personas que, partiendo no de una postura subjetiva sino de su responsabilidad con respecto a la verdad objetiva, no acepten compromisos, sin sentirse por ello dispensadas de la liberalidad frente a quienes no piensan como ellas.

El no tener esto claro lleva incluso a una devaluación de la tolerancia, que acaba convirtiéndose en relativismo. Madariaga, en ocasiones, no estuvo muy lejos de él, si bien su humanidad, su caballerosidad española le preservaron de convertir este relativismo en indiferencia, como ocurre bien a menudo. Para eso era demasiado „humano".

Los rasgos con que trazó la silueta del español resumen su propia existencia: genuino, de una pieza, siempre presente con toda su persona, comprometido con todo su ser dondequiera que estuviese... No era simplemente el ciudadano de un estado, ni simplemente el miembro de una comunidad nacional, ni simplemente el súbdito de un imperio. Era un hombre.

Text III

**Anmerkungen zum Text III**

1) Stellung des Adjektivs: I.3.1.A.

2) Präpositionale Ausdrücke: I.6.6.C.

3) Adverbiale Zeitangaben: I.4.2.C.

4) „besuchen“ wird im Sp. durch *visitar* übersetzt, wenn
a) eine Person besucht wird:
*Bsp.:* visitar a una persona
(in der Umgangssprache häufiger „ir a ver a alguien“)
b) Örtlichkeiten bzw. Sehenswürdigkeiten besucht werden:
*Bsp.:* visitar una ciudad, un museo, etc.
(eine Stadt, ein Museum etc. besuchen)
*Aber:*
c) „einen Vortrag, eine Versammlung etc. besuchen“ heißt auf Sp.: „asistir a“/„ir a“:
Asistió a la conferencia de Manolo.
(= Er besuchte den Vortrag von Manolo.)
d) die Schule, die Universität besuchen heißt
-Schule (Gymnasium): cursar el bachillerato.
-Universität: cursar estudios de.../la carrera de

5) Stellung des Adjektives: I.3.1.E.a.

6) Großschreibung: III.1.1.E.

7) Das Prädikativ: I.2.2.B.e1.

8) Gebrauch von imperfecto/indefinido: I.9.4.A-C.

9) Als Ergänzung der in Text I, Anm. 22 angeführten Übersetzungen von „geistig“ sei hier die traditionelle Aufteilung der Wissenschaften erwähnt:
a) Geisteswissenschaften: Letras/Humanidades
b) Naturwissenschaften: Ciencias (Naturales)

10) Prädikatives Adjektiv und modales Adverb: vgl. I.3.5.

11) Wortzusammensetzungen mit „de“: I.6.5.A.b.

12) Verbalperiphrasen mit Infinitiv: I.9.7.B.f3.

13) Verneinung: I.8.1.B.b.

14) Imperfecto bei iterativen Temporalsätzen: I.9.4.C.e.

15) Verbalperiphrasen mit gerundio: I.9.7.C.a.

16) Betonte Form des Reflexivpronomens: I.5.1.B.d.

17) Geschlecht von Substantiven: I.2.1.B.b.

18) Verwendung des Artikels: I.1.1.A.a3.

19) a) Nicht jedes deutsche Substantiv auf „-ung" hat im Sp. eine direkte Entsprechung (wie z.B.: Handlung = acción). Um den prozessualen Charakter des Substantivs auf "-ung" wiederzugeben, muß man im Sp. manchmal auf einen Relativsatz zurückgreifen.

*Bsp.:* die Gefährdung des Spaniers
(= el peligro que corre el español)

b) Vgl. hier außerdem die phraseologische Verbindung „correr peligro de..."
(= Gefahr laufen,...).

20) „jeder" muß je nach Kontext verschieden übersetzt werden, etwa:

a) *Die Gesamtheit (Pl.: alle!) bezeichnend*

*Bsp.:* - Jeder Student muß wissen, daß...
(= Todo estudiante tiene que saber que...)
Plural:
- Alle Studenten müssen wissen, daß...
(= Todos los estudiantes tienen que saber que...)
- der jedem Spanier innewohnende don Quijote
(= el Quijote que vive dentro de todo español).

- Vgl. dazu Text IV 6: wie jedermann weiß = como todo el mundo sabe

b) *Als Zahlwort*

*Bsp.:* Jeden zweiten Tag ist sie krank.
(= Cada dos días está enferma.)

c) Im Sinne von *„jeder beliebige"*

*Bsp.:* Jede menschliche Antwort wird anfechtbar sein.
(= Cualquier respuesta humana será refutable.)
(vgl. Text IX 39)

d) Im Sinne von *„jeder einzelne"*
*Bsp.:* - Jede Minute, die vergeht, macht mich nervöser.
(= Cada minuto que pasa me pone más nervioso.)
- jede dieser beiden Sprachen
(= cada una de estas dos lenguas)
(Text VI 8)

21) Zeitenfolge in der indirekten Rede: II.2.2.C.b.

22) Stellung des Adjektivs: I.3.1.D.

23) „Wesen" kann im Sp. verschiedentlich übersetzt werden:

a) „die Wesenheit" (philosophisch) = la esencia
b) „die Art" („die Natur") = la naturaleza
*Bsp.:* - die Armut seines sozialen Wesens
(= la pobreza de su naturaleza social)
c) „der Charakter" = el modo de ser, el temperamento, el carácter
*Bsp.:* - Sie hat ein fröhliches Wesen.
(= Tiene un carácter/un temperamento alegre.)

24) Deiktische Funktion des Demonstrativpronomens: I.5.4.E.

25) „lassen": I.9.13.B.

26) Gerundio: I.9.5.B.c1.2.

27) Wortzusammensetzungen mit „de": I.6.5.A.b.

28) Substantivierung durch „lo": I.1.3.A.

29) Negation: I.8.1.D.b2.

30) Negation: I.8.1.D.a.

31) „por"/„para": I.6.2.A.c.

32) Wortbildung: IV. 2.2.

33) Subjuntivo in selbständigen Sätzen: I.9.3.C.b1.1.

34) Präposition und Rektion: I.6.7.D.a.

35) Adverbien der Art und Weise: I.4.1.D.a.

36) Übersetzungen von „man“: I.5.2.A.c.

37) Übersetzungen von „es“: I.5.2.B.b2.

38) Indicativo/subjuntivo: Bedeutungswechsel: II.5.2.B.c3.1.

39) Präposition + Substantiv statt der Bildung auf „-mente“: I.4.1.D.b3.

40) Das Prädikativ: I.2.2.B.b.

41) Substantiv + de + Substantiv: I.6.5.B.a.

42) Infinitiv als Verkürzung von adverbialen Nebensätzen: I.9.5.A.d7.

43) Subjuntivo in iterativen Paarformeln: I.9.3.C.b2.2.

44) Hier überwiegt die Bedeutung von „erlauben“ (vgl. Anm. 25). Daher die Übersetzung „no permite que“.

45) Übersetzung von „Menschen“: Text I 8

46) Objektsätze mit subjuntivo: II.5.2.B.a1.

47) Zum Verbmodus in Relativsätzen: vgl. II.5.3.E.a.

48) Infinitiv als Verkürzung von Modalsätzen: I.9.5.A.d6.

49) Infinitiv als Subjekt: I.9.5.A.b.

50) Übersetzungen von „werden“: I.9.12.B.
Verbalperiphrase „acabar de“ + gerundio: I.9.7.C.g.

51) Konzessivsätze: II.5.4.E.c2.2.

52) Verallgemeinernde Relativsätze: II.5.3.E.b.

Text IV

## Spanien ist[1] anders

So[2] hieß[3] es plakativ noch vor[4] wenigen Jahren. Es war als „Touristen-Köder" gemeint[5] - mit Erfolg, wie jedermann[6] weiß. Den Satz bekommt man[7] heute in Spanien gewiß nicht mehr zu hören. Und ähnliche Aussagen, denen man begegnet[8] - „Spanien ist nicht Deutschland, und Deutschland ist nicht Spanien", „die Dinge hier sind sehr komplex" usw. - werden mitnichten plakativ[9] vorgetragen[10], sondern lassen etwas vom[11] tiefen[12] Ernst eines Landes spüren, das (mit großer Gemeinsamkeit in diesem Punkt) den Weg der Demokratie zu beschreiten sich anstrengt[13]. Aber es[14] klingt etwas[15] Verbitterung in solchen[16] Formulierungen mit; und wenn[17] ein Parlamentarier seiner Bitte um[18] Verständnis und Einfühlung etwas beklommen[19] die Bemerkung hinzufügt: „...damit man[7] uns nicht vom Ausland aus sagt[20], wie[21] wir es richtig zu machen haben", so klingt darin etwas an, das[22] man seit Schiller als[23] Stolz zu bezeichnen gewohnt ist[24], das man[7] aber auch schlicht als[23] Abneigung gegen verständnislose Besserwisserei deuten könnte[25].

Dieser Bitte[26], fremde Denk-Kategorien eben in der Fremde zu lassen und von anderen Traditionen, einer anderen - auch unmittelbaren - Geschichte, anderen kulturellen Faktoren auszugehen, begegnet man auf Schritt und Tritt. Nicht immer erleichtern die Spanier den Weg zu diesem[27] Verständnis. So gesprächsbereit und offen sie sich auch geben[28], so verweisen sie ab und an entschlossen darauf, es gebe eben manche Dinge, die man spürt oder nicht, für[29] die man[7] Sensibilität hat oder nicht. Verstärkt[30] tritt dieses Phänomen bei Gesprächen auf, die um zwei „typisch spanische" Erscheinungen kreisen: Stierkampf wie Flamenco könne man[31] nach Meinung der Experten[32] zwar[33] erklären und[34] deuten, doch der Zugang dazu sei nun einmal etwas, das entweder da ist oder nicht.

Angesichts solcher[35] Entschlossenheit[26], Verständnis in manchen Punkten für[36] ein „Naturereignis" zu halten, ist man[31] bisweilen wohl[37] geneigt, in die Asterix-Haltung des „Die spinnen, die Spanier" [38] zu verfallen (unabhängig von der Sympathie, die man[31] - Verständnis hin, Verständnis her[39] - für[40] das Volk empfinden mag); man[31] kann natürlich auch bei[41] den althergebrachten Klischees bleiben[42] und alles[43] andere in die Ebene des Fontaneschen[44] „weiten Feldes" verweisen; man[31] kann sich sogar in den eigenen Kategorien bestärkt fühlen, und je mehr[45] der Versuch[27] unternommen wird, den Stierkampf zu erklären, um so mehr wird man behaupten, er sei[46] blutrünstige Tierquälerei...

Der Klippen also sind viele für[29] das hehre Bemühen, um das Spanier tiefen Ernstes bitten. Wer[47] aber die verschiedenen Szyllen und Charybdisse umschifft, vermag vielleicht[48] Land und Leute als[49] Herausforderung oder zumindest als[49] Provokation zu erleben.

(Aus: Españorama, St.Augustin 1983) Enrique Banús

## España es diferente

Este era el slogan hasta hace aún pocos años. Su intención: servir de cebo para turistas, con éxito, como todo el mundo sabe. Esta frase hoy ya no se oye en España. Y expresiones similares, con las que uno se topa - „España no es Alemania y Alemania no es España", „Las cosas son aquí muy complejas", etc. - ya no se dicen como sentencias, sino que dejan entre ver algo de la profunda seriedad de un país que (con gran solidaridad en este punto) se esfuerza por recorrer el camino de la democracia. Pero en tales fórmulas resuena también un deje de amargura; y cuando un parlamentario, algo acongojado, añade a su petición de comprensión y sensibilidad la advertencia: „para que no se nos diga desde el extranjero lo que tenemos que hacer para actuar correctamente", entonces resuena en sus palabras algo de lo que desde Schiller viene llamándose orgullo, pero que también podría interpretarse sencillamente como aversión a una pedantería incapaz de comprender.

Uno se topa a cada paso con el ruego de que se dejen las categorías mentales foráneas precisamente fuera; y que se parta de otras tradiciones, de otra historia, también contemporánea, de otros factores culturales. No siempre facilitan los españoles el camino hacia esa comprensión. Con todo lo dispuestos a conversar y todo lo abiertos que se muestran, de vez en cuando llaman con decisión la atención sobre determinadas cosas que o se llevan dentro o no se llevan, para las que se tiene sensibilidad o no se tiene. Este fenómeno surge especialmente en conversaciones que giran en torno a dos aspectos „típicamente españoles": los toros y el flamenco. En opinión de los expertos, uno puede muy bien explicarlos e interpretarlos, pero el que lleguen a decirle a uno algo, esto, o se da o no se da.

Frente a esta firme postura de considerar la comprensión en ciertos puntos como „algo que sale de dentro", es fácil que uno caiga en ocasiones en esa postura de Asterix del „están locos los españoles" (independientemente de la simpatía que - dejando aparte la comprensión - uno sienta por este pueblo); por supuesto, uno también puede quedarse en los consabidos clichés y proscribir todo lo demás al terreno de ese „ancho campo" que describiera Fontane; uno puede incluso sentirse confirmado en sus propias categorías y, cuanto más se haga el intento de explicar la corrida de toros, tanto más se afirmará que es una sangrienta tortura de animales...

Los escollos son, pues, numerosos para el noble esfuerzo que piden tan en serio los españoles. Pero quien sea capaz de bordear los diferentes Escilas y Caríbides llegará quizá a sentir este país y su gente como un desafío o, por lo menos, como una provocación.

## Anmerkungen zum Text IV

1) Übersetzung von „sein" + Adjektiv: I.9.10.C.a.

2) Übersetzung von „so": I.7.5.F.

3) Verwendung des imperfecto: I.9.4.C.a.

4) Die Präposition „vor" in der Funktion einer Zeitangabe wird im Sp. durch „hace" übersetzt, das im Grunde die 3. Person Singular im Indikativ des Verbs „hacer" (=hace) ist. Das Substantiv, das nach „vor" steht, ist im Sp. das Objekt der unpersönlichen Verbform „hace".
*Bsp.:* vor drei Tagen: hace tres días
(1) Die sp. Verbform „hace" hat sich von ihrem Verbcharakter entfernt, sie wird als Präposition empfunden und kann sogar mit anderen Präpositionen verbunden erscheinen:
- desde hace: seit
- hasta hace: bis vor/noch vor

(2) Daß hier dennoch ein Verb vorliegt, wird ersichtlich, wenn die Zeitangabe mit „hace" in der Vergangenheit erfolgt. Darauf ist bei der Übersetzung besonders zu achten:
*Bsp.:* - Beschreibende Erzählung in der Vergangenheit:
Seit vielen Jahren las sie kein vernünftiges Buch mehr.
(= Desde hacía muchos años no leía un buen libro.)
- Im Gegensatz dazu zeigt der Satz in Text IV, daß die Zeitangabe von der Gegenwart aus erfolgt.
So hieß es plakativ vor noch wenigen Jahren.
(= Este era el slogan hasta hace aún pocos años.)

5) Die wichtigsten Übersetzungen von „meinen" sind:
- (allgemein): opinar, creer, pensar
- (vermuten): suponer, pensar
- (anspielen auf): aludir a

Für folgende Verbindungen gibt es jedoch spezielle Entsprechungen:
- Was meinen Sie damit? (= ¿Qué quiere Vd. decir con eso?)
- So war es nicht gemeint. (= - No lo decía con esa intención.
No era esa mi intención.)
- Es war als Köder gemeint. (= Su intención era servir de cebo.)
- Meinst du nicht auch? (= ¿No te parece?)
- Damit ist er gemeint. (= Se refiere a él.)
- Es war gut gemeint. (= Lo hacía (decía) con mi (la) mejor intención.)
- Ganz wie Sie meinen. = Como Vd. quiera.)

6) „jedermann“: Text III 20a.

7) Übersetzungen von „man“: I.5.2.A.a.

8) „begegnen“: Für die Übersetzung aus dem Dt. ist es wichtig, folgende Entsprechungen zu kennen:

| | |
|---|---|
| - jdm. begegnen: | - encontrar a alguien |
| - jdm. (zufällig) begegnen: | - topar(se) con alguien<br>- tropezar con alguien |
| *Aber:* | |
| - sich mit jdm. treffen: | - reunirse con alguien<br>- verse con alguien (col.) |
| - jdm. freundlich begegnen: | - acoger a alguien amistosamente (cariñosamente) (vgl. Text VIII 20)<br>oder: - acercarse a alguien amistosamente |

9) Zur Übersetzung von „como sentencias“: I.2.2.B.e2.

10) Pasiva refleja: I.9.2.C.

11) Partitiv: I.6.5.A.c.

12) Stellung des Adjektivs: I.3.1.B.a.

13) Präposition und Rektion: I.6.7.B.e.

14) Übersetzungen von „es“: I.5.2.B.b1.

15) Zu „algo de amargura“ s. Anm. 11. Hier wird der etwas gewähltere „un deje de“ (etwa „ein Beiklang von“) bevorzugt.

16) „solcher“: Text I 11a

17) Übersetzungsvariante: „*Si* un parlamentario añade...“
Gelegentlich fungiert *cuando* im literarischen Stil als Konditionalkonjunktion.

18) Präposition und Rektion: I.6.7.D.a.

19) Prädikatives Adjektiv und modales Adverb: I.3.5.B.

Text IV

20) Finalsätze: II.5.4.A.b.

21) Die Grenzen zwischen einem substantivierten Relativsatz in der Funktion eines Objekts (II.5.3.F.e3)) und einem indirekten Fragesatz (= von einem Verb des „Sagens", „Denkens" etc. abhängig) sind oftmals unscharf.
(Vgl. besonders II.5.2.E.e.)

*Bsp.:* - No sé qué decir.
- No sé (lo) que decir.
(= Ich weiß nicht, was ich sagen soll.)
(vgl. dazu auch II.5.3.F.b3.))

Manchmal wird - wie hier - im Dt. ein indirekter Fragesatz verwendet, wo im Sp. ein substantivierter Relativsatz bevorzugt wird.

*Bsp.:* - Damit man uns nicht sagt, *wie* wir...
(= para que no se nos diga *lo que* tenemos que hacer...)

Vgl. dazu Text VIII 40:

- Clenin wußte nicht recht, was er tun sollte.
(= Clenin no sabía exactamente qué (lo que) hacer.)

22) Zur Substantivierung dieses Relativsatzes mit „lo" s. II.5.3.F.b3.

23) Prädikativ: I.2.2.B.b.

24) Verbalperiphrasen mit gerundio: I.9.7.C.e.

25) Konditional: I.9.3.B.c.

26) Präpositional-Sätze: II.5.2.D.a.

27) Demonstrativpronomen: I.5.4.A.
Subjektinversion bei vorangestellten Adverbialien: II.1.3.

28) Konzessivsätze: II.5.4.E.c2.3.

29) Übersetzungen von „für": I.6.2.A.c.

30) Prädikatives Adjektiv und modales Adverb: I.3.5.B.

31) Übersetzungen von „man" I.5.2.A.c.

32) Zur indirekten Rede im Dt.: vgl. II.2.2.C.c.

33) Koordinative Satzverbindungen: II.3.

34) Aus phonetischen Gründen wird die Konjunktion „y" vor einem Wort, das mit „i" oder „hi" anfängt, zu „e":

*Bsp.:* explicarlos e interpretarlos

Die Konjunktion „o"

a) wird vor einem Wort, das mit „o" anfängt zu „u"

*Bsp.:* uno *u* otro

b) erhält zwischen Zahlen einen Akzent.

*Bsp.:* 30 ó 40.

35) „solcher": Text I 11c

36) Prädikativ: I.2.2.B.c.

37) Abtönungspartikeln: I.7.2.B.b.

38) Sustantivierung: I.1.3.C.

39) Zu „...hin, ...her": vgl. Text I 20

40) Substantiv und Präposition: I.6.7.D.b.

41) Übersetzungen von „bei": I.6.3.A.(9).

42) a) Die allgemeine Übersetzung von „bleiben" ist „quedarse" bzw. „quedar + Dat."

*Bsp.:* - Ich bleibe heute zu Hause.
(= Hoy me quedo en casa.)
- Der Literatur bleibt nur ein Ort, um wirken zu können.
(Vgl. Text V 22).
(= A la literatura no le queda más que un lugar en que puede actuar eficazmente:...)
- bei den althergebrachten Klischees bleiben (vgl. I.6.3.A.(9))
(= quedarse en los consabidos clichés)

b) In einigen feststehenden Wendungen ist „bleiben" jedoch anders zu übersetzen:

*Bsp.:* - treu bleiben : seguir siendo fiel
- so kann es nicht bleiben : esto no puede seguir así
- das bleibt unter uns : esto queda entre nosotros

- mir bleibt nichts anderes übrig als: no tengo/ no me queda más remedio que
- alles bleibt beim alten : todo sigue como antes/ como hasta ahora

c) In den Fällen, in denen „bleiben“ im Deutschen als Kopula verwendet wird und so den Charakter eines Vollverbs verliert, steht im Spanischen eine Form von „ser“:

*Bsp.:* - Das bleibt die einzige Möglichkeit.
(= Esta es la única solución.)
- Humanistische Predigten in lateinischer Sprache bleiben vereinzelt (vgl. Text VI 28).
(= Sermones humanistas en latín son ya casos aislados.)

43) Verwendung des Artikels: I.1.1.D.b.

44) „-ra-Form“: II.2.4.

45) Modalsätze: II.5.4.F.d4.

46) Zum Modus Indikativ in Objektsätzen: vgl. II.5.2.B.b.

47) Zu „Artikel + que“/„quien(es)“ bei Substantivierung von Relativsätzen: vgl. II.5.3.F.b2. Modus in substantivierten Relativsätzen: II.5.3.F.f.

48) Adverbien des Zweifelns: I.9.3.C.b1.3.

49) Prädikativ: I.2.2.B.e1.

*Spanische Bilder: „Los toros“*

- dar la puntilla
- den Rest geben

*Bsp.:* Esa mala noticia le dio la puntilla.
(= Diese schlechte Nachricht gab ihm den Rest.)

- estar para el arrastre
- fix und fertig sein

*Bsp.:* Después del examen, Manolo estaba para el arrastre.
(= Nach der Prüfung war Manolo fix und fertig.)

- entrar a matar
- aufs Ganze gehen

*Bsp.:* En la discusión, Manolo, por fin, entró a matar.
(= In der Diskussion ging Manolo endlich aufs Ganze.)

- saltarse algo a la torera
- etwas nicht beachten

*Bsp.:* Manolo se saltó mis indicaciones a la torera.
(= Manolo hat meine Hinweise überhaupt nicht beachtet.)

Text V

Ich möchte[1] bei diesen Erörterungen nicht den Eindruck entstehen lassen[2], Literatur und Politik[3] seien[4] gleichwertige Größen für[5] unser Leben. Als Schriftsteller[6] muß ich mir sagen[7], daß niemand ernsthaft Schaden[8] nimmt[9], wenn[10] die Qualität der Literatur schwankt, daß aber alle Schaden nehmen werden, wenn die Qualität der Politik zu wünschen übrig läßt[11]. Dennoch[12] muß man versuchen, die Wesenszüge[13] zu erfassen, die[14] für[15] das Verhältnis von Literatur und Politik entscheidend sein könnten[16]. Von da aus lassen sich[17] nämlich[18] die Möglichkeiten einer Gemeinsamkeit zumindest[19] ahnen. Worin liegen diese[20] Möglichkeiten? Angesichts[21] der Erfordernisse politischer Praxis bleibt[22] der Literatur nur[23] ein Ort, um wirken zu können: das Vorfeld[24] der Politik. Ihr Beitrag ist ebenso[25] unbestimmt wie indirekt: sie kann eine Stimmung schaffen, ein Klima begünstigen, sie kann Vorurteile[26] überwinden helfen[27] und unserer Empörung oder unserer Hoffnung einen Ausdruck geben; mit einem Wort[28]: sie kann Politik vorbereiten. Auch wenn das nicht wenig ist[29] - mehr kann ich ihr nicht zutrauen. Literatur kann Politik bestätigen - ersetzen kann sie sie nicht. Literatur läßt sich[30] nicht kontrolliert[31] umsetzen in politische Aktivität. Sie ist Form, die äußerste[32] Entsprechung von Eindruck und Ausdruck; und darum ist sie nicht materiell[31] bestimmbar. Wenn es zuträfe[33], daß Literatur lediglich im Vorfeld der Politik angesiedelt ist, wie erklärt sich dann die permanente[34] Allergie der Mächtigen gegenüber[35] der Literatur? Dies kann nach meinem Verständnis[36] nur dadurch erklärt werden[37], daß Literatur, was[38] ihre Rolle in der Politik angeht, von den Mächtigen chronisch[39] überschätzt wurde, weil sie sich von jeher an den Einzelnen wandte[40], weil sie ihm einen Dialog vorschlug[40], der sich jeder Kontrolle entzog.

(Aus: Siegfried Lenz, *Elfenbeinturm und Barrikade -Erfahrungen am Schreibtisch-*. Hamburg 1983. Mit freundlicher Genehmigung des Hoffmann und Campe Verlags. Text gekürzt.)

Con estas consideraciones no quisiera dar la impresión de que la literatura y la política son entidades de igual valor para nuestra vida. Como escritor tengo que reconocer que nadie sufre daño serio alguno si varía la calidad de la literatura, pero que todo el mundo sufriría daños si la calidad de la política dejara que desear. Sin embargo, hay que tratar de comprender los rasgos fundamentales que podrían ser decisivos para las relaciones entre la literatura y la política. Partiendo, pues, de esta base, se pueden, por lo menos, entrever las posibilidades de una interacción. ¿En qué consisten esas posibilidades? Frente a las exigencias de la práctica política, a la literatura no le queda más que un lugar en que puede actuar eficazmente: la antesala de la política. Su aportación es tan indeterminada como indirecta: puede crear un ambiente, propiciar un clima, ayudar a superar prejuicios y dar salida a nuestra indignación o a nuestra esperanza; en una palabra: puede preparar la política. Aun cuando esto no es poco: de más no la creo capaz. La literatura puede confirmar la política: sustituirla, no. La literatura no se deja transformar de manera controlada en actividad política. Es forma, correspondencia máxima entre impresión y expresión; y por ello no es determinable de modo material. Si fuera cierto que la literatura tan sólo está ubicada en la antesala de la política, entonces, ¿cómo puede explicarse la permanente alergia de los poderosos frente a la literatura? A mi entender, sólo se puede explicar porque la literatura, en lo que respecta a su papel en la política, ha sido sobrevalorada de manera crónica por los poderosos, ya que desde siempre se ha dirigido a cada individuo en particular, ya que le ha propuesto un diálogo que escapaba a todo control.

**Anmerkungen zum Text V**

1) Konditional: I.9.3.B.g.

2) „lassen“: I.9.13.B.e.

3) Verwendung des Artikels: I.1.1.A.a3.

4) Präpositionale Attributivsätze: II.5.2.D.b.

5) Verwendung von „para“: I.6.2.A.c.

6) Prädikativ: I.2.2.B.e1.

7) „Ich muß mir sagen/er muß sich sagen“ heißt auf Sp. „tengo que reconocer“. „Decirse algo“ heißt „zu sich selbst sprechen“.

8) Negation: I.8.2.B.b.

9) Beachte die feststehende Wendung „sufrir daño(s)“ (= Schaden nehmen).

10) Konditionalsätze: II.5.4.D.a.

11) Beachte die feststehende Wendung „dejar (mucho) que desear“ (= viel zu wünschen übrig lassen).

12) Kommasetzung: III.2.3.C.

13) Wortzusammensetzungen im Dt.; Übersetzung: I.6.5.B.b.

14) Oraciones de relativo especificativas: II.5.3.B.a.

15) Verwendung von „para“: I.6.7.C.

16) Konditional: I.9.3.B.c.

17) „lassen“: I.9.13.B.b.

18) Funktionen des gerundio: I.9.5.B.b.

19) Kommasetzung: III.2.3.B.

20) Demonstrativpronomen: I.5.4.A.

21) Präpositionale Ausdrücke mit „a“: I.6.6.B.

22) „bleiben“: Text IV 42a

23) Steigerung: Komparativ: I.3.3.A.c.

24) Präfixe: IV.1.

25) Der Vergleich zweier Satzelemente durch „(eben)so...wie“ wird im Spanischen durch „tan(to)...como“ wiedergegeben:
*Vergleich zweier Handlungen*
- Come tanto como tú.
(= Er ißt soviel wie du.)
- A mí me gusta tanto como a ti.
(= Es gefällt mir so gut wie dir.)
*Vergleich zweier Eigenschaften*
ebenso unbestimmt wie verworren
(= tan indeterminado como confuso)
*Mengenvergleich von Objekten (veränderlich)*
- Tengo tantos libros como tú.
(= Ich habe so viele Bücher wie du.)
- Tengo tantas carpetas como tú.
(= Ich habe so viele Mappen wie du.)
*Tanto (-a, -os, -as) in pronominaler Funktion*
- Mi padre tiene 64 años. - Entonces tiene tantos como el mío.
(= Mein Vater ist 64 Jahre alt. - Dann ist er so alt wie meiner.)

26) Präfixe: IV.1.

27) Präposition und Rektion: I.6.7.B.a.

28) Beachte die feststehende Wendung: - Dt. „*mit* einem Wort“
- Sp. „*en* una palabra“.

29) Konzessivsätze: II.5.4.E.c3.1.

Text V

30) „lassen“: I.9.13.B.a.

31) Adverbien der Art und Weise: I.4.1.D.b3.

32) Ergänzend zu dem, was in I.3.3. und I.3.4. über die *Steigerung* ausgeführt wurde, sei noch auf Formen hingewiesen, die sich an das lateinische Vorbild anlehnen und somit einem gewählten Sprachregister angehören.

Manche von ihnen koexistieren mit den üblichen Formen (más/menos/muy/-ísimo). Andere werden fast nur in feststehenden Wendungen gebraucht, wobei die dt. Entsprechung manchmal keine wörtliche Übersetzung ist (s. die nachfolgenden Beispiele).

- alto superior/más alto supremo/altísimo
(hoch) (höher) (der höchste) (sehr hoch)
(etwa: el Tribunal Supremo: das oberste Gericht)
- bajo inferior/más bajo ínfimo/bajísimo
(niedrig) (niedriger) (sehr niedrig)
(etwa: Es de ínfima calidad.: Das ist schlechtester Qualität.)
- bueno mejor óptimo/buenísimo
(gut) (besser) (sehr gut)
(etwa: Es de óptima calidad.: Das ist bester Qualität.)
- grande mayor/más grande máximo/grandísimo
(groß) (größer) (der größte) (sehr groß)
(etwa: el máximo representante: der wichtigste Vertreter)
- malo peor pésimo/malísimo
(schlecht) (schlecht) (sehr schlecht)
- mucho más muchísimo
(viel) (mehr) (sehr viel)
- pequeño menor/más pequeño mínimo/pequeñísimo
(klein) (kleiner) (der kleinste) (sehr klein)
(etwa: No tiene la mínima posibilidad.: Er hat nicht die geringste Chance.)
- poco menos poquísimo
(wenig) (weniger) (sehr wenig)

33) Zu subjuntivo im irrealen Bedingungssatz: vgl. II.5.4.D.c1.

Wie man sehen kann, steht in diesem Fall der Hauptsatz -als selbständige Frage- im Indikativ.

34) Stellung des Adjektivs: I.3.1.B.a.

35) Präpositionale Ausdrücke mit „a": I.6.6.B.

36) Kommasetzung: III.2.3.C.

37) Pasiva refleja: I.9.2.

38) Substantivierung von Relativsätzen: II.5.3.F.b3.

39) Adverbien der Art und Weise: I.4.1.D.b3.

40) Perfekt: I.9.4.D.b3.

Text VI

Man[1] kann davon ausgehen, daß[2] Spanien zu Beginn[3] des 16. Jahrhunderts zwei Sprachen[4] hatte[5], unter denen[6] die öffentlichen Kommunikationsbedürfnisse ziemlich konfliktlos aufgeteilt waren[7]: Spanisch (Kastilisch) und Latein. Jede[8] dieser beiden[9] Sprachen hatte ihre[10] Anwendungsbereiche[11], in denen[12] die Wahl der Sprache fraglos vorentschieden[13] war[7]. Was das Spanische betrifft[14], so stand zunächst außer Frage, daß[15] die Dichter[16] sich der spanischen Sprache bedienen[17]. Eine[18] erwähnenswerte lateinische Dichtung spanischer Autoren gibt es im Siglo de Oro nicht. Fraglos gilt[19] ferner, daß[15] Spanisch die Herrschaftssprache[11], die Sprache der Gesetze und der Staatsverwaltung[20] ist. So[21] ist der Brauch unangefochten seit dem 13. Jahrhundert[22]. Sogar der königliche Erlaß, in dem der Universität Salamanca im Jahre 1561[23] das Lateinische als[24] Unterrichtssprache[20] vorgeschrieben wird[25], ist selber in spanischer Sprache abgefaßt[7]. Fraglos gilt im Siglo de Oro des weiteren die Regel, daß[2] die (mündlichen) Predigten spanisch gehalten werden[26]. Humanistische[27] Predigten in lateinischer Sprache, wie sie die Königin Isabel gern hörte, bleiben[28] vereinzelt. In diesen drei Bezirken[29] Dichtung, Verwaltung und Predigt steht also der Gebrauch der Landessprache[20] außer Frage, und das Sprachbewußtsein[20] konzentriert sich hier auf das Wie[30] des Sprachgebrauchs. In den anderen Bezirken des geistigen[31] und literarischen Lebens muß sich die spanische Sprache im Siglo de Oro ihre Rechte überhaupt erst[32] erkämpfen.

(Aus: Harald Weinrich, „Das spanische Sprachbewußtsein im Siglo de Oro". In: *Wege der Sprachkultur*, Stuttgart 1985. Mit freundlicher Genehmigung der Deutschen Verlags-Anstalt.)

Podemos partir de la base de que España, a comienzos del siglo XVI, tenía dos lenguas, entre las que estaban repartidas sin mayores problemas las necesidades públicas de comunicación: el español (castellano) y el latín. Cada una de estas dos lenguas tenía sus campos de aplicación, en los que la elección de la lengua estaba indiscutiblemente decidida de antemano. Por lo que respecta al español, estaba primeramente fuera de duda que los poetas utilizan la lengua española. No existe en el Siglo de Oro poesía latina de autores españoles digna de mención. Indudable es también que el español es la lengua del poder, la lengua de las leyes y de la administración pública. Así ha venido usándose indiscutidamente desde el siglo XIII. Incluso el decreto real en que, en el año 1561, se prescribe a la Universidad de Salamanca el latín como lengua docente está redactado en lengua española. Indiscutible es también en el Siglo de Oro la regla de que los sermones (orales) se predican en español. Sermones humanistas en latín, como le gustaba escuchar a la Reina Isabel, son casos aislados. En estos tres ámbitos: poesía, administración y predicación es indiscutible el uso de la lengua vernácula y la conciencia lingüística se concentra aquí en el cómo del uso de la lengua. En los otros sectores de la vida intelectual y literaria, la lengua española del Siglo de Oro aún tiene que luchar por conseguir sus derechos.

**Anmerkungen zum Text VI**

1) Übersetzungen von „man": I.5.2.A.e.

2) Präpositional-Sätze: II.5.2.D.a.

3) Adverbiale Zeitangaben: I.4.2.E.

4) Bei der Übersetzung von „Sprache" ist wie folgt zu differenzieren:

a) *lengua*:

- Die Sprache einer Gemeinschaft: la lengua española, la lengua del pueblo etc.

- Die Sprache einer literarischen Gattung oder eines Fachbereichs: la lengua poética, la lengua de las leyes, del poder etc.

*lenguaje*:

- Stil, Art zu sprechen: lenguaje culto, barroco, grosero (=grob) etc.

- Allgemein als Zeichensystem: el lenguaje de las abejas de los sordomundos etc.

*idioma*:

-Einzelsprachen: el idioma español. Merke:
Estudio idiomas. (= Ich studiere Fremdsprachen.)

b) *Wendungen*:

- buscarle a uno la lengua: jdn. provozieren
- largo de lengua: frech im Reden
- suelto de lengua: leichtfertig im Reden

5) Zur Verwendung des imperfecto: vgl. I.9.4.C.

6) Präposition + Artikel + Relativpronomen: I.1.2.A.

7) Zum Zustandspassiv: vgl. I.9.1.B.

8) „jeder": Text III 20d

9) *„beide"*:

a) Die übliche Übersetzung ist „los/las (oder eine andere Determinierung: „estos/estas"; „sus" etc.) + *dos*".

Dabei ist zu berücksichtigen, daß das dt. Personalpronomen unübersetzt bleibt, wenn es mit „beide" verbunden wird.

*Bsp.:* - Wir beide sind müde. (= Estamos cansados los dos.)

- Ihr beide wollt nicht. (= No queréis.)

b) „ambos/ambas" (meistens, wenn das Bezugswort schon bekannt ist):

*Bsp.:* - En la sala había dos personas. Ambas discutían apasionadamente.
(= Im Saal waren zwei Personen. Beide diskutierten leidenschaftlich.)

- (Im Text war zuvor von Spanien und Portugal die Rede):
„Die Romantik..., die in beiden Ländern..." (Text VII 16)
(= El Romanticismo..., el cual en ambos países...")

c) Ein weiteres gewählteres Demonstrativum ist „sendos/sendas" (= je eine(r)).

*Bsp.:* - Madrid y Barcelona tienen sendas Universidades Politécnicas. Ambas son de reciente fundación.
(= Madrid und Barcelona haben je eine Technische Hochschule. Beide sind unlängst eingerichtet worden.)

10) Das Possessivpronomen: I.5.3.C.c.

11) Wortzusammensetzungen mit „de": I.6.5.A.b.

12) Präposition + Artikel + Relativpronomen: I.1.2.B.

13) Nicht immer läßt sich die dt. Vorsilbe „vor-" , wie im nachfolgenden Beispiel, durch „pre-" wiedergeben:

*Bsp.:* - Vorurteil: prejuicio (s. IV.1.)

Oft nämlich muß im Spanischen stattdessen ein Adverb oder Adjektiv verwendet werden.

*Bsp.:* - Voranzeige : aviso previo
- Vorbemerkung: advertencia preliminar
- vorentscheiden: decidir de antemano

14) Substantivierung von Relativsätzen: II.5.3.F.b3.

15) Subjektsätze: II.5.2.C.c4.2.

16) Geschlecht der Substantive: I.2.1.A.d.

17) Reflexivverben: I.9.9.A.b.

**18) Verwendung des Artikels: I.1.1.C.b1.**
**Subjektinversion: II.1.2.**

19) a) Die allgemeine Übersetzung von „gelten" ist „valer":
*Bsp.:* Das gilt nichts.
(= Esto no vale nada.)
b) „gelten" kann aber auch als Hilfsverb verwendet werden. Dann wird es
- durch das Prädikativ ergänzt (s. I.2.2.):
*Bsp.:* Er gilt als ein großer Spezialist.
(= Está considerado como un gran especialista.)
- durch „ser" wiedergegeben:
*Bsp.:* Fraglos gilt ferner...
(= Indudable es también...)
c) *Wendungen*:
*Bsp.:* - Das gilt nicht als Entschuldigung.
(= Esto no sirve de disculpa.)
- Dieses Gesetz gilt.
(= Esta ley está vigente.)
- Das gleiche gilt für dich.
(= Lo mismo puede decirse de ti, bzw. lo mismo sirve para ti.)
- Seine Sympathien gelten den Spaniern.
(= Sus simpatías se dirigen a los españoles.)
- Er gilt viel bei uns.
(= Se le tiene gran estima entre nosotros.)

20) Wortzusammensetzungen mit „de": I.6.5.B.b.

21) So + Verb: I.7.5.C.

22) Verbalperiphrasen mit gerundio: I.9.7.C.e.

23) Kommasetzung: III.2.3.A.

24) Prädikativ: I.2.2.B.e.

25) pasiva refleja: I.9.2.

26) Aufgrund der Erläuterungen in II.5.2.D.b. läßt sich, je nachdem, ob an dieser Stelle der Indikativ oder der subjuntivo steht, folgender Bedeutungsunterschied ermitteln:

La regla de que los sermones
a) se predican (= Brauch, Tatsache)
b) se prediquen (= Aufforderung, Befehl)
en español.
Da der deutsche Ausgangstext die Möglichkeit a) anzeigt, ist die Stelle indikativisch zu übersetzen.

27) Suffixe: IV.2.2. Anzumerken ist, daß „humanistas" hier als Adjektiv verwendet wird.

28) „bleiben": Text IV 42c

29) Asyndetische Konstruktionen im Dt.: II.4.2.

30) Substantivierung: I.1.3.C.

31) „geistig": Text I 22

32) Übersetzungen von „erst": I.7.4.H.

Die Darstellung der literarischen Entwicklung in Spanien und Portugal zwischen 1780 und 1820 hat vor allem mit dem Vorurteil zu kämpfen, nach dem[1] dort in diesen[2] Jahrzehnten nichts[3] geschrieben worden sei[4], was heute noch[5] unser Interesse verdiene. Der Neoklassizismus[6] war am Ende[7] des Jahrhunderts[8] vollends erschöpft[9]. Die neuen Tendenzen, die zur Romantik[6] führen sollten[10], sind noch kaum sichtbar[11]. Erst[12] nach 1820 finden wir in Spanien und Portugal eine parallele Entwicklung zu der europäischen; erst[13] dann hat[14] die Romantik Bedeutung, die[15] in beiden[16] Ländern ein Import aus dem Norden Europas ist. Diese[17] Urteile meinen[18], Spanien und Portugal seien[19] eine geistige Wüste in den Jahren zwischen 1780 und 1820, in denen sich in ganz Europa der Übergang zur Romantik vollzog[20]. Auch wenn man vielleicht[21] sagen muß, daß diese Zeit tatsächlich nicht zu den großen Epochen der spanischen und portugiesischen Literaturgeschichte[22] gehört, so[23] wird man dieses Bild nicht akzeptieren können. Es[24] entspringt[25] der Perspektive Mitteleuropas[26]; dort[27] pflegt man[28] zu meinen, daß England, Frankreich und Deutschland die zentrale Rolle in der Entwicklung jener Jahrzehnte spielen[29], während[30] Spanien und Portugal keine Bedeutung haben[31]. Bei der Abwehr[32] dieses Vorurteils liegt die Versuchung nahe, mehr[33] in die Literatur dieser Jahre hineinzutragen[34], als in ihr enthalten ist. Tendenzen[25] dieser Art lassen sich[35] häufig in der nationalen Literaturgeschichtsschreibung beobachten. Es gibt allerdings auch die gegenläufige Tendenz[36], die Vorurteile zu bestätigen oder sogar zu übertreffen. Diese wenigen[37] Bemerkungen mögen[38] genügen, um zu zeigen, wie[39] unsicher und umstritten die Wertung dieser Jahrzehnte heute noch[40] ist.

(Aus: Karl Kohut, „Die Literatur Spaniens und Portugals zwischen Klassizismus und Romantik" In: Klaus von See (Hg.), *Neues Handbuch der Literaturwissenschaft* Bd. 15: Europäische Romantik II hg. von Klaus Heitmann. Wiesbaden 1982. Mit freundlicher Genehmigung des AULA-Verlages, Wiesbaden)

La exposición del desarrollo literario en España y Portugal entre 1780 y 1820 tiene que luchar sobre todo contra un prejuicio según el cual en aquellos decenios allí no se escribió nada que hoy en día siga mereciendo nuestro interés. El Neoclasicismo, al final del siglo, estaba totalmente acabado. Las nuevas tendencias, que habrían de desembocar en el Romanticismo, apenas pueden atisbarse aún. Hasta después de 1820 no encontramos en España y Portugal un desarrollo paralelo al europeo. Sólo entonces el Romanticismo llegará a tener importancia, el cual en ambos países se importa del norte de Europa. Las opiniones de este tenor destacan que España y Portugal eran un desierto intelectual en los años comprendidos entre 1780 y 1820, en los que en toda Europa se estaba dando el paso hacia el Romanticismo. Aun cuando quizá haya que decir que este período realmente no es una de las grandes épocas en la historia de las literaturas española y portuguesa, no se podrá aceptar sin más esta metáfora. Surge de la perspectiva centroeuropea, donde se suele afirmar que, en el desarrollo de aquellos decenios, Inglaterra, Francia y Alemania juegan el papel proponderante, mientras que España y Portugal carecen de importancia. Al rechazar este prejuicio se puede caer fácilmente en la tentación de, a base de interpretarla, adjudicar a la literatura de esos años más de lo que realmente contiene. Se pueden observar con cierta frecuencia tendencias de este tipo en las historias nacionales de la literatura. Existe también, sin embargo, la tendencia contraria: corroborar o incluso exagerar aún más los prejuicios. Basten estas breves consideraciones para mostrar lo insegura y debatida que sigue siendo en nuestros días la valoración de estos decenios.

## Anmerkungen zum Text VII

1) Während im Dt. der Konjunktiv dieses Relativsatzes durch die indirekte Rede gefordert ist, wird im Sp. gemäß II.5.3.E.a. der Indikativ verwendet.

2) Demonstrativpronomen: I.5.4.A.

3) Negation: I.8.2.A.

4) Zur pasiva refleja: vgl. I.9.2.
Von der Erzählperspektive her ist hier im Sp. eine gewisse Distanz üblich, die den indefinido nahelegt. Vgl. dazu I.9.4.B.c.

5) Verbalperiphrasen mit gerundio: I.9.7.C.d.

6) Großschreibung: III.1.1.A.

7) Adverbiale Zeitangaben: I.4.2.E.

8) Kommasetzung: III.2.3.A.

9) Zustandspassiv: I.9.1.B.a.

10) „sollen": I.9.13.D.a.

11) „-bar": Text I 38b

12) Übersetzungen von „erst": I.7.4.B.

13) Übersetzungen von „erst": I.7.4.I.

14) Zur Futurform: vgl. I.9.4.E.a.
Zur Verbalperiphrase: vgl. I.9.7.B.f3.

15) Relativpronomina: II.5.3.C.b1.

16) „beide": Text VI 9b

17) „diese": Text I 11c

18) Zum Indikativ in Objektsätzen: vgl. II.5.2.B.b.

19) Besonderheiten bei der Zeitenfolge: II.2.2.C.a.

20) Verbalperiphrasen mit gerundio: I.9.7.C.a.

21) Die hier gewählten Konzessivpartikeln „aun cuando„, die mit Indikativ oder subjuntivo stehen können (s. II.5.4.E.c3.), bevorzugen hier den subjuntivo, da vor dem Verb „quizá" steht (vgl. dazu I.9.3.C.b.).

22) Wortzusammensetzungen mit „de": I.6.5.A.b.

23) Übersetzungen von „so": I.7.5.F.

24) Übersetzungen von „es": I.5.2.B.a1.

**25) Subjektinversion: II.1.2.**

26) Dem Adjektiv „centroeuropeo" entspricht als Substantiv „Europa Central" (= Mitteleuropa). Demgegenüber entspricht dem Adjektiv „centroamericano" sowohl „Centroamérica" als auch „América Central".
Zur Zusammenschreibung: vgl. III.4.1.

27) Zur Stilistik sei hier angemerkt, daß der im Dt. etwas abgehackten Satzfolge (hier: Semikolon (= längere Pause) und Adverb „dort") im Sp. eine flüssigere Diktion gegenübersteht (hier: Komma (kürzere Pause) und Relativ-Adverb. Dazu vgl. II.5.3.D.a.

28) Übersetzungen von „man": I.5.2.A.a.
Hier wäre u.U. auch die 3. Person Plural möglich: „donde suelen afirmar".

29) Beachte die feste Verbindung:
eine Rolle spielen: jugar un papel.
Auch „desempeñar un papel" wird häufig als feststehende Verbindung mit dieser Bedeutung benutzt.

30) „mientras" (= während) ist eine Temporalkonjunktion. Zu ihrem Gebrauch s. II.5.4.G.a. und b.
„mientras que" (im Dt. auch = während) ist adversativ (pero /aber) und steht mit dem Indikativ.

Text VII

31) Präposition und Rektion: I.6.7.B.b.

32) Übersetzungen von „bei“: I.6.3.(10).

33) Vergleich von Sätzen: II.5.3.F.c2.

34) Richtungsanzeigende Partikeln: I.7.3.A.(7) und B.a.(7).

35) „lassen“: I.9.13.B.b.

36) Asyndetische Konstruktionen im Dt.: II.4.2.

37) Beachte die feststehende Verbindung:
*wenige* Bemerkungen: *breves* consideraciones

38) „mögen“: I.9.13.C.a.

39) Substantivierung mit „lo“: I.1.1.E.
Varianten hierzu wären: „qué insegura y debatida...“ und (gewählt) „cuán insegura y debatida...“.
„Wie“ wird durch „cómo“ übersetzt, wenn es sich *nicht* auf ein Adjektiv bezieht:
*Bsp.:* - Ich weiß nicht, wie du es machst.
(= No sé *cómo* lo haces.)

40) Verbalperiphrasen mit gerundio: I.9.7.C.d.

*Deutsche Bilder: „Alltagsleben"*

- etwas auf die hohe Kante legen
- ahorrar algo

*Bsp.:* Ich habe immer einen Teil meines Gehaltes auf die hohe Kante gelegt.
(= Yo he ido ahorrando toda mi vida una parte del sueldo.)

- etwas im Schilde führen
- pretender algo

*Bsp.:* Ich würde gerne wissen, was du eigentlich im Schilde führst.
(= Me gustaría saber qué es lo que tú pretendes.)

- etwas auf die lange Bank schieben
- retrasar algo

*Bsp.:* Wichtige Entschlüsse darf man nicht auf die lange Bank schieben.
(= No se pueden retrasar las decisiones importantes.)

- nicht alle Tassen im Schrank haben.
- faltarle a alguien un tornillo.

*Bsp.:* Manolo hat nicht alle Tassen im Schrank. Er hat seinen Chef angebrüllt.
(= A Manolo le falta un tornillo. Ha dado un bufido a su jefe.)

Text VIII

Alphons Clenin, der Polizist von Twann, fand[1] am Morgen[2] des dritten[3] November neunzehnhundertachtundvierzig dort, wo[4] die Straße von Lamboing (eines der Tessenbergdörfer) aus dem Walde der Twannbachschlucht hervortritt, einen blauen Mercedes, der[5] am Straßenrande stand. Es herrschte[6] Nebel, wie oft in diesem[7] Spätherbst[8], und eigentlich war Clenin am Wagen schon vorbeigegangen[9], als er doch wieder zurückkehrte[10]. Es[11] war ihm nämlich beim Vorbeischreiten[12] gewesen, nachdem er flüchtig durch die trüben Scheiben[13] des Wagens geblickt hatte, als sei[14] der Fahrer auf das Steuer niedergesunken. Er glaubte, daß der Mann betrunken sei[15], denn als[16] ordentlicher Mensch kam[17] er auf das Nächstliegende[18]. Er wollte daher[19] dem Fremden nicht amtlich[20], sondern menschlich[20] begegnen[20]. Er trat mit der Absicht ans Automobil, den Schlafenden zu wekken[21], ihn nach Twann zu fahren und im Hotel Bären bei[22] schwarzem Kaffee und einer Mehlsuppe nüchtern werden zu lassen[23]; denn es war zwar[24] verboten[25], betrunken[26] zu fahren, aber nicht verboten, betrunken[26] in einem Wagen, der[5] am Straßenrande stand, zu schlafen. Clenin öffnete die Wagentür[27] und legte dem Fremden[28] die Hand väterlich auf die Schultern. Er bemerkte jedoch im gleichen[29] Augenblick, daß der Mann tot war[30]. Die Schläfen waren durchschossen[31]. Auch sah Clenin jetzt, daß die rechte Wagentüre offen stand. Im Wagen war[32] nicht viel Blut, und der dunkelgraue Mantel, den die Leiche trug[33], schien nicht einmal[34] beschmutzt. Aus der Manteltasche[35] glänzte der Rand einer gelben Brieftasche. Clenin, der sie hervorzog[36], konnte ohne Mühe feststellen, daß es sich beim[37] Toten um Ulrich Schmied handelte, Polizeileutnant der Stadt[38] Bern[39]. Clenin wußte nicht recht, was[40] er tun sollte. Als[16] Dorfpolizist war ihm ein so[41] blutiger Fall noch nie vorgekommen. Er lief[42] am Straßenrande hin und her. Als die aufgehende[43] Sonne durch[44] den Nebel brach und den Toten beschien, war ihm das unangenehm. Er kehrte zum Wagen zurück, hob den grauen Filzhut[45] auf, der[5] zu Füßen der Leiche lag[46], und drückte ihr[47] den Hut über den Kopf, so tief, daß er[48] die Wunde an den Schläfen nicht mehr sehen konnte, dann war[49] ihm wohler.

(Aus: Friedrich Dürrenmatt, *Der Richter und sein Henker*. Erstmals erschienen 1952 im Benziger Verlag, Zürich.

Alphons Clenin, el policía de Twann, encontró en la madrugada del tres de noviembre de mil novecientos cuarenta y ocho, allí donde la carretera de Lamboing (uno de los pueblos en el Tessenberg) sale del bosque del barranco del Twannbach, un Mercedes azul parado al borde de la carretera. Había mucha niebla, como a menudo en aquellos últimos días del otoño, y, en realidad, Clenin ya había pasado de largo, cuando, sin embargo, volvió sobre sus pasos y se acercó al automóvil, pues al pasar, después de haber echado un rápido vistazo por las empañadas ventanillas del coche, le había dado la impresión como si el conductor estuviera desplomado sobre el volante. Creyó que el hombre estaba borracho, pues, como a persona honrada que era, se le ocurrió primero lo más probable. De ahí que quisiera tratar al extraño no en tono oficial, sino humano. Se acercó al automóvil con la intención de despertar al que dormía, llevarle a Twann y hacer que se le pasara la borrachera en el hotel Bären con un café bien cargado y unas sopas de harina; pues si bien estaba prohibido conducir borracho, no estaba prohibido dormir borracho en un coche aparcado al borde de la carretera Clenin abrió la portezuela y, paternalmente, le puso al extraño la mano sobre los hombros. Sin embargo, en ese mismo momento notó que el hombre estaba muerto. Tenía las sienes perforadas por una bala. Y entonces Clenin vio también que la portezuela derecha estaba abierta. En el coche no había mucha sangre y el abrigo gris oscuro, que llevaba el cadáver, ni siquiera parecía manchado. Del bolsillo del abrigo asomaba el borde de una cartera amarilla. Al sacarla, Clenin pudo comprobar fácilmente que en el caso de la víctima se trataba de Ulrich Schmied, teniente de policía de la ciudad de Berna. Clenin no sabía exactamente qué hacer. El, un policía de pueblo, nunca hasta entonces había tenido que ver con un caso tan sangriento. Se puso a andar de un lado para otro al borde de la carretera. Cuando el sol, al salir, se abrió paso a través de la niebla e iluminó el cadáver, tuvo una sensación desagradable. Regresó al coche, recogió el sombrero de fieltro gris que estaba a los pies del cadáver y lo puso en la cabeza de éste, apretando hasta que ya no pudo ver las heridas en las sienes; después se sintió mejor.

**Anmerkungen zum Text VIII**

1) Verwendung des indefinido: I.9.4.B.a.

2) Adverbiale Zeitangaben: I.4.2.B.

3) Anders als im Dt. wird im Sp. zur Angabe des Datums die Grundzahl benutzt:
- el tres de noviembre = der dritte November
- el uno de mayo = der erste Mai

(Hier auch als einzige Ausnahme die Ordnungszahl möglich: el primero de mayo).

Folgende zwei weitere Unterschiede zwischen dem Dt. und dem Sp. sind hier auch zu beachten:

a) Die Ordnungszahlen (primero, segundo, etc.) werden im Sp. i.d.R. nur bis 10 benutzt. Ab 11 wirken sie schwerfällig (z.B.: undécimo, vigésimo etc.) und werden kaum verwendet.

*Bsp.:* die dritte Etage: el tercer piso

aber: die elfte Etage: el piso once

b) Bei der Bezeichnung von Regenten wird im Sp. die Ordnungszahl den Eigennamen *ohne* Artikel nachgestellt.

*Bsp.:* Felipe Segundo: Philipp *der* Zweite
Carlos Cuarto: Karl *der* Vierte
Vgl. auch gemäß a):
Alfonso Trece: Alphons *der* Dreizehnte

4) Relativ-Adverbien: II.5.3.D.a.

5) Partizip in verbundener Stellung: I.9.5.C.c4.

6) Verwendung des imperfecto: I.9.4.C.c.

7) Demonstrativpronomen: I.5.4.A.b.

8) Wortzusammensetzungen mit „de“: I.6.5.A.b.

9) Mit der Übersetzung „y, en realidad, Clenin ya había pasado por delante del coche...“ wird zwar „am Wagen“ wiedergegeben, aber *por delante de* hat die Bedeutung von „vorbei + vorne“.

*Bsp.:* Er kam am Ladenfenster vorbei.
(= Pasó por delante del escaparate de la tienda.)

10) Der Gebrauch der Verbalperiphrase „volver a + Infinitiv (volver)“ (I.9.7.B.b.) wäre hier wegen des zweifachen Auftretens von „volver“ nicht angebracht. Es wurde daher der Ausdruck „volver sobre sus pasos“ verwendet.

11) Übersetzungen von „es“: I.5.2.B.b2.

12) Übersetzungen von „bei“: I.6.3.A.(10).

13) „Ventanilla“ kann im Dt. folgende Einzelbedeutungen haben:
a) Fahrzeug-, Flugzeugfenster
b) Abfertigungsschalter (vgl. dazu IV.2.4.B.b.)

14) Modalsätze: II.5.4.F.d3.

15) Zum sp. Indikativ bei dieser Übersetzung: vgl. II.5.2.B.b.

16) Prädikativ: I.2.2.B.e3.

17) Reflexivverben: I.9.9.A.b.

18) Substantivierung mit „lo“: I.1.3.A.

19) Konsekutivsätze: II.5.4.C.e.

20) Adverbien der Art und Weise: I.4.1.D.b4.
Zur Übersetzung von „begegnen“: vgl. Text IV 8.

21) Präposition und Rektion: I.6.7.D.a.
Substantivierter Relativsatz: II.5.3.F.e3.

22) Übersetzungen von „bei“: I.6.3.A.(12).

23) Für die Übersetzung von „lassen“ vgl. I.9.13.B.c.
Der Ausdruck „nüchtern werden lassen“ ist als Wendung zu übersetzen: „hacer que se pase la borrachera“.
Wenn man „selbst“ nüchtern wird, heißt es im Sp. „quitarse la borrachera“.

24) Koordinative Satzverbindungen: II.3.

25) Zum Zustandspassiv: vgl. I.9.1.B.

26) Prädikatives Adjektiv/modales Adverb: I.3.5.B.

27) Die Übersetzung von „Tür" ist allgemein „puerta". Merke jedoch:
- la portezuela: die Fahrzeugtür
- el portal: die Haustür (Tür zur Straße in einem Mehrfamilienhaus)
(Vgl. dazu IV.2.4.B.b.)

28) Bei der Übersetzung: „*(le)* puso *al extraño* la mano..." ist das „*le*" redundant (wenn auch häufig benutzt), da der Dativ („al extraño") ein Substantiv ist. Anders, wenn statt „al extraño" „a él" stände. Dann müßte in jedem Falle „le" stehen (etwa: „le puso a él la mano"). Der Grund hierfür wird in I.5.1.B.c. erläutert.

29) Während es im Dt. zwischen „gleicher" und „selber" zu unterscheiden gilt, werden im Sp. beide Indefinitpronomina durch „mismo" wiedergegeben.

30) Zu den Objektsätzen: vgl. II.5.2.B.b.

31) Verbalperiphrasen mit Partizip: I.9.7.D.d1.

32) „hay": I.9.11.B.d.

33) Verbalperiphrasen mit Partizip: I.9.7.D.d2.

34) Die Negation: I.8.2.B.a.

35) Wortzusammensetzungen mit „de": I.6.5.A.a.

36) Vom Sinn her (= „beim Hervorziehen") wurde hier gemäß I.6.3.A.(10) übersetzt.

37) Übersetzungen von „bei": I.6.3.A.(8).

38) Wortzusammensetzungen mit „de": I.6.5.A.b.

39) Städtenamen: vgl. Text I 46

40) Relativ-Fragesatz: vgl. Text IV 21

41) Übersetzungen von „so“: I.7.5.A.

42) Aus dem Kontext wird ersichtlich, daß hier der Beginn der Handlung gemeint ist. Daher die Übersetzung „se puso a andar“ gemäß I.9.7.B.c.

43) Die naheliegende Übersetzung dieser aktiven Partizipien auf „-nd“, wenn sie als Adjektiv verwendet werden, wäre die durch ein sp. Partizip Präsens auf „-ente“. Wie aber in I.9.5.C.d. ausgeführt wird, lassen sich solche sp. Partizipien nur in bestimmten Fällen bilden. Es ist daher stets gemäß der jeweiligen Bedeutung im Kontext zu übersetzen. Hier ist das Partizip im Sinne von „beim Aufgehen“ verwendet (vgl. dazu I.9.5.A.d1.1) und I.6.3.(10).)
Die Wiedergabe durch ein gerundio wäre in jedem Falle falsch, da diese Nominalform einen adverbialen, nicht aber adjektivischen Charakter hat (vgl. dazu I.9.5.B.c4)).

44) Richtungsanzeigende Partikeln: I.7.3.A.(8) und B.a.(8).

45) Wortzusammensetzungen mit „de“: I.6.5.A.b.

46) Verwendung des imperfecto: I.9.4.C.b.

47) *Variante:* „se lo puso sobre la cabeza“ bzw. „le puso el sombrero sobre la cabeza“.
*Variante:* „le puso el sombrero tan calado que ya no pudo ver la herida“.

48) Konsekutivsätze: II.5.4.C.a.

49) Zum indefinido: vgl. I.9.4.B.b.

Text IX

Diskussion mit der Studentenschaft beider[1] Hochschulen. Der Waagsaal erweist sich als[2] viel zu klein, so daß[3] wir dann durch[4] die Stadt ziehen, um uns in einem größeren Lokal niederzulassen[5] zu Verhör und Gericht, und ich will nicht verhehlen, daß mich solcher[6] Zustrom, gleichviel was folgt[7], als[8] Zeichen von Interesse[9] ebenso überrascht wie[10] erfreut. Auch die Studenten, zeigt sich bald, erwarten[11] von einem Schauspiel, daß es eine Lösung liefere[12]. Das kommt immer wieder; Bedürfnis nach[13] Führung. Und wenn man[14] eine liefern würde[15]? Zum Beispiel[16]: Geht hin und verschenkt, was[17] ihr besitzt, verzichtet auf[18] eure Vorrechte, zieht hinaus und tut, wie[19] Franziskus getan hat. Was würde[20] geschehen? Nichts. Was wäre[20] gewonnen? Man wüßte: der Autor ist offenbar[21] ein[22] Christ. Schön von ihm; im übrigen ist das[23] natürlich seine[24] Sache. Und in der Tat[21], das ist es auch!

Die Lösung ist immer unsere[24] Sache, meine[24] Sache, eure[24] Sache.
Henrik Ibsen sagte[25]:
„Zu fragen bin ich da, nicht zu antworten".

Als[26] Stückschreiber hielte[20] ich meine Aufgabe für[27] durchaus erfüllt, wenn[28] es einem Stück jemals gelänge, eine Frage dermaßen[29] zu stellen[30], daß die Zuschauer von dieser Stunde an ohne eine Antwort nicht mehr leben[31] können - ohne ihre[32] Antwort, ihre eigene, die sie nur mit dem Leben selber geben können.

Das allgemeine Verlangen nach[33] einer Antwort, einer allgemeinen, das[34] oft so[35] vorwurfsvoll, oft so[35] rührend ertönt, vielleicht ist[36] es doch[37] nicht so ehrlich, wie der Verlangende[38] selber meint. Jede[39] menschliche Antwort, sobald[40] sie über die persönliche Antwort hinausgeht und sich eine allgemeine Gültigkeit anmaßt[41], wird anfechtbar sein, das wissen wir, und die Befriedigung, die wir im Widerlegen[42] fremder Antworten finden, besteht dann darin, daß wir darüber[43] wenigstens die Frage vergessen, die uns belästigt - das würde[20] heißen: wir wollen gar[44] keine Antwort, sondern wir wollen die Frage vergessen.

Um nicht verantwortlich zu werden[45].

Discusión con los estudiantes de las dos Universidades. La „Waagsaal" resulta demasiado pequeña, de modo que recorremos a pie la ciudad para acomodarnos en un local más amplio para el interrogatorio y el juicio y no quiero ocultar que una acogida así - pase lo que pase -, como muestra de interés, me sorprende en la misma medida en que me alegra. Pronto se ve que también los estudiantes esperan de una pieza de teatro que dé una solución. Es algo que sucede a menudo: la necesidad de ser dirigido. ¿Y si uno diera una solución? Si, por ejemplo, dijera: Id y regalad todo lo que poseéis, prescindid de vuestros privilegios, id y haced como hizo Francisco. ¿Qué pasaría? Nada. ¿Qué habríamos sacado en limpio? Se sabría que el autor, al parecer, es cristiano. Bueno, ¿y qué?; por lo demás, eso naturalmente es asunto suyo. Y, en verdad, lo es.

La solución siempre es asunto nuestro, asunto mío, asunto vuestro.

Henrik Ibsen decía:
„Yo estoy para preguntar, no para contestar."

Como autor de piezas teatrales daría mi labor perfectamente por cumplida si una obra consiguiera alguna vez plantear una pregunta de manera que los espectadores, desde ese momento, no pudieran seguir viviendo sin una respuesta, sin su respuesta, la suya propia, la que sólo pueden dar ellos mismos con su vida.

La exigencia general de una respuesta, de una respuesta general, esa exigencia que a menudo suena tan a reproche, pero a menudo tan conmovedora, quizá no sea realmente tan sincera como cree quien la plantea. Cualquier respuesta humana, en cuanto rebase el ámbito de la respuesta personal atribuyéndose una validez general, será refutable, eso lo sabemos, y la satisfacción que encontramos al refutar respuestas ajenas consiste, en ese caso, en que al hacerlo por lo menos olvidamos la pregunta, que nos molesta; eso significaría: no queremos respuesta alguna, sino que queremos olvidar la pregunta.

Para no hacernos responsables.

Text IX

**Anmerkungen zum Text IX**

1) „beider“: vgl. Text VI 9 a

2) Prädikativ: I.2.2.B.b.

3) Konsekutivsätze: II.5.4.C.a.

4) Richtungsanzeigende Partikeln: I.7.3.A (5) und B.a (5)

5) Reflexivverben: I.9.9.A.

6) „solcher“: Text I 11a

7) Subjuntivo in selbständigen Sätzen: I.9.3.C.b2.1.

8) Prädikativ: I.2.2.B.e1.

9) Die Kommata in der Übersetzung zeigen an, daß diese Ergänzung hier als Einschub bzw. zusätzliche Erläuterung aufzufassen ist. Vgl. dazu III.2.3.A. und B.

10) Modalsätze: II.5.4.F.d1.

11) Objektsätze: II.5.2.B.c3.6.

12) Akzent-Zeichen bei „dé“: III.3.

13) Präposition und Rektion: I.6.7.D.a.

14) Übersetzungen von „man“: I.5.2.A.c.

15) Zum subjuntivo Imperfekt bei irrealen Bedingungssätzen: vgl. II.5.4.D.c1.

16) Kommasetzung: III.2.3.B.

17) Substantivierung von Relativsätzen: II.5.3.F.g.

18) Präposition und Rektion: I.6.7.B.b.

19) Modalsätze: II.5.4.F.d1.

20) Verwendung des Konditional: I.9.3.B.c.

21) Kommasetzung: III.2.3.B.

22) Verwendung des Artikels: I.1.1.C.b1.

23) Demonstrativpronomen: I.5.4.E.

24) Possessivpronomen: I.5.3.B.a.

25) An dieser Stelle sind im Sp. sowohl „Pretérito imperfecto" als auch „Indefinido" möglich.
- Mit imperfecto kommt die Perspektive der Ablaufschilderung zum Ausdruck.
- Mit indefinido („Ibsen dijo") wird ein vollendetes Ereignis erzählt. Die Distanz des Berichterstatters wird deutlicher.
Vgl. dazu I.9.4.C.a. und B.a.

26) Prädikativ: I.2.2.B.e1)

27) Prädikativ: I.2.2.B.c.

28) Konditionalsätze: II.5.4.D.c1)

29) Konsekutivsätze: II.5.4.C.c.
Für das Imperfekt des subjuntivo vgl. II.2.3.A. (Zeitenfolge)

30) a) Für die Übersetzung des dt. Ausdrucks „eine Frage stellen" steht im Sp. eine feststehende Wendung („plantear una pregunta") zur Verfügung.
b) Für die Übersetzung von „Frage" ist darüber hinaus folgendes zu beachten:
1. *Grundbedeutungen:*
a) *In der Kommunikation:* „la pregunta"
- eine Frage stellen: hacer una pregunta
- eine Frage beantworten: responder a una pregunta
- Ich habe eine Frage.: Tengo una pregunta.
b) *Fragezeichen*
- als Interpunktionszeichen: la interrogación
- unsichere Angelegenheit: el interrogante
c) *Problem:* la cuestión
2. *Häufige Ausdrücke:*
- in Frage stellen: poner en duda

- Das ist die Frage.: Esta es la cuestión.
- Das steht außer Frage.: Está fuera de duda.
- Das ist eine andere Frage.: Esta es otra cuestión.
- Das kommt nicht in Frage.: Ni en broma.

31) „nicht mehr leben" heißt an dieser Stelle eigentlich „nicht weiter leben" Daher die Übersetzung gemäß I.9.7.C.d.

32) Possessivpronomen: I.5.3.C.c.

33) Präposition und Rektion: I.6.7.D.a.

34) Zu den Relativpronomina: II.5.3.C.b2.

35) Übersetzungen von „so": I.7.5.A.

36) Subjuntivo in selbständigen Sätzen: I.9.3.C.b1.1.

37) Abtönungspartikeln: I.7.2.B.c.

38) Vgl. Text VIII 43. Hier wurde als Übersetzung ein substantivierter Relativsatz gewählt: „quien (= el que) la plantea". Vgl. dazu II.5.3.F.b2.

39) „jeder": Text III 20c

40) Temporalsätze: II.5.4.G.a.

41) Für die Übersetzung dieses Satzes mit gerundio ilativo s.I.9.5.B.b.

42) Eine Variante hierfür ist die Übersetzung mit gerundio modal (I.9.5.B.c1.2)): „encontramos refutando respuestas"

43) Da im Sp. diese verkürzte Möglichkeit des „darüber" nicht existiert, muß die Aussage lexikalisch wiedergegeben werden; hier dem Sinn nach durch einen Infinitiv („al hacerlo") gemäß I.9.5.A.d1.1.

44) Negation: I.8.2.B.b.

45) Übersetzungen von „werden": I.9.12.C.b.

*Verschiedene Bilder im Deutschen und Spanischen*

- in anderer Leute Kochtöpfe rühren
- meterse en camisa de once varas

*Bsp.:* Du sollst dich um deine Sachen kümmern und nicht immer in anderer Leute Kochtöpfe rühren.
(= Tú a lo tuyo y no te andes metiendo en camisa de once varas.)

- jemandem einen Bären aufbinden
- contar cuentos chinos a alguien

*Bsp.:* Glaube ihm nicht, er will dir nur einen Bären aufbinden.
(= No le creas, no te va a contar más que cuentos chinos.)

- kein Blatt vor den Mund nehmen
- no tener pelos en la lengua

*Bsp.:* Meine Tochter sagt, was sie denkt. Sie nimmt kein Blatt vor den Mund.
(= Mi hija dice siempre lo que piensa. No tiene pelos en la lengua.)

- eine Gardinenpredigt halten
- poner a uno de vuelta y media

*Bsp.:* Da ich die Arbeit nicht rechtzeitig fertig bekam, hielt mir der Chef eine Gardinenpredigt.
(= Como no terminé el trabajo a tiempo, el jefe me puso de vuelta y media.)

Text X

Später dachte[1] ich oft darüber nach, wie[2] alles gekommen wäre, wenn ich Hedwig nicht[3] am Bahnhof abgeholt hätte[4]: ich wäre[5] in ein[6] anderes Leben eingestiegen, wie[7] man[8] aus Versehen[9] in einen[6] anderen Zug steigt[10], ein Leben, das mir damals, bevor[11] ich Hedwig kannte, als[12] ganz passabel erschien. So[13] nannte ich es jedenfalls, wenn[14] ich mit mir selbst darüber sprach, aber dieses[15] Leben, das für[16] mich bereitstand[17], wie der Zug auf der anderen Seite des Bahnsteigs, der Zug, den man[8] fast genommen hätte[5], dieses Leben[18] lebe ich jetzt in meinen Träumen, und ich weiß, daß die Hölle geworden wäre[19], was[20] mir damals ganz passabel erschien.

Als[21] meine Wirtin mit dem Frühstück kam, saß ich[22] immer noch[23] auf der Bettkante. Ich gab ihr Vaters Brief, und sie las[24] ihn, während[25] ich Kaffee eingoß und mir ein Brot zurechtmachte.

„Natürlich", sagte[26] sie, „werden Sie hingehen", und sie legte[27] den Brief aufs Tablett neben die Zuckerdose. „Sie werden[28] nett sein und das Mädchen zum Essen einladen. Denken Sie daran, daß diese jungen Mädchen[29] meistens mehr Hunger haben[30], als sie zugeben[31]".

Ich frühstückte, wusch mich und dachte[32] an Mullers Tochter, die[33] ich gar nicht kannte. Sie hatte schon im Februar in die Stadt kommen sollen[34], und ich hatte über ihres Vaters Brief gelacht[35], über seine Schrift, die ich noch von Zensuren unter meinen mißglückten Englischarbeiten[36] her kannte, und über seinen Stil.

„Meine Tochter Hedwig", schrieb[37] Muller damals, „wird im Februar in die Stadt ziehen, um auf der Pädagogischen Akademie[38] ihr[39] Studium zu beginnen. Ich wäre Ihnen dankbar[40], wenn[41] Sie mir behilflich sein[42] könnten, ein Zimmer für sie zu finden. Gewiß werden Sie sich meiner nicht mehr genau erinnern[43]: ich bin Leiter[44] der Hoffmann-von-Fallersleben-Schule, auf der auch Sie einige Jahre hindurch Ihre[39] Studien trieben" - auf diese vornehme Weise drückte er die Tatsache aus, daß ich mit sechzehn Jahren, nachdem[45] ich zum zweitenmal in der vierten Klasse sitzengeblieben[46] war, die Schule verließ[47] -, „doch vielleicht[48] entsinnen Sie sich meiner gar, und ich hoffe[49], daß meine Bitte Ihnen nicht allzu viele Unannehmlichkeiten machen wird. Der Raum für[50] meine Tochter sollte[51] nicht zu anspruchsvoll, doch auch nicht häßlich sein, möglichst[52] nicht weit von der Pädagogischen Akademie[38] entfernt, doch - wenn es eben zu arrangieren ist[53] - nicht in einem der Stadtteile mit Vorstadtcharakter, und außerdem erlaube ich mir zu betonen[54], daß das Zimmer auf jeden Fall preiswert sein muß[55]."

(Aus: Heinrich Böll, „Das Brot der frühen Jahre." In: *Das Brot der frühen Jahre und andere Erzählungen*. Frankfurt 1960. Mit freundlicher Genehmigung des Kiepenheuer & Witsch Verlags, Köln. Text gekürzt).

Luego he pensado muchas veces cómo habría sido todo si yo no hubiera ido a recoger a Hedwig en la estación: habría entrado en una vida distinta, como cuando uno sube por error a un tren distinto, una vida que, en aquel momento, antes de conocer a Hedwig, me parecía perfectamente aceptable. En todo caso, así la calificaba yo cuando hablaba de ello conmigo mismo, pero esa vida que me estaba esperando como el tren al otro lado del andén, ese tren que uno casi habría tomado, esa vida la vivo ahora en mis sueños y sé que lo que entonces me parecía perfectamente aceptable se habría convertido en un infierno.

Cuando mi patrona vino con el desayuno, yo todavía seguía sentado en el borde de la cama. Le di la carta del padre y ella la leyó mientras yo me servía el café y me preparaba una rebanada de pan.

„Por supuesto que irá- dijo poniendo la carta en la bandeja al lado del azucarero. -Será amable e invitará a la chica a comer. Tenga en cuenta que estas jovencitas suelen tener más hambre de lo que dicen.“

Yo desayuné y me lavé pensando en la hija de Muller, a la que no conocía en absoluto. Tenía que haber venido a la ciudad ya en febrero y yo me había reído con la carta de su padre, de su letra, que aún recordaba de las notas debajo de mis malogrados ejercicios escolares de inglés, y de su estilo.

„Mi hija Hedwig - escribía Muller entonces - irá a vivir a la ciudad en febrero para empezar la carrera en la Academia de Pedagogía. Le quedaría muy agradecido si Vd. pudiera ayudarme a encontrar una habitación para ella. Sin duda, Vd. ya no se acordará bien de mí: soy el Director del Colegio Hoffmann von Fallersleben, en el que también Vd. cursó estudios durante algunos años -de esta manera tan distinguida expresaba el hecho de que yo abandonara los estudios a la edad de dieciséis años, después de tener que repetir por segunda vez el cuarto curso- pero quizá Vd. incluso se acuerde de mí y espero que mi ruego no le cause excesivas molestias. El cuarto para mi hija no debería ser demasiado lujoso, pero tampoco feo; a ser posible, no debe estar lejos de la Academia de Pedagogía, pero -si se puede organizar de algún modo- sin que sea un barrio periférico, y además, me permito insistir en que la habitación ha de tener ante todo un precio económico.“

Text X

**Anmerkungen zum Text X**

1) Perfekt: I.9.4.D.b3.

2) Indirekte Fragesätze: II.5.2.E.d.

3) Negation: I.8.1.A.a.

4) Konditionalsätze: II.5.4.D.c2.

5) Verwendung des Konditional: I.9.3.B.d.

6) Bei der Variante „en otra vida"/„en otro tren" vgl. I.1.1.D.a

7) Dem Sinn nach wird bei der Übersetzung das im dt. Satz nicht ausdrücklich vorhandene temporale „wenn" (etwa: „wie wenn man aus Versehen...") im Sp. hinzugefügt: „como cuando...".

8) Übersetzungen von „man": I.5.2.A.c.

9) Adverbien der Art und Weise: I.4.1.D.b5.

10) Präposition und Rektion: I.6.7.B.a.

11) Infinitiv: I.9.5.A.d1.2.

12) Prädikativ: I.2.2.B.a.

13) Übersetzungen von „so": I.7.5.C.

14) Temporalsätze: II.5.4.G.c.

15) Demonstrativpronomen: I.5.4.A.

16) Dadurch, daß hier im Sp. ein transitives Verb gewählt worden ist, wird „für mich" nicht direkt übersetzt, denn „me" ist das Objekt von „estaba esperando". Bei der Variante: „que estaba preparada para mí" wird „für" in Sinne von I.6.2.A.b. übersetzt.

17) Verbalperiphrasen mit gerundio: I.9.7.C.a.

18) Satzstellung: II.1.1.A.a.

19) Verwendung des Konditional: I.9.3.B.c.
Zur Übersetzung von „werden" s. I.9.12.B.

20) Substantivierung von Relativsätzen: II.5.3.F.e11.

21) Temporalsätze: II.5.4.G.b.

22) Personalpronomen: I.5.1.A.b3.

23) Verbalperiphrasen mit Partizip: I.9.7.D.c3.

24) Zeiten der Vergangenheit: I.9.4.C.c.

25) Temporalsätze: II.5.4.G.b.

26) Kommasetzung: III.2.3.B.

27) Gerundio: I.9.5.B.c2.

28) Futur: I.9.4.E.b1.

29) Verkleinerung/Vergrößerung: IV.2.4.B.b.

30) Verbalperiphrasen mit Infinitiv: I.9.7.B.k.

31) Vergleich von Sätzen (substantivierter Relativsatz): II.5.3.F.c2.

32) Gerundio: I.9.5.B.c2.

33) Relativpronomen und Artikel: II.5.3.C.a.

34) Bedeutungen von „sollen“ und ihre Übersetzungen: I.9.13.D.a.

35) Reflexivverben: I.9.9.E (4).

36) Die Stellung der beiden Adjektive („malogrados“ und „escolares“) richtet sich nach den in I.3.1.E. angegebenen Regeln. Aus dem Gesamtkontext ergibt sich, daß „mißglückte“ in diesem Falle nicht eine spezifische Englischarbeit charakterisiert, sondern zum Ausdruck bringt, daß die Englischarbeiten des Protagonisten durchweg schlecht waren. Daher die Stellung vor dem Substantiv.

37) Durch die Verwendung des Imperfekts an dieser Stelle erreicht man, daß statt einer bloßen Nachricht (distanzierte Erzählung) eine lebendigere und anschaulichere Darstellung zustandekommt. (Vgl. I.9.4.A.c.).

38) Großschreibung: III.1.1.E.

39) Possessivpronomen: I.5.3.C.b.

40) Verbalperiphrasen mit Partizip: I.9.7.D.c4.

Text X

41) Konditionalsätze: II.5.4.D.c1.

42) Präposition und Rektion: I.6.7.B.a.

43) Präposition und Rektion: I.6.7.B.b.

44) a) Auch wenn im Dt. - wie hier - gelegentlich der Artikel ausgelassen werden kann, ist im Sp. der Artikel wegen seiner Individualisierungsfunktion vorzuziehen.
b) Großschreibung: III.1.1.C.

45) Funktionen des Infinitiv: I.9.5.A.d1.3.

46) „sitzen bleiben" heißt in seiner Grundbedeutung: „quedarse sentado".

*Bsp.:* - Al entrar el Presidente, todos se levantaron, pero Manolo se quedó sentado.
(= Als der Präsident hineinkam, standen alle auf, aber Manolo blieb sitzen.)

In übertragener Bedeutung - ein Schuljahr wiederholen - heißt „sitzenbleiben" „repetir curso".

47) Der subjuntivo wird verwendet, weil im Sp. der Nebensatz mit „el hecho de que" eingeleitet wird. Nach dieser Wendung, mit der sonst meistens Subjektsätze eingeführt werden können (vgl. II.5.2.C.), steht fast immer subjuntivo.

*Bsp.:* - No me gusta el hecho de que hayas vendido la herencia.
(= Mir gefällt die Tatsache nicht, daß du dein Erbe verkauft hast.)

- Me llamó la atención el hecho de que ninguno llevara corbata.
(= Mir fiel auf, daß keiner eine Krawatte trug.)

48) Subjuntivo in selbständigen Sätzen: I.9.3.C.b1.1.

49) Objektsätze: II.5.2.B.c3.5.

50) Verwendung von „para": I.6.2.A.b.

51) Verwendung des Konditional: I.9.3.B.e.

52) Kommasetzung: III.2.3.B.

53) Gerundivkonstruktionen: I.9.6.B.c.

54) Präposition und Rektion: I.6.7.B.d.

55) Zur Verwendung von „haber de + Infinitiv": vgl. I.9.13.D.a.

# Teil 2
# Vergleichende Grammatik

# I. EINZELNE WORTKLASSEN

## I.1. Der Artikel

### I.1.1. Zur Verwendung des Artikels

Vom Textlinguistischen her ist die Artikelverwendung im Dt. und im Sp. prinzipiell gleich: *Der unbestimmte Artikel* lenkt die Aufmerksamkeit auf eine Nachinformation, *der bestimmte Artikel* auf eine Vorinformation, wie man an folgendem Beispiel erkennt:

„Und während sie mit ihrem Jungen langsam durch *die* Tür schreitet, immer *die* Augen ihres Gatten auf sich gerichtet fühlend, kommt *eine* große Ruhe über sie, als würde vieles wieder gut..."
(= Y mientras ella atraviesa lentamente *la* puerta con su hijo, sin dejar de sentir todo el tiempo *la* mirada del esposo sobre sí, la invade *una* gran paz, como si en adelante fueran a cambiar muchas cosas...).

Dennoch gibt es auch wichtige Unterschiede, auf die im folgenden einzugehen ist.

A. *Bestimmter Artikel*

a) *Abweichend vom Dt.* steht im Sp. der bestimmte Artikel vor einem Substantiv, das in *verallgemeinerndem* Sinne (meistens als *Subjekt* des Satzes) verwendet wird, so z.B.:

a1) Zur Bezeichnung einer Gattung oder einer Klasse:

*Los* libros antiguos atraen hoy en día a muchas personas.
(Vgl. Text I 6)
(= Alte Bücher ziehen heutzutage viele Menschen an.)

Die Generalisierung, die im Dt. in diesem Fall durch den Plural ohne Artikel indiziert worden ist, läßt sich in bestimmten Fällen mit dem determinierten Artikel und dem Substantiv im Singular ausdrücken:

*Das* Buch ist ein wichtiges Kulturgut.
(= El libro es un importante bien cultural.)

a2) Für Stoffbezeichnungen im Singular, wenn eine unbestimmte Menge gemeint ist:
*El* cemento y *la* arena son indispensables para la construcción de una casa.
(= Zement und Sand sind unentbehrlich zum Bau eines Hauses.)

a3) Bei allgemeinen und abstrakten Begriffen (hier bisweilen auch vor einem Substantiv als Objekt des Satzes):
- Pero siente *el* patriotismo igual que siente *el* amor (Text III 18).
(= Er empfindet aber Patriotismus, so wie er Liebe empfindet.)
- *La* literatura y *la* política no son entidades de igual valor.
(Vgl. Text V 3)
(= Literatur und Politik sind keine gleichwertigen Größen.)

a4) Bei Studienfächern und Wissensgebieten:
- *La* ingeniería es una carrera difícil.
(= Ingenieurwesen ist ein schwieriges Studium.)
- *El* español es una lengua muy bonita.
(= Spanisch ist eine sehr schöne Sprache.)

b) *Wie im Dt.* steht im Sp. kein Artikel:

b1) wenn der allgemeine Begriff Objekt des Satzes ist:
- Prefiero libros antiguos.
(= Ich ziehe alte Bücher vor.)
- Necesito cemento y arena.
(= Ich benötige Sand und Zement.)

b2) nach einigen Präpositionen (bes. „con" und „en"), wenn der allgemeine oder abstrakte Charakter des entsprechenden Substantivs erhalten bleibt:
- Llenó la estantería con libros antiguos.
(= Er füllte das Regal mit alten Büchern.)
- Sacó un suspenso en Química.
(= Er bekam eine 5 in Chemie.)

c) Darüber hinaus gibt es eine ganze Reihe von Wendungen, in denen gegenüber dem sp. bestimmten Artikel im Dt. der Nullartikel steht. Die häufigsten Fälle sind:

c1) *Vor „señor, señora, señorita" und vor Titeln:*
Herr López, Doktor Faustus, Graf Lucanor
(*el* señor López, *el* doctor Fausto, *el* Conde Lucanor)

In der Anrede steht auch im Sp. kein Artikel:
Wie geht es Ihnen, Herr López?
(= ¿Cómo está Vd., señor López?)

c2) *Bei Angaben der Uhrzeit*
Antes de que el reloj del „Miguelete" dé *las* doce (Text II 8).
(= Bevor die Uhr des „Miguelete" zwölf schlägt).

c3) Als Ergänzung von „spielen" in beiden spanischen Entsprechungen:
(1) Toca *el* piano muy bien.
(= Er spielt sehr gut Klavier.)
(2) Hoy jugaremos *al* fútbol.
(= Heute spielen wir Fußball.)

c4) Nach *nosotros, vosotros*, wenn ein Kollektiv ohne Zahlwort folgt:
*Bsp.:* nosotros *los* alemanes: wir Deutsche
vosotros *los* filólogos: ihr Philologen

c5) Bei Angabe der Telephonnummer:
Mi número de teléfono es *el* 443087.
(= Meine Telephonnummer ist 443087.)

c6) Bei Körperteilen, wenn sie prädikativ durch ein Adjektiv ergänzt sind:
- Tengo *las* manos sucias.
(= Ich habe schmutzige Hände.)
- No hables con *la* boca llena.
(= Sprich nicht mit vollem Mund.)
- No me gusta ir con *la* cabeza sucia.
(= Mir gefällt es nicht, mit schmutzigen Haaren(!) herumzulaufen.)

B. *Unbestimmter Artikel*

Im Unterschied zum Dt. findet der sp. unbestimmte Artikel folgende Verwendungen:

a) Als unbestimmtes Zahlwort (= ein paar):
*Bsp.:* Ayer estuve con *unos* amigos tomando una cerveza.
(= Gestern war ich mit ein paar Freunden zusammen ein Bier trinken.)

b) In der Bedeutung von „ungefähr", „etwa":
*Bsp.:* Le dieron *unas* dos mil pesetas.
(= Er bekam etwa zweitausend Peseten.)

c) Zur Hervorhebung einer Qualität:

*Bsp.:* Los del pueblo de al lado son *unos* cobardes.
(= Die vom Nachbardorf sind wirklich Feiglinge.)

Diese Bedeutung läßt sich mit „todo,-a" verstärken:

*Bsp.:* Mi antigua amiga era *toda una* mujer.
(= Meine frühere Freundin, das war eine Frau.)

d) In Korrelation mit „que" entsteht im Sp. ein häufiges Syntagma, das Hervorhebung und Bewertung einer Qualität zum Ausdruck bringt.

*Bsp.:* Hace *un* frío *que* hiela.
(= Es ist unwahrscheinlich kalt.)
Tiene *una* constancia en el trabajo *que* impresiona.
(= Seine Beständigkeit bei der Arbeit ist wirklich beeindruckend.)

C. *Nullartikel*

a) Wenn der Artikel fehlt, wird im Dt. und im Sp. grundsätzlich die Kategorie Substantiv als solche ausgedrückt, wie man an folgender Gegenüberstellung sehen kann:

- Juan es el médico de cabecera.
(= Johannes ist der Hausarzt.)
- Juan es un médico estupendo.
(= Johannes ist ein großartiger Arzt.)
- Juan es médico.
(= Johannes ist Arzt.)

Übereinstimmung mit dem Dt. zeigen auch folgende Beispiele:

- Me gusta beber cerveza.
(= Ich trinke gerne Bier.)
- Hoy es martes.
(= Heute ist Dienstag.)

b) Die beobachtete Übereinstimmung mit dem Dt. darf aber nicht über folgende Unterschiede hinwegtäuschen:

b1) Wenn ein Substantiv, welches durch den Nullartikel Wesen oder Qualität einer Person oder einer Sache ausdrückt, *Nominalprädikat* oder *Objekt* des Satzes ist, steht im Dt. meistens der unbestimmte Artikel.

*Bsp.:* - No existe en el Siglo de Oro poesía latina digna de mención (Text VI 18).
(=*Eine* erwähnenswerte lateinische Dichtung gibt es im Siglo de Oro nicht.)
- El autor, al parecer, es cristiano (Text IX 22).
(= Der Autor ist offenbar *ein* Christ.)

b2) Wenn ein Substantiv durch ein Adjektiv oder ein anderes Substantiv so ergänzt wird, daß nicht das Wesen oder die Qualität im Vordergrund stehen, verwendet man auch im Sp. den unbestimmten Artikel.

*Bsp.:* Es *un* buen cristiano.
(= Er ist ein guter Christ.)

Ob ein Substantiv im Dt. das Wesen bzw. die Qualität kennzeichnet, läßt sich manchmal daran erkennen, daß das Akkusativobjekt durch einen entsprechenden verbalen Ausdruck ersetzt werden kann.

*Bsp.:* - Diese Blume hat *einen* üblen Geruch (= sie riecht schlecht).
(= Esta flor tiene mal olor.)
(Vgl. aber: Esta flor tiene un olor muy malo.)
- Endlich haben wir *einen* Wagen! (= sind wir motorisiert)
¡Por fin tenemos coche!
(Vgl. aber: Tenemos un coche rápido.)

c) Oft entspricht eine sp. Verbindung von Substantiven, deren zweites Element ohne Artikel steht, einer dt. Nominalzusammensetzung.

*Bsp.:* - puertos de mar: Seehäfen
- reloj de pulsera: Armbanduhr

d) Andere übersetzungsrelevante Unterschiede sind:

d1) Der Name des Monats:

*Bsp.:* Mayo es un mes precioso.
(= *Der* Mai ist ein wunderbarer Monat.)

d2) Zählung von Herrscher - und Papstnamen:

*Bsp.:* - Felipe Segundo: Philipp *der* Zweite
- León Trece: Leo *der* Dreizehnte

d3) Fortbewegungsmittel nach „en":

*Bsp.*. Yo voy en tren, vosotros podéis ir en coche.
(= Ich fahre mit *dem* Zug, ihr könnt mit *dem* Wagen fahren.)

D. *Verwendung des Artikels bei Indefinitpronomina*

a) Bei den Indefinitpronomina:
- otro: anderer
- medio: halber

ist die Artikelverwendung in beiden Sprachen unterschiedlich.

Bei *otro*:

| | | |
|---|---|---|
| *die* andere Hälfte | *aber:* | *eine* andere Hälfte |
| *la* otra mitad | | *otra mitad* |

Bei *medio*:

| | | |
|---|---|---|
| *die* halbe Apfelsine | *aber:* | *eine* halbe Apfelsine |
| *la* media naranja | | *media* naranja |

b) Bei *todo* ändert sich die Bedeutung je nach Verwendung mit oder ohne Artikel.
todo el hombre: der ganze Mensch
todo un hombre: „ein ganzer Kerl"
todo hombre: jeder Mensch (= alle Menschen)
todos los hombres: alle Menschen

Bei Relativpronomen steht ***nach todo*** immer der Artikel! (Vgl. II.5.3.F.g.):
Todo el que.../Todas las que...
*Bsp.:* Todos los que quisieron pudieron entrar.
(= Alle, die wollten, konnten eintreten.)
Merke auch die Wendung: „todo lo demás"
(= alles andere (Text IV 43))

E. Der Neutrum-Artikel *„lo"* kann (neben der substantivierenden Funktion; vgl. I.1.3.A.) auch ***als emphatische Partikel*** dienen; er steht dann unverändert vor Mask. oder Fem. oder auch vor Adverbien.

*Bsp.:* - ¡Lo simpático que es Manolo!
(= Manolo ist aber sympathisch!)
- ¡Lo simpáticos que son estos chicos!
- ¡Lo divertida que es tu prima!
(= Mensch, ist deine Kusine lustig!)
- ¡Lo divertidas que son tus primas!)
- ¡Lo cerca que pasan estos aviones!
(= Mensch, fliegen diese Flugzeuge tief!)
- ...um zu zeigen, wie unsicher die Wertung dieser Jahrzehnte ist (vgl. Text VII 39)
(= para mostrar lo insegura que es la valoración de estos decenios)

## I.1.2. Bestimmter Artikel und Relativpronomen mit Präposition

Im Dt. stellt sich die Frage nicht, ob ein Relativpronomen mit Artikel versehen werden soll oder nicht. Im Sp. muß jedoch in bestimmten Fällen der Artikel verwendet werden. Hierbei ist auf folgendes zu achten:

A. Bei *zwei - und mehrsilbigen* Präpositionen steht: *Präp. + bestimmter Artikel + que*.

*Bsp.:* - dos lenguas *entre las que* estaban repartidas las necesidades públicas de comunicación (vgl. Text VI 6)
(= zwei Sprachen, unter denen die öffentlichen Kommunikationsbedürfnisse aufgeteilt waren)
- La casa *alrededor de la que* hay un jardín es verde.
(= Das Haus, um das herum ein Garten ist, ist grün.)

B. Bei den meisten *einsilbigen* Präpositionen *kann* der Artikel stehen.

*Bsp.:* - La casa de (la) que hablamos es verde.
- campos de aplicación en (los) que la elección de la lengua estaba decidida de antemano (vgl. Text VI 12)
(= Anwendungsbereiche, in denen die Wahl der Sprache von vornherein feststand)

Es gibt allerdings einsilbige Präpositionen, bei denen der Artikel stehen *muß*, um eine Verwechselung mit Konjunktionen zu vermeiden:
- por
- sin
- a

*Bsp.:* - La calle *por la que* vamos se llama La Gran Vía.
(= Die Straße, durch die wir gehen, heißt La Gran Vía.)
- La secretaria *sin la que* no puedo trabajar se llama María.
(= Die Sekretärin, ohne die ich nicht arbeiten kann, heißt Maria.)
- El hotel *al que* fuimos el año pasado ya no existe.
(= Das Hotel,in das wir letztes Jahr gingen, existiert nicht mehr.)

Vgl. z. B. dagegen: Vengo a que Vd. me diga dónde puedo pasar hoy la noche.
(= Ich komme, damit Sie mir sagen, wo ich heute übernachten kann.)

Auch nach „tras“ steht der Artikel, da es sich hier um die Verkürzung des präpositionalen Ausdrucks „detrás de“ handelt!

*Bsp.:* - El árbol ***tras el que*** nos ocultamos era un manzano.
(= Der Baum, hinter dem wir uns versteckten, war ein Apfelbaum.)

I.1.3. **Substantivierungen durch den Artikel**

Sowohl im Dt. als auch im Sp. können Wörter durch Voranstellen eines Artikels substantiviert werden.

*Bsp.:* - der Lehrkörper: el cuerpo docente
- ***die*** Lehrenden: los docentes

Die Wahl des Artikels richtet sich allerdings in beiden Sprachen nicht nach denselben Kriterien. Für das Sp. gilt:

A. Mit dem Neutrum-Artikel ***„lo“*** werden ausschließlich
- Adjektive (bzw. Partizipien)
- Possessivpronomina
- Ordinalzahlen (Ordnungszahlen)

substantiviert, wenn sie dadurch eine verallgemeinernde oder abstrakte Bedeutung erlangen sollen.

*Bsp.:* - la sobrevaloración de lo personal (Text III 28)
(= die Überbetonung des Persönlichen)
- Se le ocurrió primero lo más probable.
(= Er kam auf das Nächstliegende (Text VIII 18).)
- Aquí sólo cuenta lo escrito.
(= Hier zählt nur das Geschriebene.)
- Vamos a separar lo mío de lo tuyo.
(= Laßt uns das Meinige von dem Deinigen trennen.)
- Lo primero es la familia, lo segundo todo lo demás.
(= Zuerst kommt die Familie, dann alles andere.)

B. Diese Art der Substantivierung tritt auch ***in feststehenden Wendungen*** auf.

*Bsp.:* - ***A lo lejos*** se veían las torres de la catedral.
(= In der Ferne sah man die Türme des Domes.)
- ***A lo tonto, a lo tonto*** se ha comido todo el pastel.
(= Mir nichts, dir nichts hat er den ganzen Kuchen aufgegessen.)

- *A lo mejor* viene Manolo esta tarde.
(= Vielleicht kommt Manolo heute Abend.)
- *Por lo visto* está en Madrid.
(= Anscheinend ist er in Madrid.)
- Ha ocurrido *lo de siempre.* Es que no falla.
(= Es kam, wie es kommen mußte. Immer dasselbe!)

C. *Substantivierung mit „el"/„la"*
Verben, Adverbien, ja ganze Sätze, die im Dt. mit dem Neutrum-Artikel substantiviert werden, erhalten im Sp. zu ihrer Substantivierung den Artikel „el" (selten „la").
*Bsp.:* - das Wissen: el saber
- das Ja : el sí
- das Wie : el cómo (Text VI 30)
- die Asterix-Haltung des „Die spinnen die Spanier" (Text IV 38).
(= la postura de Asterix del „están locos los españoles„.)
*Aber:* das Nichts: la nada

## I.2. **Das Substantiv**

### I.2.1. **Grammatisches Geschlecht**

A. Das grammatische Geschlecht von *Substantiven, die Personen bezeichnen,* kann im Sp. auf verschiedene Art und Weise angezeigt werden. In folgenden sei auf einige dieser Verfahren eingegangen:
a) Manche Endungen indizieren ausschließlich das Maskulinum.
-dor: trabajador: Arbeiter
-tor: inspector : Inspektor
-sor: asesor : Berater
Das Feminimum kann in diesen Fällen durch Hinzufügen eines „-a" angezeigt werden.
trabajadora, inspectora, asesora (s. auch B.c.)

b) Die Endung „-triz" wird nur für das Feminimum gebraucht.
*Bsp.:* - institutriz: Gouvernante
- actriz : Schauspielerin
Hierbei ist „-triz" bisweilen die Femininumbildung zu „-tor".

c) Eine Reihe von Substantiven auf „-a“ und eine geringe Zahl auf „-e“ und „-o“ - die sogenannten „nombres comunes“ - stehen sowohl für Maskulinum als auch für Feminimum. Nur der Artikel signalisiert in diesem Falle das jeweilige Geschlecht.

*Bsp.:* - el/la artista: der/die Künstler(in) (Text III 17)
- el/la guía: der/die Führer(in) - el/la patriota: der/die Patriot(in)
- el/la testigo: der/die Zeuge/in - el/la cantante: der/die Sänger(in)

Manchmal erhält ein weibliches Wort zur Bezeichunng eines Instruments den Artikel „el“, wenn dadurch ausgedrückt werden soll, wer dieses Instrument betätigt:
- el trompeta: der Trompetenspieler - el espada: der Stierkämpfer
- la trompeta: die Trompete - la espada: das Schwert

d) Es gibt darüber hinaus Substantive auf „-a“, die maskulin sind.

*Bsp.:* - el profeta: der Prophet - el mapa: die Landkarte
- el poeta: der Dichter (Text VI 16) - el problema: das Problem

B. *Femininum*

a) Das Femininum wird im Sp. in der Regel durch die Endung „-a“ gekennzeichnet.

*Bsp.:* - perro - perra: Hund - Hündin
- pastor - pastora: Hirt - Hirtin

Im folgenden sei aber auf andere Möglichkeiten der Femininbildung hingewiesen:

b) unverändert: (s. A.c.)
- el/la periodista: Journalist - Journalistin
- el/la ciclista: Radfahrer - Radfahrerin
- el/la estudiante: Student - Studentin
- el/la patriota: Patriot - Patriotin (Text III 17)
- el/la artista: Künstler - Künstlerin
- el/la juez: Richter - Richterin
- el/la médico: Arzt - Ärztin
- el/la ministro: Minister - Ministerin
- el/la cantante: Sänger - Sängerin
- el/la testigo: Zeuge - Zeugin
- el/la colega: Kollege - Kollegin

Allerdings sei vermerkt, daß in der Zeitungssprache eine Tendenz besteht, zunehmend Bildungen wie „médica“, „jueza“, „estudianta“, „ministra“ usw. zu verwenden.

c) verschiedene Änderungen der Endung (neben -o/-a, -e/-a und Ø/-a)
-e/-esa: conde - condesa: Graf - Gräfin
príncipe - princesa: Prinz - Prinzessin
(mit weiteren Änderungen)
-d/-desa: abad - abadesa: Abt - Äbtissin
-tor/-triz: actor - actriz: Schauspieler - Schauspielerin
-a/-isa: poeta - poetisa: Dichter - Dichterin
profeta - profetisa: Prophet - Prophetin
-o/-ina: gallo - gallina: Hahn - Huhn
-y/-ina: rey - reina: König - Königin
-e/-ina: héroe - heroína: Held - Heldin
(Akzentverschiebung!)

d) völlig anderer Stamm:
- varón - mujer: Mann - Frau
- marido - mujer/esposa: Ehemann - Ehefrau
- yerno - nuera: Schwiegersohn - Schwiegertochter
- padre - madre: Vater - Mutter
- macho - hembra: Männchen - Weibchen
- toro - vaca: Stier - Kuh
- caballo - yegua: Pferd - Stute

C. *Besonderheiten*

a) Bedeutungsänderung:
- el capital - la capital: Kapital - Hauptstadt
- el guardia - la guardia: Wächter - Wache
- el frente - la frente: Front - Stirn
- el pendiente - la pendiente: Ohrring - Abhang
- el orden - la orden: Ordnung - Befehl
- el policía - la policía: Polizist - Polizei

b) Substantive mit doppeltem Geschlecht:
el/la mar: Meer el/la calor: Hitze.

## I.2.2. **Das Prädikativ**

A. Die eigentliche Aussage eines Satzes wird ausgedrückt:

- durch ein Vollverb:
*Bsp.:* Juan corre. (= Juan läuft.)
- oder - bei Hilfsverben (ser, estar) - durch ein Substantiv oder Adjektiv (Nominalprädikat):
*Bsp.:* - Juan es mi amigo. (= Juan ist mein Freund.)
- Juan está cansado. (= Juan ist müde.)

Es gibt aber einige Verben (im Dt. etwa „nennen", „finden", „halten" etc.), die eine mittlere Position zwischen Voll- und Hilfsverb einnehmen und eine Ergänzung (Prädikativ) benötigen.
*Bsp.:* Man *nennt ihn Pinocchio,* weil er eine lange Nase hat.
(= *Le llaman Pinocho* porque tiene la nariz larga.)

Die Prädikativfunktion eines Substantivs oder Adjektivs ist sowohl im Aktiv als auch im Passiv sichtbar. Beide stimmen, wie das Nominalprädikat, mit dem Bezugswort in Geschlecht und Zahl überein.
*Bsp.:* Diese Völker werden die Ureinwohner Mexikos genannt.
(= Estos pueblos son llamados los primeros pobladores de México.)
Man nennt diese Völker die Ureinwohner Mexikos.
(= Se llama a estos pueblos los primeros pobladores de México.)

B. Im Dt. selbst und in der Übersetzung ins Sp. muß man allerdings auf die verschiedenen *Anknüpfungsmöglichkeiten* des Prädikativs achten, die sich nach dem jeweiligen Verb richten. Die prädikative Ergänzung ist in beiden Sprachen in Verbindung mit dem Verb zu lernen, da es sich meistens um eine phraseologische Verbindung handelt. Im folgenden sei ausgehend vom Dt. auf die häufigsten Konstruktionen hingewiesen.

a) ohne Partikel:
- Er findet sie entzückend.
(= La encuentra encantadora.)
- Das Leben erschien mir ganz passabel (vgl. Text X 12).
(= La vida me parecía perfectamente aceptable.)

b) mit „als":
- Es wird als Stolz bezeichnet (vgl. Text IV 23).
(= Se llama orgullo./Se califica de orgullo.)

I.2.2.B.

- Der Waagsaal erweist sich als zu klein (Text IX 2).
(= La „Waagsaal" resulta demasiado pequeña.)
- Er erklärte Fehlhaltungen einzelner Gläubiger als Produkt ihrer Dogmentreue (vgl. Text III 40).
(= Calificó actitudes erróneas de algunos creyentes de/como producto de la fidelidad a los dogmas.)

c) mit „für":
- Verständnis für ein „Naturereignis" halten (Text IV 36).
(= considerar la comprensión como „algo que sale de dentro")
- Ich halte meine Aufgabe für erfüllt (vgl. Text IX 27).
(= Doy mi labor por cumplida.)

d) mit „zu":
- Zur Strafe müssen Sie 500,- DM bezahlen.
(= Como/de multa, Vd. tiene que pagar 500 marcos.)
- Man ernannte ihn zum Botschafter.
(= Le nombraron embajador.)

e1) „Als" wird bisweilen im Dt. als Präposition in der Bedeutung von „in der Eigenschaft/Funktion von" verwendet. Die sp. Entsprechung ist dann „como".
*Bsp.:* - Dort erlangte er den ersten Rang als Diplomingenieur (vgl. Text III 7).
(= Allí le fue otorgado el Premio Extraordinario *como* ingeniero.)
- Er empfindet Liebe als eine Passion (vgl. Text III 7).
(= Siente el amor *como* una pasión.)
- Als Schriftsteller muß ich mir sagen, daß...(Text V 6).
(= *Como* escritor tengo que reconocer que...)
- Solcher Zustrom als Zeichen von Interesse erfreut mich (vgl. Text IX 8).
(= Una acogida así, *como* muestra de interés, me alegra.)
Vgl. Text IV 49; VI 24; IX 26

e2) Das sp. „como" kann bisweilen auch einem dt. Adverb entsprechen.
*Bsp.:* - Ähnliche Aussagen werden mitnichten plakativ vorgetragen (Vgl. Text IV 9).
(= Expresiones similares ya no se dicen *como* sentencias.)

e3) Um die „Eigenschaft/Funktion" auszudrücken, kann man im Sp. auch die Apposition wählen.
*Bsp.:* - Als ordentlicher Mensch kam er auf das Nächstliegende (Text VIII 16).
(= A él, una persona honrada (= como a persona honrada que era), se le ocurrió primero lo más probable.)

- Als Dorfpolizist war ihm ein so blutiger Fall noch nie vorgekommen (Text VIII 16). (= El, un policía de pueblo, nunca hasta entonces había tenido que ver con un caso tan sangriento.)

## I.3. **Das Adjektiv**

### I.3.1. **Stellung des attributiven Adjektivs**

Im Unterschied zum Dt., wo das attributive Adjektiv stets vor dem Substantiv steht (der schöne Mantel, der süße Honig), hat das Sp. die Möglichkeit, das Adjektiv hinter das Substantiv (el abrigo bonito) oder davor (la dulce miel) zu stellen. Mit der Stellung ändert sich jedoch die Funktion des Adjektivs.

- (1) „Pasó por la larga sala." (2) „Pasó por la sala larga.„
Während in (1) der Saal nur beschrieben wird, ist in (2) implizit ausgesagt, daß es auch einen anderen, einen nicht langen Saal gibt.

A. *Attributives Adjektiv hinter dem Substantiv*

Hinter dem Substantiv hat das Adjektiv eine definierende, eingrenzende Funktion; d.h. aus der Gattung wird die Art, oder aus der Art das Individuum ausgegrenzt.

*Bsp.:* - la máquina calculadora (= die Rechenmaschine; im Unterschied zu allen anderen Arten von (der Gattung) Maschinen)
- el libro rojo (im Unterschied zu allen andersfarbigen Büchern)
- libros antiguos impresos antes de 1500 (Text I 3)
(= antike Bücher, die vor 1500 gedruckt wurden)
- el español eterno (Text III 1)
(= der ewige Spanier; im Unterschied zu allen anderen Spanier-Typen).

B. *Attributives Adjektiv vor dem Substantiv*

a) Vor dem Substantiv hat das Adjektiv eine beschreibende oder ausschmückende Funktion. Es liefert zwar zusätzliche Information zum Substantiv, doch nur über Eigenschaften, die es nicht von anderen Exemplaren der Art unterscheiden, oder es beschreibt Eigenschaften, die mit dem Bezeichneten untrennbar verbunden sind. Zu diesem Typ gehört auch das „schmückende Beiwort", das ***epitheton ornans*** der traditionellen Rhetorik.

*Bsp.:* - mansas ovejas: sanfte Schafe
- fieros leones: wilde Löwen
- la profunda seriedad: der tiefe Ernst (Text IV 12)
- la permanente alergia: die permanente Allergie (Text V 34)

b) Das Adjektiv steht auch häufig vor dem Substantiv in affektiven Ausdrücken, in denen sich - wie psychologisch leicht nachzuvollziehen ist - dem Sprecher zunächst die Eigenschaft und dann das dazugehörige Substantiv aufdrängen.

*Bsp.:* - ¡El maldito dinero tiene la culpa de todo!
(= Das verdammte Geld ist an allem schuld!)
- ¡Maravillosa conferencia la de esta tarde!
(= Ein großartiger Vortrag, der von heute nachmittag!)

c) Manchmal wird erst aus dem Kontext ersichtlich, ob das Adjektiv vor- oder nachgestellt werden muß.

*Bsp.:* La norma vigente para el difícil momento en que el bien común pueda verse en peligro (Text II 23).
(= Die verbindliche Richtschnur für den schwierigen Augenblick, in dem das Gemeinwohl möglicherweise in Gefahr gerät.)

Aus der Konstruktion wird ersichtlich, daß durch „difícil" das Substantiv „momento" nicht definiert wird (das geschieht durch den Relativsatz), sondern daß das Adjektiv lediglich eine verstärkende Funktion ausübt.

C. *Feste Verbindungen*

Durch den Sprachgebrauch haben sich im Sp. Syntagmen herausgebildet, deren Struktur nicht verändert werden darf. Adjektiv und Substantiv bilden eine feste Einheit. Im Dt. finden wir hierfür häufig Wortzusammensetzungen.

*Bsp.:* - la mala suerte: das Unglück, das Pech
- el fuego fatuo: das Irrlicht
- la idea fija: die fixe Idee
- la estrella fija: der Fixstern
- el libre albedrío: die Willensfreiheit, der freie Wille

In selteneren Fällen finden sich im Sp. auch Wortzusammensetzungen.

*Bsp.:* - el altavoz: der Lautsprecher
- el camposanto: der Friedhof
- el librepensador: der Freidenker
- el malhumor: die schlechte Laune

D. Manche spanische Adjektive haben sogar *je nach Stellung eine unterschiedliche Bedeutung*.

*Bsp.:* - un cierto signo: ein gewisses Zeichen (Text III 22)
- un signo cierto: ein wahres Zeichen
- un pobre hombre: ein armer (armseliger) Mensch
- un hombre pobre: ein armer (mittelloser) Mensch
- un simple marinero: ein einfacher (nur ein) Matrose
- un marinero simple: ein einfältiger Matrose
- un triste empleado: bloß ein Angestellter
(Beachte mit „sin“: Estoy sin una triste peseta. = Ich habe keine *einzige* Pesete.)
- un empleado triste: ein trauriger Angestellter
- una sola mujer: eine einzige Frau
- una mujer sola: eine alleinstehende Frau; eine Frau ohne Begleitung
- un viejo amigo: ein alter (lange bekannter) Freund
- un amigo viejo: ein betagter Freund
- una curiosa persona: ein seltsamer Mensch
- una persona curiosa: ein neugieriger Mensch

Wie man sieht, hat in den angeführten Beispielen das vorangestellte Adjektiv eine *übertragene*, das nachgestellte die *eigentliche* Bedeutung. Deutlicher wird dieser Tatbestand bei Syntagmen, die, ohne Artikel, als Ausrufe verwendet werden.

*Bsp.:* - ¡Valiente soldado!
(= Du bist vielleicht ein Soldat!)
un soldado valiente: ein tapferer Soldat
- ¡Menudo futbolista!
(= Das ist ein Fußballspieler!)
un futbolista menudo y ágil: ein kleiner und flinker Fußballspieler

E. *Mehrere Adjektive*

a) Die o.g. Regeln zur Stellung des Adjektivs gelten auch, wenn zwei oder mehrere Adjektive einem Substantiv zugeordnet sind.

*Bsp.:* - una carrera científica y técnica
(= eine naturwissenschaftliche und technische Ausbildung (vgl. Text III 5))
- ¡Féliz y próspero año nuevo!
(= Ein frohes und glückliches neues Jahr!)

b) Wenn die Adjektive nicht untereinander verbunden sind, dann gilt es festzustellen, welches von den beiden eine Einheit mit dem Substantiv bildet (Voranstellung!) und welches eine definierende Funktion ausübt (Nachstellung!), oder ob beide die gleiche Funktion ausüben (beide vor- oder nachgestellt).

*Bsp.:* - en uno de los edificios neoclásicos más bellos de la ciudad (Text I 41)
(= in einem der schönsten klassizistischen Gebäude der Stadt)
- el sencillo, pero famosísimo y glorioso Tribunal (Text II 11).
(= das schlichte, aber hochberühmte und ehrenvolle Tribunal).
- un modelo de distribución sencilla y realista (Text II 11)
(≐ ein Modell für eine einfache und machbare Verteilung)
- Dame un buen vino aragonés.
(= Gib mir einen guten aragonischen Wein.)

I.3.2. **Konkordanz des Adjektivs**

Da im Dt. beim Plural des Adjektivs kein formaler Unterschied zwischen Maskulinum und Femeninum besteht, kann man einige Regeln der sp. Konkordanz (Übereinstimmmung in Geschlecht und Zahl) leicht übersehen. Im folgenden sollen übersetzungsrelevante Fälle besprochen werden.

A. *Ein* Adjektiv - mehrere Substantive

Wenn ein Adjektiv mehrere Substantive determiniert, ist für die Konkordanz die Stellung des Adjektivs zu berücksichtigen.

a) Bei nachgestelltem Adjektiv

Hier gilt die Regel: Das Adjektiv steht im Plural. Bei verschiedenen Geschlechtern der Substantive ist das Adjektiv Maskulinum.

*Bsp.:* chic*os* y chicas aleman*es*
(= deutsche Jungen und Mädchen)

Anders als im Sp. müssen im Dt. bei Verschiedenheit von Geschlecht und Zahl der Substantive die jeweiligen Adjektive einzeln zugeordnet werden.

*Bsp.:* Compré zapat*os* y una chaqueta precios*os*.
(= Ich kaufte herrliche Schuhe und eine wunderschöne Jacke.)

b) Bei vorangestelltem Adjektiv
In diesem Falle richtet sich das Adjektiv nach dem nächstfolgenden Substantiv.
*Bsp.:* Hizo su trabajo con cuidados*o* esmero y delicadeza.
(= Er machte seine Arbeit mit äußerster Sorgfalt und größtem Taktgefühl.)
Wie in a) muß hier auch die unterschiedliche Konkordanz im Dt. beachtet werden.

B. *Zwei* oder mehrere Adjektive bezogen auf ein Substantiv

Für gewöhnlich werden in diesen Syntagmen die Adjektive dem Substantiv nachgestellt. Folgendes ist zu beachten:

a) Anders als im Dt. steht im Sp. das Substantiv im Plural. Diesem folgen dann die Adjektive im Singular.
*Bsp.:* - historia de *las* literatur*as* española y portuguesa
(= Geschichte der spanischen und portugiesischen Literatur)
- Sabe hablar l*as* lengu*as* francesa, española e italiana.
(= Er beherrscht die französische, spanische und italienische Sprache.)

b) Bei manchen fachsprachlichen Ausdrücken und Volksnamen bilden zwei Adjektive eine Begriffseinheit (vgl. III 4).
*Bsp.:* la guerra anglo - española
(= der englisch - spanische Krieg)
Was die Konkordanz in diesen Fällen betrifft, ist festzuhalten, daß nur das zweite Adjektiv mit dem Substantiv in Geschlecht und Zahl übereinstimmt. Das erste Adjektiv endet immer auf „-o".
Anzumerken ist, daß für den ersten Teil nicht die normale, sondern eine latinisierte Form („anglo-" statt „inglés") gewählt wird. (Auch: „luso-" statt „portugués", „hispano-" statt „español", „germano" statt „alemán" etc.).

### I.3.3. **Steigerung: Komparativ**

A. *Allgemein*

a) Der graduelle Vergleich einer Eigenschaft wird durch die Konstruktion „más" (oder „menos") + Adjektiv + que gebildet.
*Bsp.:* Antonio es más listo que Juan.
(= Antonio ist klüger als Juan.)

Menge: más ... de



b) Bei Mengenvergleichen wird statt „que" die Präposition „de" verwendet.

*Bsp.:* - Ya ha gastado *más de* la mitad de su sueldo.
(= Er hat schon mehr als die Hälfte seines Gehaltes ausgegeben.)
- La Biblioteca Nacional alberga *más de* dos millones de volúmenes (vgl. Text I 42).
(= Die Nationalbibliothek besitzt über zwei Millionen Bände.)

c) *Beachte:* Zwischen den Ausdrücken „no más que" und " no más de" besteht folgender Bedeutungsunterschied:

- *No* pudo gastar *más que* 100 marcos.
(= Er konnte *nur* 100,-- DM ausgeben.)
- *No* ha podido gastar *más de* 100 marcos.
(= Er hat *nicht mehr als* 100,-- DM ausgeben können.)

Vgl.: A la literatura no le queda más que un lugar (Text V 23).
(= Der Literatur bleibt nur ein Ort.)

d) Der dt. Ausdruck einer graduellen Steigerung/Minderung („immer" + Komparativ) wird im Sp. durch „cada vez más" bzw. „cada vez menos" wiedergegeben.

*Bsp.:* - Der Chef diktierte immer schneller.
(= El jefe iba dictando cada vez más deprisa.)
- Es kommen immer weniger Leute zu unseren Vorträgen.
(= Cada vez viene menos gente a nuestras conferencias.)

B. Für den Fall, daß die Vergleichsgröße nicht ein einzelnes Substantiv oder Adjektiv, sondern ein *Satz* ist, vgl. II.5.3.F.c.

## I.3.4. **Steigerung: Superlativ**

### A. *Superlativo relativo*

a) Die höchste Steigerungsstufe im Sp. (Superlativ) besteht, wenn sie im Vergleich mit anderen Größen konzipiert wird (superlativo relativo), aus

Artikel + más + de.

*Bsp.:* - el poeta más famoso de su país.
(= der berühmteste Dichter seines Landes.)
- la actriz más elegante del teatro.
(= die eleganteste Schauspielerin des Theaters.)

b) Wenn die Vergleichsgröße ein *Satz* ist, dann wird sie im Sp. - wie im Falle der normalen Steigerung (vgl. II.5.3.F.c.) - durch einen substantivierten Relativsatz wiedergegeben.

*Bsp.:* Es el *más* inteligente *de los que* estaban allí.
(= Er ist der Klügste von denen, die da waren.)

Dieser substantivierte Relativsatz wird *nur* verwendet, wenn er selbst die Vergleichsgröße ist, *nicht* wenn ein Relativsatz in seiner normalen Adjektivfunktion (Ergänzung eines Substantivs oder substantivierten Adjektivs) verwendet wird.

*Bsp.:* - *la* institución de justicia *más antigua que* sigue existiendo hoy en Europa (Text II 3).
(= die älteste in Europa noch existierende Institution der Gerichtsbarkeit.)
- Esto es *lo mejor que* he oído.
(= Das ist das Beste, was ich gehört habe.)

B. Neben dem „superlativo relativo" verfügt die sp. Sprache auch über den *superlativo absoluto* (oder Elativ), wodurch nur ein sehr hoher Grad einer Eigenschaft - ohne Vergleich mit anderen - bezeichnet wird.

Das „superlativo absoluto" wird a) durch die Endung „–ísimo,-a"
b) durch Voranstellung eines Adverbs
gebildet.

a) Die Endung „-ísimo" wird durch ihre Nähe zum Lateinischen für gewöhnlich im gehobenen Sprachniveau verwendet, findet sich aber auch oft in der Umgangssprache als Mittel affektiven Ausdrucks (Bsp.: El guateque de anoche fue divertidísimo. = Die Party von gestern abend war eine Mordsgaudi.

Bezüglich der Bildung des Superlativs auf „-ísimo" sind folgende Einzelheiten zu beachten:

a1) Die Superlativendung verursacht keine lautlichen Veränderungen der ursprünglichen Form. In der Schrift sind daher ggf. die Konsonanten entsprechend den Ausspracheregeln zu modifizieren.

*Bsp.:* - rico: riquísimo
- largo: larguísimo.

I.3.4.B.

a2) Die Adjektive auf -iente/-ierto verlieren das „i“:

*Bsp.:* - corriente: correntísimo
- cierto: certísimo

a3)Die Adjektive auf -ble/-bre werden nach der lateinischen Ursprungsform gebildet, also
- amable: amab*i*lísimo
- noble: nob*i*lísimo
- célebre: celeb*érr*imo
- libre: lib*érr*imo

a4) Es gibt weitere Bildungen, die nur von ihrem lateinischen Muster her verständlich sind:

*Bsp.:* - acre - acérrimo : scharf, herb
- antiguo - antiquísimo : alt
- fiel - fidelísimo : treu
- pobre - paupérrimo : arm
- sabio - sapientísimo: weise
- sagrado - sacratísimo: heilig

a5) Es gibt einige Klassen von Adjektiven, die eine Superlativbildung auf „-ísimo“ nicht zulassen:
- mehr als dreisilbige Adjektive auf „-ble“: disoluble (löslich), conmutable (vertauschbar).
- die Adjektive auf „-eo“, deren Betonung auf der vorhergehenden Silbe liegt: espontáneo (freiwillig), contemporáneo (zeitgenössisch).
- einige Partizipien: Bsp.: leído (belesen), oído (gehört) etc.

b) Eine andere Art der Bildung des „superlativo absoluto“ ist die Voranstellung bestimmter *Adverbien*.

*Bsp.:* - *muy* bonito: sehr schön
- *sumamente* complicado: höchst kompliziert
- *extraordinariamente*, *horriblemente*, *enormemente* etc.

Diese Möglichkeit besteht auch im Dt.

*Bsp.:* hochberühmt (Text II 10): famosísimo

Die Wahl der jeweiligen Form liegt auf der stilistischen Ebene.

c) Die dt. Superlative *„die meisten“*/*„die wenigsten“* werden im Sp. je nach ihrer Funktion übersetzt.

c1) Wenn sie *Adjektive* sind, dann werden sie wie folgt umschrieben:
Er hat die meisten (die wenigsten) Bücher verkauft. (Vgl. Text I 17).
(= El ha vendido *el mayor número de* (*el menor número de*) libros.)
Dazu kommen noch folgende Varianten in Frage:
- la mayor (menor) cantidad de
- la mayor (menor) parte de
- la mayoría de

c2) Wenn sie *substantiviert* sind, dann werden sie im Sp. folgendermaßen wiedergegeben:
- *Plural im Dt.:*
- Die meisten sind damit einverstanden.
(= *La mayoría* está de acuerdo con ello.)
- Die wenigsten haben es verstanden.
(= *Los menos* lo han entendido.)
- *Neutrum im Dt.:*
- Das ist das wenigste, was ich für dich tun kann.
(= Esto es *lo menos* que puedo hacer por ti.)
- Von dieser „paella" hat er das meiste gegessen.
(= De esta paella ha comido él *la mayor parte*.)

c3) Als *Adverbien* („am meisten"/„am wenigsten") lauten sie im Sp. einfach „más"/„menos".
*Bsp.:* Manolo ist einer der Angestellten, die am meisten/am wenigsten sprechen.
(= Manolo es uno de los empleados que habla más/menos.)

Auch in der Form „die meisten" kann dieser Ausdruck im Dt. adverbial benutzt werden. Im Sp. lautet die Übersetzung dann gleichfalls „más".
*Bsp.:* Spanien gehört heute zu den Ländern, die die meisten Bücher pro Jahr hervorbringen (Text I 17).
(= España es hoy uno de los países que *más* libros editan al año.)

### I.3.5. **Prädikatives Adjektiv und modales Adverb**

A. *Kontrastive Betrachtung*

Im Dt. steht für das Adjektiv in prädikativer Stellung und das modale Adverb meist die gleiche Form.
*Bsp.:* (1) Diese Maschine ist *automatisch*.
(2) Diese Maschine läuft *automatisch*.

Im Sp. muß man jedoch zwischen Adjektiv und Adverb der Art und Weise unterscheiden.

zu (1): Esta máquina es automática (Adjektiv).
zu (2): Esta máquina funciona automáticamente/de manera automática (Adverb).

Unterscheidungskriterium: In Bsp. (1) bezieht sich „automatisch" auf „Maschine" (Adjektiv) und in Bsp. (2) auf „läuft" (Adverb).

B. Ob im *Dt.* ein Adjektiv oder ein Adverb gemeint ist, ist in der Regel leicht zu unterscheiden.

*Bsp.*: - Es war verboten, ***betrunken*** (Adjektiv) zu fahren, aber nicht verboten, ***betrunken*** (Adjektiv) in einem Wagen zu schlafen. (Vgl. Text VIII 26).
(= Estaba prohibido conducir *borracho*, pero no estaba prohibido dormir *borracho* en un coche.)
- Wenn er seiner Bitte um Verständnis etwas *beklommen* (Adjektiv) die Bemerkung hinzufügt:... (Vgl. Text IV 19).
(= Cuando (él), algo *acongojado*, añade a su petición de comprensión la advertencia:...)
- *Verstärkt* (Adverb) tritt dieses Phänomen bei Gesprächen auf (Text IV 30).
(= Este fenoméno surge *especialmente* en conversaciones.)

C. In einigen Fällen muß *der Kontext* stärker zu Rate gezogen werden, wie z.B. in dem Satz:

„Das Mädchen ging fröhlich auf der Straße."
Je nach Interpretation kann dieser Satz auf zweierlei Art übersetzt werden:
(1) La chica iba *alegre* por la calle.
(2) La chica iba *alegremente* por la calle.
(auf das Verb bezogen, wobei hier die Art zu gehen bezeichnet wird).
Vgl. dazu: Er schaute sie traurig an.
(1) La miraba triste.
(2) La miraba tristemente.

Anlaß zu solchen Doppelinterpretationen geben vor allem jene Adjektive/Adverbien, die einen Gemütszustand bezeichnen. Stets ist erst aus dem Kontext ersichtlich, ob sie sich auf den Handlungsträger (Substantiv) oder auf die Handlung (Verb) beziehen.

## I.4. Das Adverb

### I.4.1. Die Adverbien der Art und Weise

A. Die in I.3.5. erörterte formale Gleichheit für das prädikative Adjektiv und das modale Adverb (Diese Maschine läuft *automatisch*) ist ein Zeichen dafür, daß die Funktion des Adjektivs und des Adverbs letztlich die gleiche ist: zu bestimmen, zu bezeichnen, zu kennzeichnen. Die ersten beziehen sich auf ein Substantiv, die zweiten auf ein Verb, ein Adjektiv oder ein anderes Adverb.

B. Nicht verwunderlich ist also, daß analog zum Dt. viele sp. Adjektive unverändert auch *als Adverb* verwendet werden können.

a) Einige Adjektive benutzt man in gleicher Weise wie die entsprechende Form auf „-mente".

*Bsp.:* - Bajó *rápido/rápidamente* las escaleras.
(= Er ging schnell die Treppe hinunter.)
- Es mejor que hables *claro/claramente* con ella.
(= Es ist besser, daß du klar mit ihr sprichst.)

b) In anderen Fällen bestimmt das Verb, welche Adverbform zu stehen hat.

*Bsp.:* - Desayuna fuerte.
(= Er frühstückt viel.)
- Cerró fuertemente la puerta.
(= Er schlug kräftig die Tür zu.)
- Juega limpio.
(= Er spielt sauber.)
- Cortó limpiamente la madera.
(= Er sägte das Holz sauber durch.)

c) Manche Adjektive lassen keine Bildung auf „-mente" zu:

*Bsp.:* - En esta tienda se puede comprar *barato/caro*.
(= In diesem Laden kann man billig/teuer kaufen.)
- Ernesto habla siempre *bajo*.
(= Ernst spricht immer leise.)

Die Gründe für diese Entwicklungen sind vielfältiger Natur (sprachgeschichtlich, stilistisch etc. bedingt) und gehören im Grunde dem Bereich der Lexikologie an.

C. Die klassischen modalen Adverbien werden im Sp. durch Anhängen von *„-mente“* an die Femininform des Adjektivs gebildet:
*Bsp.:* estupendamente: großartig
Ursprünglich handelte es hierbei sich um das lateinische Syntagma „Adjektiv + Ablativ des Femininums *mens, mentis*: Bsp.: „pia mente“ (Plinius), „bona mente“ (Quintilian), „simulata mente“ (Vergil), das sich im Sp. zu einem einzigen Wort adverbialisiert hat.
Dieser Umstand ist der Grund dafür, daß
- bei zwei verbundenen Adverbien nur beim zweiten die Endung „-mente“ steht, ohne daß (wie vom Dt. her zu erwarten) ein Bindestrich gesetzt werden müßte:
*Bsp.:* simple y llanamente: auf einfache und schlichte Weise
- die Akzentsetzung des Adjektivs auch nach der Adverbbildung beibehalten wird:
*Bsp.:* - cortés/cortésmente: höflich
- espontáneo/espontáneamente: spontan

D) Bezüglich der Bildungen auf *„-mente“* ist dem in I.3.5. und I.4.1.A. und B. Gesagten folgendes hinzufügen:

a) Bei Adverbien, die ein Adjektiv oder ein anderes Adverb näher bestimmen, wird die Form auf „-mente“ bevorzugt.
*Bsp.:* - un rasgo *inconfundiblemente* anticlerical (Text III 35)
(= ein unverkennbar antiklerikaler Zug)
- un acto *altamente* significativo
(= ein höchst bedeutender Akt)
- Estoy *estupendamente* bien.
(= Mir geht es unwahrscheinlich gut.)

b) Die Bildungen auf „-mente“ sind im Sp. relativ schwerfällig. Dort, wo es möglich ist, werden sie durch adverbiale Wendungen mit Präposition ersetzt, von denen im folgenden auf die wichtigsten hingewiesen werden soll.

b1) *Mit der Präposition „a“:*
- Cuando voy de excursión, me gusta ir *a buen paso*.
(= Wenn ich wandere, gehe ich gerne raschen Schrittes.)

- Como no llegué *a tiempo*, Manolo ya se había ido.
(= Da ich nicht rechtzeitig da war, war Manolo weggegangen.)
- Este hombre trabaja *a conciencia*.
(= Dieser Mensch arbeitet gewissenhaft.)
- Por favor, páselo *a máquina*.
(= Bitte tippen Sie es ab.)
- Como había mucha gente, hablaban *a media voz*.
(= Da viele Leute da waren, unterhielten sie sich nur halblaut.)
(Vgl. aber: *en* voz baja/alta = leise/laut).

Mit der Präposition „a" bildet man die häufig gebrauchten Vergleiche „a + lo + Adjektiv", die einem modalen Adverb gleichkommen.
*Bsp.:* - Conduce siempre *a lo loco*.
(= Er fährt wie ein Wilder.)
- Manolo vive *a lo grande*.
(= Manolo lebt auf großem Fuß.)

b2) *Mit der Präposition „con":*
- No se puede quejar, le he pagado *con creces*.
(= Er kann sich nicht beklagen; ich habe ihn sehr großzügig bezahlt.)
- Quiere a su marido *con locura*.
(= Sie liebt ihren Mann wie wahnsinnig.)
- A mí me gusta siempre llegar *con tiempo* a todas partes.
(= Ich komme immer gern überall frühzeitig an.)

b3) *Mit der Präposition „de":*
- *De buena gana* le diría a María lo que pienso de ella.
(= Allzugern würde ich Maria sagen, was ich von ihr denke.)
- Si vas a la oficina, puedes comprarme *de camino* el periódico.
(= Wenn du ins Büro gehst, kannst du mir unterwegs die Zeitung kaufen.)
- A Manolo sólo le conozco *de oídas*.
(= Manolo kenne ich nur vom Hörensagen.)
- Sé la poesía *de memoria*.
(= Ich kann das Gedicht auswendig.)

Sehr typisch ist auch das Syntagma:
*„de + (una) manera/forma/modo + Adjektiv":*
de (una) forma incomprensible (= incomprensiblemente): unverständlich

de (una) forma inadmisible: unzulässig (Text III 39)
de (una) manera controlada: kontrolliert (Text V 31)
de manera crónica : chronisch (Text V 39)

b4) *Mit der Präposition „en“:*
- Aquí puedes hacerte fotos *en el acto.*
(= Hier kann man Schnellfotos machen lassen.)
- *En lo sucesivo* estaré *en guardia* cuando me proponga algo.
(= In Zukunft werde ich mich in acht nehmen, wenn er mir etwas vorschlägt.)
- *En general*, el español es un idioma fácil.
(= Spanisch ist insgesamt eine leichte Sprache.)

Die Wendungen „en redondo“ und „en seco“ haben je nach Kontext verschiedene Bedeutungen:
- El coche giró *en redondo* al frenar *en seco.*
(= Der Wagen drehte sich um die eigene Achse, als er eine Vollbremsung machte.)
- Se negó *en redondo* a concederle su petición.
(= Er weigerte sich rundweg, ihm seine Bitte zu gewähren.)
- Esta alfombra sólo la puedes limpiar *en seco.*
(= Diesen Teppich kann man nur trocken reinigen.)

Merke auch: „en tono + Akjektiv“ und „en tono de + Substantiv“.
*Bsp.:* - Quería tratar al extraño no *en tono oficial*, sino humano.)
(= Er wollte dem Fremden nicht amtlich, sondern menschlich begegnen (Text VIII 20)).
- Le habló *en tono de amigo.*
(= Er sprach freundlich zu ihm.)

b5) *Mit der Präposition „por“:*
- Los españoles *por lo general* son gente muy amable.
(= Die Spanier sind im allgemeinen sehr nette Leute.)
- La pena correspondiente se deduce de las ordenanzas fijadas *por escrito* (vgl. Text II 26).
(= Die jeweilige Strafe folgt aus den schriftlich fixierten Verordnungen.)
- como cuando uno entra *por error* en un tren distino (Text X 9).
(= wie man aus Versehen (irrtümlich) in einen anderen Zug steigt.)

## I.4.2. **Adverbiale Zeitangaben**

A. Hinsichtlich der Zeitangaben ergibt sich im Sp. kein einheitliches Bild: manche werden ohne Präposition (als Fortsetzung des lateinischen Ablativs der Zeit), andere mit einer bestimmten Präposition gebildet. Im folgenden seien einige übersetzungsrelevante Fälle kontrastiv aufgelistet.

B. *Zeitangabe mit der Präposition „an" im Dt.*

Im Sp. steht gewöhnlich die Präposition „en". Keine Präposition steht bei bereits adverbialisierten Wendungen, in denen eine *Zahl*, das Wort *„día"*, die *Wochentage* oder der Ausdruck *„fin de semana"* (= Wochenende) vorkommen.

*Bsp.:* - am Morgen des dritten November (Text VIII 2)
(= *en* la madrugada del tres de noviembre)
- Er ist am Heiligen Abend geboren.
(= Nació *en* la Nochebuena.)

*Aber:* - Am 23. April werden die neuesten Veröffentlichungen angeboten. (Vgl. Text I 30).
(= El 23 de abril se ponen a la venta las últimas publicaciones.)
- Am Tag seiner Prüfung war er sehr nervös.
(= El día del examen estaba muy nervioso.)
- Am Montag werden wir es erledigen.
(= El lunes lo arreglaremos.)
- Am Wochenende kann ich Sport treiben.
(= El fin de semana puedo hacer deporte.)

C. *Zeitangabe mit der Präposition „in" im Dt.*

Für gewöhnlich steht für das dt. „in" im Sp. die Präposition „en".

*Bsp.:* - *In* Friedenszeiten erholt sich die Wirtschaft.
(= *En* tiempos de paz se recupera la economía.)
- *In* letzter Sekunde konnte er weggehen.
(= *En* el último momento (!) pudo irse.)
- *In* einer Woche bin ich wieder da.
(= *En* una semana estoy de vuelta.)
- *Im* Jahre 1970 kamen die Autoren nach Deutschland.
(= *En* el año 1970, los autores llegaron a Alemania.)

*Aber:* der 1886 geborene Madariaga (Text III 3)
(= Madariaga, nacido *en* 1886)

D. *Zeitangabe ohne Präposition im Dt.*

- Du wirst eines Tages krank werden.
(= Un día te pondrás enfermo.)
- Jeden Donnerstag treten acht Richter zusammen (vgl. Text II 5).
(= Cada jueves, los ocho jueces se reúnen.)
- Wir beginnen nächstes Frühjahr.
(= Empezaremos la primavera próxima.)
- Vorige Woche war er schon angekommen.
(= La semana pasada ya había llegado.)

E. Der *Beginn*, die *Mitte* und das *Ende* eines Zeitraumes können in beiden Sprachen exakt oder vage ausgedrückt werden:

| *exakt* (Zeitpunkt) | *vage* (ungefährer Zeitraum) |
|---|---|
| - am Anfang des Jahrhunderts<br>al principio/comienzo del siglo | - zu Beginn des 16. Jahrhunderts (Text VI 3)<br>a principios/comienzos del siglo XVI |
| - am Anfang des Monats<br>al principio del mes | - Anfang des Monats<br>a primeros de mes |
| - in der Mitte des Jahres<br>a la mitad del año | - Mitte des Jahres<br>a mediados de año |
| - am Ende des Jahrhunderts<br>(Text VII 7)<br>al final del siglo | - Ende des Jahrhunderts<br>a finales de siglo |

F. Der Lerner sollte sich auch folgende *Wendungen* einprägen:
- heute vor acht Tagen: hoy hace ocho días
- heute in acht Tagen: de hoy en ocho días
- einen um den anderen Tag: día tras día
- von heute auf morgen: de un día para otro
- alle zwei Tage: cada dos días
- pro Jahr, Monat, Tag (Text I 18): por/al año, mes, día etc.

Auch sei auf einige idiomatische Unterschiede aufmerksam gemacht:
- in *vierzehn* Tagen: en/dentro de *quince* días
- am *neunten* (*dritten*, etc.) Tag: a los *nueve* (*tres*, etc.) días
- alle Jubeljahre: de Pascuas a Ramos

## I.5. Das Pronomen

### I.5.1. Das Personal - und das Reflexivpronomen

Im Hinblick auf die korrekte Übersetzung des dt. Personalpronomens ins Sp. ist folgendes zu beachten:

A. *Die Nominativformen (yo, tú, él, ella etc.)*

a) Sie werden für gewöhnlich nicht gebraucht.
*Bsp.:* Estoy estudiando. - Ich studiere.

b) Sie werden allerdings verwendet,

b1) wenn sonst die *Zuordnung*, vor allem in der dritten Person, unklar wäre:
Juan y María trabajan en la misma empresa. *El* se ocupa de los pedidos, *ella* organiza el trabajo de secretaría.
(= Juan und Maria arbeiten im selben Unternehmen. Er kümmert sich um die Bestellungen, sie organisiert die Arbeit im Sekretariat.)
Gleiches gilt im imperfecto für die Unterscheidung der 1. und 3. Person Singular („*yo* me ocupaba"/„*ella* organizaba").

b2) bei *Gegenüberstellungen:*
*Yo* me quedo aquí, *vosotros* podéis iros.
(= Ich bleibe hier, ihr könnt ruhig gehen.)

b3) bei *Hervorhebung* und besonders zusammen mit „mismo" (selbst):
- Cuando mi patrona vino con el desayuno, *yo* todavía seguía sentado... (Text X 22).
(= Als meine Wirtin mit dem Frühstück kam, saß ich immer noch ...)
- No te preocupes, *yo* mismo puedo arreglarlo.
(= Keine Sorge, ich kann es selbst reparieren.)

B. Bei der Verwendung der Personalpronomina im ***Akkusativ und Dativ*** muß man im Sp. folgende Unterschiede zum Dt. beachten:

a) **Stellung:**

**Wenn in einem Satz sowohl Akkusativ- als auch Dativpronomina verwendet werden, steht meistens zunächst das Dativ- und dann das Akkusativpronomen.**

**- Te lo digo. (= Ich sage es dir.)**

**- Nos la presenta. (= Er stellt sie uns vor.)**

b) Wenn beide Pronomina (Akkusativ und Dativ) die dritte Person bezeichnen, dann steht für den Dativ die Form *„se"*. Der Zusammenhang zeigt an, ob es sich inhaltlich um „le" oder „les" handelt.

Tiene cinco amigos y cinco entradas: *Se* las da todas.

(= Er hat fünf Freunde und fünf Eintrittskarten: Er gibt sie ihnen alle.)

c) Im Dt. sind beim Sprechen die Akkusativ- und Dativpronomina immer betont: ihn, ihm, ihr, sie, ihnen; im Sp. unbetont: lo, le, las, los, les. *Die sp. betonten Formen* ( a él, a ella, a ellos, a ellas) benutzt man - stets zusätzlich - nur zur Hervorhebung oder wenn durch das unbetonte Pronomen allein die Zuordnung nicht klar ist. Die betonten Formen können hinter dem Verb oder vor der unbetonten Form und dem Verb stehen. In jedem Falle müssen auch die unbetonten Formen stehen.

*La* vio ***a ella***, sí, pero no quiso saludar*la*, oder: ***A ella la*** vio...

(= Er sah sie sehr wohl, aber er wollte sie nicht begrüßen.)

*Se lo* dio ***a él***, no ***a ella***, oder: *A él se lo* dio, no a ella.

(= Er gab es ihm, nicht ihr.)

d) *Die betonte Form des Reflexivpronomens* ist „sí mismo„.

*Bsp.:* Se estaba caracterizando a *sí mismo* (vgl. Text III 16).
(= Er charakterisierte sich selbst.)

C. *Stellung des unbetonten Personalpronomens:*

a) Das unbetonte Personalpronomen steht, anders als im Dt., vor der konjugierten Verbform.

*La* saluda desde lejos. (= Er grüßt *sie* von weitem.)

Angehängt wird das Pronomen:
- an den Infinitiv
- an das gerundio
- an den bejahten Imperativ.
- Es difícil ver*la* todos los días.
(= Es ist schwierig, *sie* jeden Tag zu sehen.)
- Se pasaba el día oyéndo*la* cantar.
(= Den lieben langen Tag hörte er *sie* singen.)
- ¡Decíde*te* pronto! (= Entscheide dich bald!)

**Wenn der Infinitiv oder das gerundio zusammen mit einem konjugierten Modal- bzw. Hilfsverb verwendet werden, kann das unbetonte Personalpronomen vorangestellt oder angehängt werden:**

*Bsp.:* - *La* quiere ver.
(= Er will sie sehen.)
- *La* está viendo.
(= Er sieht sie.)
- Quiere ver*la*.
(= Er will sie sehen.)
- Está viéndo*la*.
(= Er sieht sie.)

b) Wenn bei den Befehlsformen
„nos" an die 1. Person Plural und
„os" an die 2. Person Plural
angehängt werden, verlieren die Verbformen ihren Endkonsonanten (jeweils „s" und „d").

*Bsp.:* - ¡Ayudémonos! (= Helfen wir uns!)
- ¡Decidíos! (= Entscheidet euch!)

Einzige Ausnahme: - ¡Idos! (= Geht weg!)

## I.5.2. **Übersetzungsmöglichkeiten des unpersönlichen „man" und des Pronomens „es"**

A. Je nach Kontext läßt sich das unpersönliche „*man*" wie folgt übersetzen:

a) *se + 3. Pers. Sg.*
Esta frase hoy ya no se oye.
(= Den Satz hört man heute nicht mehr) (Vgl. Text IV 7).
Diese allgemeine Form wird im Sp. üblicherweise verwendet.

b) *3. Pers. Pl.*
En la oficina hablan mal de ti.
(= Im Büro spricht man schlecht über dich.)
Diese Form wird bevorzugt, wenn der unpersönliche Ausdruck einen überschaubaren Kreis meint.

c) *uno*
uno + refl. Verb: Aquí uno se lava. : Hier wäscht man sich.
Uno (-a) se decide.: Man entscheidet sich.
„Uno" bezieht den Sprecher mit ein und steht je nach Bezugsperson im Maskulinum oder Femininum:
- ¡Aquí uno (-a) no puede decir nada!
(= Hier kann man nichts sagen!)
- A veces uno siente que...(Text III 36)
(= Manchmal bedauert man, daß...)
Vgl. Text IV 31; IX 14; X 8

d) *2. Pers. Sg.*
En este bar pagas 2 marcos por una cerveza. ¡Qué caro!
(= In dieser Kneipe bezahlt man 2 Mark für ein Bier. Wie teuer!)
Diese Form gehört vornehmlich dem umgangssprachlichen Register an.

e) *1. Pers. Pl.*
- Podemos partir de la base de que España, a comienzos del siglo XVI, tenía dos lenguas. (Text VI 1).
(= Man kann davon ausgehen, daß Spanien zu Beginn des 16. Jahrhunderts zwei Sprachen hatte.)
Diese Form wird in Essays, Lehrbüchern, Vorträgen etc. oft verwendet.

B. Das deutsche Pronomen „*es*" tritt in drei syntaktischen Funktionen auf, die bei der Übersetzung unterschieden werden müssen:

a) *Als Prowort*

a1) Als Ersatz eines Neutrum-Substantivs im Nominativ oder Akkusativ:
(Wo ist das Tonbandgerät?) *Es* steht in meinem Zimmer. (Subjekt)
(Wer hat das Tonbandgerät?) Ich habe *es*. (Objekt)

Da es im Sp. keine Substantive mit Neutrum-Geschlecht gibt, muß jeweils ein Pronomen im Maskulinum oder Femininum nach den Regeln von I.5.1. eingesetzt werden:
Somit wären die o.g. Beispiele wie folgt zu übersetzen:
(¿Dónde está la grabadora?) Está en mi cuarto.
(¿Quién tiene la grabadora?) Yo *la* tengo.
Vgl. Text VII 24

a2) Als Prowort kann „es" aber auch für eine ganze Aussage stehen.
- Als Objekt wird es dann durch „lo" übersetzt.
*Bsp.:* - Sie sind am Montag in Urlaub gefahren, aber ich wußte *es* nicht.
(= El lunes se fueron de vacaciones, pero yo no *lo* sabía.)
- Als Subjekt wird es - nicht übersetzt
- oder je nach Betonung durch„ello",
„esto" oder „eso" wiedergegeben.
*Bsp.:* - Er kommt immer zu spät, aber *es* macht ihm nichts aus.
(= Llega siempre tarde, pero no le importa nada.)
- Sie hat im Leben viel gelitten, aber *es* hat sie nicht verbittert.
(= Ha sufrido mucho en la vida, pero *esto* no la ha amargado.)

a3) „Es" wird durch „lo" übersetzt, wenn es für ein Nominalprädikat steht.
*Bsp.:* - Der Vater ist Soldat, der Sohn wird *es* auch.
(= El padre es soldado, el hijo también *lo* será.)
- Alle waren sehr traurig, ich war *es* nicht.
(= Todos estaban muy tristes, yo no *lo* estaba.)

a4) Als Subjekt eines Satzes mit Nominalprädikat wird „es" nicht übersetzt:
*Bsp.:* - Es ist der 23. April (Text I 27).
(= Es el 23 de abril.)
- Es ist ein Russe.
(= Es un ruso.)

b) *Als Korrelat*
Eine häufige Funktion des Pronomens „es" ist die des Korrelats oder „Platzhalters" eines Substantivs oder eines Nebensatzes. In dieser Funktion wird „es" ins Sp. *nicht* übersetzt.

b1) - *Korrelat eines Substantivs*
*Bsp.:* - *Es* klingt etwas Verbitterung in solchen Formulierungen mit (Text IV 14).
(= En tales fórmulas resuena también un deje de amargura.)

Bei subjektlosen Passivsätzen wird „es" bei der Übersetzung wie „man" behandelt.
*Bsp.:* - *Es* wurde bis in die frühen Morgenstunden Karten gespielt.
(= Jugaron (se jugó) a las cartas hasta primeras horas de la madrugada.)

b2) *Korrelat eines Nebensatzes*
*Bsp.:* - Es sei denn, man versteht *es* nicht, sie richtig zu suchen (Text I 13).
(= A no ser que (uno) no sea capaz de descubrirlos.)
- *Es* war um das Jahr 960, als diese Rechtsinstanz geschaffen wurde (Text II 13).
(= Fue hacia el año 960 cuando esta institución jurídica quedó organizada.)
- Ein Grund zu einer Klage ist *es*, Wasser zu nehmen, ohne einen Platz beantragt zu haben (vgl. Text II 31).
(= Un motivo para una demanda es el tomar agua sin haber solicitado un puesto.)
- *Es* war ihm gewesen, als sei der Fahrer... (vgl. Text VIII 11)
(= Le había dado la impresión de como si el conductor...)
Vgl. dazu Text III 37

c) *Als formales Subjekt und Objekt*
Bei einigen Verben, bei denen der Urheber der Handlung nicht genannt wird (Vorgangsverben), erscheint „es" als formales, inhaltsleeres Subjekt. Dieses „es" wird im Sp. für gewöhnlich nicht übersetzt.
*Bsp.:* - *Es* schneit. (= Nieva.)
- *Es* donnert. (= Truena.)
- *Es* geht ihm gut. (= Le va bien.)
In bestimmten Fällen läßt sich das unbestimmte Subjekt im Sp. durch ein Indefinitpronomen ausdrücken.
*Bsp.:* - Plötzlich klingelte *es*.
(= De pronto, ***alguien*** llamó a la puerta.)

## I.5.3. **Das Possessivpronomen**

A. Im Sp. gibt es bekanntlich die ***unbetonte*** und die ***betonte*** Form des Possessivpronomens; erstere wird dem Substantiv vorgestellt, letztere nachgestellt: ***mis libros***, aber: ***libros míos***.
Was die Bedeutung und Funktion betrifft, lassen sich die Possessivpronomina weitgehend den Adjektiven gleichsetzen, so daß etwa für die Verwendung von unbetonten (bzw. vorgestellten) und betonten (bzw. nachgestellten) Possessivpronomina auch das Prinzip der Differenzierung gilt (s. I.3.1.).

B. *Nachgestelltes Possessivpronomen*

a) Der Definitionscharakter des nachgestellten Possessivpronomens geht Hand in Hand mit einer Hervorhebung des Besitzers, wie dem folgenden Beispiel zu entnehmen ist.

*Bsp.:* Eso es asunto suyo. La solución siempre es asunto nuestro, asunto mío, asunto vuestro.
(= Das ist seine Sache. Die Lösung ist immer unsere Sache, meine Sache, eure Sache (Text IX 24)).

b) Eine weitere Ausdrucksmöglichkeit des nachgestellten Possessivpronomens besteht darin, daß eine persönliche Beziehung zur Sache und nicht das bloße Besitzverhältnis wiedergegeben werden kann.

*Bsp.:* Es una costumbre suya el cenar siempre tan tarde.
(= Es ist eine Gewohnheit von ihm, so spät zu Abend zu essen.)

c) Im Dt. kann mehr als ein Possessivpronomen vor dem Substantiv stehen. Im Sp. darf nur eines davor stehen; weitere Possessivpronomina müssen nachgestellt werden.

*Bsp.:* Mi casa y la tuya son muy viejas.
(= Mein und dein Haus sind sehr alt.)

d) Wie jedes Adjektiv läßt sich das Possessivpronomen auch mittels Artikel substantivieren. Dann wird die betonte Form verwendet.

*Bsp.:* - El mío y el tuyo son los mejores jardines del vecindario.
(= Mein Garten und der deine sind die besten Gärten in der Nachbarschaft.)
- ¡Esta es la mía! (umgangssprachlich)
(= Das ist meine Chance!)

e) Auf jeden Fall muß das betonte Possessivpronomen verwendet werden, wenn es prädikativ gebraucht wird:

*Bsp.:* - Esta pluma es mía.
(= Dieser Füller gehört mir.)
- Esta pluma no parecía la mía.
(= Dieser Füller schien nicht der meinige zu sein.)

C. *Vorgestelltes Possessivpronomen*

a) Das vorgestellte Possessivpronomen kommt in seiner Funktion dem Artikel nahe. Ein deutliches Zeichen hierfür ist, daß es nicht wiederholt zu werden braucht, wenn mehrere Objekte nur einen einzigen Besitzer haben.

*Bsp.:* - su persona, (sus) facultades y (su) temperamento
(= *seine* Person, *seine* Fähigkeiten und *sein* Charakter)

b) Wenn der Besitzer aus dem Zusammenhang ersichtlich ist, wird im Sp. das vorgestellte Possessivpronomen - anders als im Dt.- nicht verwendet.

*Bsp.:* - El cliente cogió el abrigo y salió del despacho.
(= Der Kunde nahm *seinen* Mantel und verließ das Büro.)
- Mi hija irá a vivir a la ciudad para empezar la carrera (vgl. Text X 39).
(= Meine Tochter wird in die Stadt ziehen, um *ihr* Studium aufzunehmen.)

c) Als „betonter Artikel" wird das vorgestellte Possessivpronomen auch verwendet, wenn die Angabe des Besitzers im Sinne von „sein/ihr eigener" oder „sein/ihr jeweiliger" erweitert wird:

*Bsp.:* - Jede dieser beiden Sprachen hatte ihre (je eigenen) Anwendungsbereiche (Text VI 10).
(= Cada una de estas dos lenguas tenía *sus* campos de aplicación.)
- ihre Antwort, ihre eigene, die sie nur mit dem Leben geben können (Text IX 32)
(= *su* respuesta, la suya propia, la que sólo pueden dar ellos mismos con *su* vida)

D. Wie im Falle der vor- bzw. nachgestellten Adjektive verfügt das Sp. über feststehende *Wendungen*, in denen das Possessivpronomen eine unveränderliche Stellung bezogen hat.

*Bsp.:* Bestimmte Ausrufe: - ¡Madre mía! ¡Dios mío!
Anreden (bes. Briefe): - Muy señores míos; Muy señor nuestro.
(= Sehr geehrte Herren/Sehr geehrter Herr)
- Amigo mío, ésta no es la mejor solución.
(= Mein lieber Freund, das ist nicht die beste Lösung.)

## I.5.4. **Das Demonstrativpronomen**

A. Bei der Übersetzung aus dem Dt. ergibt sich häufig die Schwierigkeit, ob „*dieser*" durch „este", „ese" oder ggf. sogar durch „aquel" zu übersetzen ist (vgl. Text IV 27; V 20; VII 2; X 15). Hierzu sei auf folgendes hingewiesen:

a) „este" wird verwendet zum Zeigen von Objekten, die dem Sprecher
– räumlich und/oder
– zeitlich
real oder in Gedanken vorliegen.

*Bsp.:* - räumlich: ( Sprecher den Füller in der Hand haltend):
¿De quién es esta pluma?
(= Wem gehört dieser Füller?)
- zeitlich: (Jemand sagt im Sommer):
Este verano estamos haciendo más deporte que el año pasado.
(= In diesem Sommer treiben wir mehr Sport als im vergangenen Jahr.)

„Este" kann aber auch verwendet werden, wenn „dieser" sich auf ein Ereignis bezieht, das zwar in der Vergangenheit geschehen ist, aber dem Sprecher im Augenblick der Aussage gegenwärtig ist.

*Bsp.:* (Sprecher noch unter der Wirkung der Angelegenheit leidend):
El año pasado nos hizo esta jugarreta.
(= Letztes Jahr spielte er uns diesen üblen Streich.)

b) Anders verhält es sich natürlich, wenn die Einzelheiten der Erzählung der Vergangenheit angehören.

*Bsp.:* Es herrschte Nebel, wie oft in diesem Spätherbst.
(Text VIII 7).
(= Había mucha niebla, como a menudo en aquellos últimos días del otoño.)

Hier wäre im Sp. natürlich auch „*esos* últimos días del otoño" möglich, nicht aber „este"! Zwischen „este" einerseites und „ese/aquel" andererseits gibt es einen grundlegenden Unterschied.

B. Wenn die Unterscheidung zwischen „*este*" und „*ese*"/„*aquel*" also relativ leicht ist, ist es manchmal für den Lerner nicht so einfach, sich zwischen „ese" und „aquel" zu entscheiden, da die Wahl eines dieser Pronomina oft vom jeweiligen Empfinden des Sprechers abhängt. Hinzu kommt, daß dem dt. Sprachempfinden, zumindest in der Alltagssprache, das Demonstrativpronomen „jener" weitgehend fremd geworden ist (und etwa durch „der da" o.ä. ersetzt wird), während im Sp. alle drei Demonstrativa verwendet werden. Im folgenden sei aber auf zwei Fälle eingegangen, in denen die Wahl eindeutig ist.

a) „*Ese*" hat im geeigneten Kontext die negative Bedeutung von „dieser da", „der da".

*Bsp.:* *Ese* tipo con quien hablaste ayer me parece un estúpido.
(= *Dieser/Der* Typ *da*, mit dem du gestern gesprochen hast, kommt mir ganz schön blöd vor.)

b) „*Aquel*" steht meistens gemeinsam mit „este" bei *Gegenüberstellungen*.

*Bsp.:* Dieses Haus ist schöner als jenes.
(= Esta casa es más bonita que aquélla.)

Dieser Gegensatz tritt auch auf, wenn die Demonstrativpronomina einen Bezug auf zwei zuvor erwähnte Substantive haben.

*Bsp.:* Wir hatten einen Wagen und ein Motorrad: dieses war defekt, jener hatte kein Benzin.
(= Teníamos un coche y una moto: *ésta* estaba estropeada, *aquél* sin gasolina.)

C. Stehen im Dt. *zwei Demonstrativpronomina vor dem Substantiv*, so muß im Sp. das eine vor, das andere hinter das Substantiv treten.

*Bsp.:* diese und jene Bücher
(= estos libros y aquellos)

D. „*Eso*" ist auch Element einer Reihe von feststehenden Wendungen, etwa:

– ¡Eso!/¡Eso es!
(= Genau! So ist es!) (Ausdruck der Zustimmung)
- ¿No es eso? (= Nicht wahr?)
- Eso será. (= Das wird es wohl sein.)

E. Was die deiktische (hinweisende) Funktion der Demonstrativpronomen „este"/„ese" betrifft, sei auf folgende *Konkordanz* hingewiesen:
Im Dt. steht am Anfang vieler Sätze das Demonstrativpronomen „*das*" bzw. „*dies*" mit Bezug auf eine eben gemachte Aussage oder auch auf das darauffolgende Substantiv, unabhängig von dessen Zahl oder Geschlecht.

*Bsp.:* (1) Wir haben heute italienisches Eis gegessen. Das ist eine schöne Sache!
(2) Das war die einzige Hoffnung, die wir hatten.
(3) Das waren die letzten Bonbons vom meinem Geburtstag.

Im Sp. muß man unterscheiden, ob das Demonstrativpronomen sich auf eine eben gemachte Aussage bezieht (Satz (1)), oder ob es - wie in den Sätzen (2) und (3) - auf ein darauffolgendes Substantiv hinweist.
Im ersten Falle wird „das" mit „esto"/„eso" übersetzt. Im zweiten trägt das Demonstrativpronomen die Merkmale des Geschlechts und der Zahl des darauffolgenden Substantivs.
zu (1) Hoy hemos tomado helado italiano. ¡*Esto* es una cosa estupenda!
zu (2) *Esta* era la única *esperanza* que teníamos.
zu (3) *Estos* eran los últimos *caramelos* de mi cumpleaños.
Vgl. dazu:
- Es ist der 23. April. *Dies* ist der Tag des Buches. (Text I 28)
(= Es el 23 de abril. *Este* es el Día del Libro.)

- *Das* ist die Gefahr (Text III 24).
(= *Este* es el *peligro*.)
- Der Autor ist offenbar ein Christ; im übrigen ist das natürlich seine Sache (vgl. Text IX 23).
(= El autor, al parecer, es cristiano; por lo demás, *eso* realmente es cosa suya.)

## I.6. **Die Präposition**

I.6.1. Für den Fremdsprachenlerner ist die Präposition eine der schwierigsten grammatischen Kategorien, weil die Fülle an Verwendungsmöglichkeiten eine „lernbare" Systematisierung verhindert. Erst eine langjährige Beschäftigung mit der jeweiligen Sprache ermöglicht hier eine sichere intuitive Beherrschung.
Die folgenden Ausführungen beschränken sich daher auf die Behandlung einiger Fälle, die erfahrungsgemäß bei der Übersetzung ins Sp. besondere Probleme aufwerfen.

### I.6.2. Die Präposition „**für**" und ihre spanischen Entsprechungen „**por/para**".

Die Hauptschwierigkeit bei der richtigen Wahl von „por" oder „para" im Sp. taucht dann auf, wenn im dt. Text ein „für" steht, das die spanischen Bedeutungen von „por" und „para" einschließt.
*Bsp.:* „Ich mache das *für* dich." kann im Spanischen
- „Lo hago por ti." (= deinetwegen oder dir zuliebe) oder
- „Lo hago para ti." (= es ist für dich bestimmt)
heißen.
Im Sp. sind allgemein folgende Funktionen von „para" und „por" zu unterscheiden.

A. Durch *„para"* wird gekennzeichnet:

a) Zweck
*Bsp.:* Estudio para médico.
(= Ich studiere, um Arzt zu werden).

b) Bestimmung
*Bsp.:* Necesito un cajón para mis papeles.
(= Ich brauche eine Schublade für meine Papiere.)
Vgl. Text X 50

c) Bezug (oder Entsprechung)

*Bsp.:* - Esta base era para él el humanismo (Text III 31).
(= Dieser Boden war für ihn der Humanismus.)
- cosas para las que se tiene sensibilidad o no se tiene (vgl. Text IV 29)
(= Dinge, für die man Sensibilität hat oder nicht)
- La literatura y la política son entidades de igual valor para nuestra vida (vgl. Text V 5).
(= Literatur und Politik sind gleichwertige Größen für unser Leben.)

d) Richtung

*Bsp.:* Salimos para Madrid.
(= Wir fahren nach Madrid ab.)

e) Genaue Zeitangabe in der Zukunft

*Bsp.:* Voy a Marruecos para un año.
(= Ich gehe für ein Jahr nach Marokko.)

B. Durch „*por*" wird bezeichnet:

a) Zweckursache (gleichzeitiger Zweck und Grund für eine Handlung: Beweggrund)

*Bsp.:* El banquete es por la llegada del nuevo alcalde.
(= Das Bankett findet statt anläßlich der Ankunft des neuen Bürgermeisters.)

In diesem Falle würde die Zweckursache etwa lauten: „weil er gekommen ist und um dies zu feiern".

Man beachte demgemäß die Nuancierung in folgenden beiden Aussagen:

(1) - Me lo dijo para molestarme.
(Man hat nur den Zweck, das Ziel der Handlung vor Augen.)
(2) - Me lo dijo por molestarme.
(Hier wird nicht nur der Zweck, sondern auch der Beweggrund der Handlung angegeben.)

b) Ergänzung der Aussage (Prädikativ: s. I.2.2.)

*Bsp.:* Le tomaron por el presidente.
(= Sie hielten ihn für den Präsidenten.)
Anders (Zweck!): Le eligieron para presidente.
(= Sie wählten ihn zum Präsidenten.)

Vgl. dazu: - La quiere por esposa. (Prädikativ)
(= Er will sie zur Frau.)
- La quiere para secretaria. (Zweck)
(= Er will sie als Sekretärin.)

c) Rektion einiger Verben und Substantive:
*Bsp.:* - Intercede por su amigo.
(= Er legt für seinen Freund Fürsprache ein.)
- Lucha por el primer puesto.
(= Er kämpft um den ersten Platz.)
- Siente simpatía por este pueblo (vgl. Text IV 40).
(= Er empfindet Sympathie für dieses Volk.)

d) Die ungefähre Zeitangabe in der Zukunft
*Bsp.:* Voy a Marruecos por un año.
(= Ich gehe für etwa ein Jahr nach Marokko.)

C. Im Zusammenhang mit der Präposition *„por"* präge man sich noch folgende *Wendungen* ein:

a) Va por leña (= en busca de).
(= Er geht Brennholz holen.)

b) Habló en la reunión por su tío (= „en favor de" oder „en lugar de").
(= Er sprach in der Versammlung zugunsten (bzw. an Stelle) seines Onkels.)

c) Te doy mi pluma por tu libro (= a cambio de).
(= Ich gebe dir meinen Füller für (als Tausch für) dein Buch.)

d) „Estar por" entspricht:
- „estar sin", mit der zusätzlichen Bedeutung: „Verpflichtung, das Betreffende zu tun":
*Bsp.:* El trabajo de hoy está por hacer.
(= Die Arbeit von heute muß noch erledigt werden.)
- „geneigt sein, Lust haben, etwas zu tun":
*Bsp.:* Estoy por irme a pasear hoy.
(= Ich habe Lust, heute spazieren zu gehen.)

„Estar para" heißt dagegen: „kurz davor sein, etwas zu tun":
*Bsp.:* No sé si podrás hablar con Manolo; está ya para marcharse.
(= Ich weiß nicht, ob du mit Manolo noch reden kannst. Er ist auf dem Sprung wegzugehen.)

D. Als zusätzliche Übersicht sei noch die Aufstelllung der wichtigsten Funktionen von *„für" und ihre Entsprechungen im Sp.* angegeben:

a) Vertretung, Ersatz = POR
*Por* la gorra que había perdido le di otra nueva.
(= Ich gab ihm für seine verlorene Mütze eine andere.)

b) Zweck, Bestimmung, Hilfe = POR/PARA
- dar su vida *por* otro (= sein Leben für jmdn. opfern)
- Esto es *para* mí. (= Das ist für mich.)
- su cariño *por* él (= ihre Zuneigung für ihn)
- un regalo *para* la madre (= ein Geschenk für die Mutter)

c) Bezahlung, Dank, Ausgleich = POR
- He pagado cien marcos *por* el vestido.
(= Ich habe für das Kleid 100,-- DM bezahlt.)
- Te doy mi abrigo *por* tu gorra.
(= Ich gebe dir für deine Mütze meinen Mantel.)

d) Angemessenheit, Vergleich, Verhältnis, Entsprechung = PARA
- Esto no es *para* mí. (= Das ist nichts für mich.)
- Es muy alto *para* su edad. (= Er ist sehr groß für sein Alter.)

e) Meinung, Ansicht, Betrachtung = POR
Doy *por* terminada nuestra discusión.
(= Ich halte unsere Diskussion für beendet.)

f) Einteilung = POR
cada uno *por* su cuenta (= jeder für sich)
Achtung bei Paarformeln, die phraseologisch fixiert sind:
- paso *a* paso: Schritt für Schritt
- día *a* día: Tag für Tag
- trozo *por* trozo: Stück für Stück
- palabra *por* palabra: Wort für Wort

g) Preis-, Zahlen-, Mengenangaben = POR
Le dejo el cuadro *por* 10 marcos.
(= Sie können das Bild für 10,-- DM haben.)

h) Zeitangaben = PARA/POR
Er hat das Haus für zehn Jahre gemietet.
(1) Ha alquilado la casa *para* diez años. (genauere Zeitangabe)
(2) Ha alquilado la casa *por* diez años. (ungenauere Zeitangabe)

i) Was...betrifft = POR
yo *por* mi parte...
(= ich für meine Person...)

## I.6.3. **Die Präposition „bei"**

A. Aufgrund der vielfältigen Verwendungen der Präposition „bei" seien im folgenden ihre *häufigsten Bedeutungen* und ihre sp. Entsprechungen aufgelistet:

(1) Wesseling liegt bei Köln.
(= Wesseling queda *cerca de* Colonia.) (umgangssprachlich) oder
(= Wesseling está (situada) *cerca de* Colonia.)

(2)Bei uns wirst du dich wohlfühlen.
(= *Entre* nosotros te sentirás a gusto.)

(3) Sie arbeitet bei der Cousine seines Bruders.
(= Trabaja *con* la prima de su hermano.)

(4)Er ist bei mir gewesen.
(= Ha estado *conmigo*.)

(5) Als ich deine Schwester sah, hatte sie ein großes Buch bei sich.
(= Cuando vi a tu hermana, llevaba *consigo* un libro grande.)

(6) Ich will nicht, daß bei der Arbeit private Telephongespräche geführt werden.
(= *Durante* el trabajo no quiero que se hagan llamadas de teléfono privadas.)

(7) Bei Stromausfall muß man zunächst die Ruhe bewahren.
(= *En caso de* apagón, lo primero es no perder los nervios.)

(8)Beim Toten handelte es sich um Ulrich Schmied (vgl. Text VIII 37).
(= *En el caso de* la víctima se trataba de Ulrich Schmied.)

(9) bei den althergebrachten Klischees bleiben (Text IV 41)
(= quedarse *en* los consabidos clichés)

(10) Bei der Abwehr dieses Vorurteils liegt die Versuchung nahe... (Text VII 32)
(= *Al rechazar* este prejuicio se puede caer fácilmente en la tentación de...). Vgl. dazu I.9.5.A.d1.
Vgl. Text VIII 12

(11) Vorsicht beim Einschalten!
(= ¡Cuidado *al conectar*!)

(12) ihn bei schwarzem Kaffee nüchtern werden lassen (vgl. Text VIII 22).
(= hacer que se le pase la borrachera *con* un café bien cargado)

B. Merke auch die *Wendungen*:

(1) Diese Verhandlungen werden schwer sein, aber keine Sorge! Manolo ist *bei* dir.
(= Esas gestiones serán muy difíciles, pero no te preocupes, Manolo *te acompañará*.)
Nicht verwechseln mit:
estoy contigo (= ich stehe auf deiner Seite)

(2) Er hat in einer Woche das ganze Büro neu strukturieren wollen. Ist er noch *bei* Trost (*bei* Verstand)?
(= Ha querido reorganizar toda la oficina en una semana. *¿Está en sus cabales*?)

(3) - bei Tag: de día    - bei Nacht: de noche

I.6.4. **Die Präposition „zu"**

A. Wenn die Präposition *„zu" mit finaler Bedeutung* zwischen zwei Substantiven steht, wird sie im Sp. durch „para" übersetzt.
*Bsp.*: -Ein weiterer *Grund zu einer Klage* (Text II 30)
(= otro motivo para una demanda)
Weitaus häufiger jedoch sind die Fälle, in denen das Syntagma „para + Infinitiv" steht.
*Bsp.*: - eine Stunde zur Besichtigung des Domes
(= una hora *para visitar* la catedral)
- ein Fahrrad zum Verkauf
(= una bicicleta *para vender)*
- eine Unternehmung zur Erkundung der Insel
(= una expedición *para explorar* la isla)

B. *Phraseologische Ausdrücke*

| | |
|---|---|
| - wir gingen zu je drei | : fuimos de tres en tres |
| - wir waren zu dritt | : éramos tres en total |
| - zu Weihnachten mache ich dir ein Geschenk | : para Navidades te haré un regalo |
| - zu Fuß | : a pie |

C. *Präpositionaler Dativ* zur Bezeichnung von Übergang und Verwandlung (Prädikativ: vgl. I.2.2.B.d.):

*Bsp.:* - zum Direktor ernennen: nombrar director
- zum König wählen : elegir rey

Der Prozeß des Werdens (aktiv: des Machens) wird jedoch mit einem Gerundium übersetzt, das (als Adverb) diesen Prozeß darstellt.

*Bsp.:* - zu Asche verbrennen: quemar convirtiendo en cenizas
- zu Pulver zermahlen: moler hasta hacerlo polvo/convertirlo en polvo

D. *Zweck, Ziel*

Oft steht in Verbindung mit einem Substantiv die Präposition „a" oder „en", in Verbindung mit einem Infinitiv die Präposition „para".

*Bsp.:* - dir zu Ehren : en honor tuyo; para honrarte
- zu seinen Gunsten: a su favor

I.6.5. **„de" und die Übersetzung dt. Wortzusammensetzungen und asyndetischer Folgen**

A. Unter den verschiedenen Verwendungsmöglichkeiten der Präposition „de" soll im folgenden ein Fall behandelt werden, in dem diese Präposition in von Deutschsprachigen nicht vorhersehbarer Weise benutzt wird. Es handelt sich um die Übersetzung der dt. Wortzusammensetzungen und asyndetischen Folgen. Die zwei Wortelemente werden im Sp. meistens mit „de" verbunden (auf Ausnahmen wird noch einzugehen sein). Damit die Präposition „de" zwischen die Wortelemente treten kann, müssen diese in einer der folgenden Beziehungen stehen:

a) Das eine Element ist das logische „Subjekt" oder die größere Struktureinheit; das andere Element ist Teil davon.

*Bsp.:* - die Mutterliebe (= die Mutter liebt)
(= el amor *de* la madre)
- die Manteltasche (= die Tasche, die zum Mantel gehört)
(Text VIII 35)
(= el bolsillo *del* abrigo)

b) Das eine Element „definiert“ das andere.

*Bsp.:* - Forschungsmöglichkeiten(Text I 39):
posibilidades *de* investigación
- die Universität Oxford (Text III 11):
la Universidad *de* Oxford
- eine Art Überbetonung (Text III 27):
un tipo *de* sobrevaloración
- Anwendungsbereiche (Text VI 11):
campos *de* aplicación
- Literaturgeschichte (Text VII 22):
historia *de* la literatura
- Spätherbst (Text VIII 8):
últimos días *del* otoño
- die Stadt Bern (Text VIII 38):
la ciudad *de* Berna
- Filzhut (Text VIII 45):
sombrero *de* fieltro

Hierbei ist allerdings zu beachten, daß bei den Termini „río“ und „monte“ nur dann „de“ steht, wenn ein Personenname oder eine Gattungsbezeichnung folgt.

*Bsp.:* el Río de la Plata:
der Rio de la Plata (= Silberfluß)

Sonst wird der Name des Flusses oder des Berges ohne Präposition angeschlossen.

*Bsp.:* - el río Turia (Text II 17): der Fluß Turia
- el monte Aneto: der Aneto-Berg

Ansonsten werden geographische Begriffe (Städte, Regionen, Länder etc.) mit „de“ verbunden.

*Bsp.:* - la ciudad de Madrid
- la región de la Mancha
- el Estado Federado de Baviera
- la Comunidad Autónoma de Cataluña

c) Das eine Element drückt eine „Teilmenge“ aus oder steht als Partitiv nach einem Mengenbegriff.

*Bsp.:* - zwei Millionen Bände (Text I 43):
dos millones de volúmenes
- etwas vom tiefen Ernst (Text IV 11):
algo de la profunda seriedad
- ein Kilo Reis:
un kilo de arroz

B. Gemäß dem sp. Sprachgebrauch müssen bestimmte dt. Wortzusammensetzungen *anders übersetzt* werden.

a) Mit anderen Präpositionen:
*Bsp.:* - Dogmentreue (Text III 41): fidelidad *a* los dogmas
- Erziehungsrecht: derecho *a* la educación
- Saftorangen: naranjas *para* zumo

b) Mit einem Adjektiv:
*Bsp.:* - die Wesenszüge (Text V 13): los rasgos fundamentales
- Staatsverwaltung (Text VI 20): administración pública

c) Mit einem einzigen Substantiv:
*Bsp.:* - Antiquitätenhändler (Text I 5): anticuario
- Schreibtisch : escritorio

d) Im Sp. breitet sich zudem immer mehr die asyndetische Folge zweier Substantive aus, wobei das eine Adjektivfunktion gegenüber dem anderen ausübt.
*Bsp.:* - Modellcharakter (Text II 35): carácter modelo
- Wunderkind : niño prodigio
- Pilotprojekt : proyecto piloto
- Grundgehalt : sueldo base

Zu beachten ist hier, daß im Plural für gewöhnlich nur das erste Substantiv verändert wird, z.B.:
caracteres modelo; niños prodigio; proyectos piloto; sueldos base.

I.6.6. **Präpositionale Ausdrücke**

A. Da das Spanische nur über eine relativ geringe Zahl eigentlicher Präpositionen verfügt, hat sich eine ganze Reihe präpositionaler Ausdrücke gebildet, um bestimmte örtliche, logische, relationale etc. Verhältnisse differenziert ausdrücken zu können. Im folgenden seien einige häufig vorkommende Wendungen dieser Art festgehalten und nur in schwierigeren Fällen durch Beispiele erhellt:

B. *Mit der Präposition „a“*
- en torno a... = um...herum

*Bsp.:* La tierra gira ***en torno al*** sol.
(= Die Erde dreht sich um die Sonne.)

- junto a = neben, bei, zu
- respecto a; con/en relación a; en cuanto a = in bezug auf, betreffs
- pese a = trotz
- frente a = angesichts, gegenüber (Text V 21 und 35)

C. *Mit der Präposition „de“*
- a/en favor de = zugunsten von
- en forma de = in Form von (oder: Gen.)
- en memoria de (Text III 2) = zum Gedenken an
- por parte de (Text III 34) = seitens
- aparte de/ además de = außer

*Bsp.:* Aparte de esos dos mil marcos no he ganado nada este mes.
(= Außer diesen zweitausend Mark habe ich in diesem Monat nichts verdient.)

- a pesar de = trotz
- a través de = (hin)durch
- dentro/fuera de = innerhalb/außerhalb
- en contra de = gegen
- a partir de = ausgehend von/von...an

*Bsp.:* Se puso ***en contra de*** su hermano ***a partir de*** aquella discusión.
(= Er stellte sich von jenem Streitgespräch an gegen seinen Bruder.)

- a excepción de = ausgenommen
- al cabo de = nach Verlauf von, am Ende von, nach

*Bsp.:* ***Al cabo de*** dos semanas volvió a casa y nos pidió perdón a todos.
(= Nach zwei Wochen kehrte er nach Hause zurück und bat uns alle um Verzeihung.)

- por medio de = mittels, durch

D. *Mit anderen Präpositionen*
- de acuerdo con = gemäß

*Bsp.:* ***De acuerdo con*** las ordenanzas municipales, las calles serán limpiadas de madrugada.
(= Den kommunalen Verordnungen gemäß werden die Straßen frühmorgens gereinigt.)

- junto con = zusammen mit
- de entre = unter

*Bsp.:* *De entre* los principales temas a tratar quiero ocuparme solamente de los dos primeros.
(= Was die zu behandelnden Hauptthemen angeht, will ich mich nur den beiden ersten widmen.)

## I.6.7. **Die Präposition und die Rektion von Verb und Nomen**

A. Beim Erlernen der Vokabeln ist stets auf die entsprechende Rektion der Verben, Adjektive und Substantive zu achten. Zwischen dem Dt. und dem Sp. bestehen große Unterschiede darin, welche Wörter mit und welche ohne Präpositionen angeschlossen werden. Dasselbe gilt für die Wahl der Präposition. An dieser Stelle seien einige repräsentative Beispiele angeführt.

B. *Verb und Präposition*

a) Mit „*a*"

- resistirse a hacer algo: sich widersetzen, etwas zu tun
- aprender a hacer algo : lernen, etwas zu tun
- disponerse a hacer algo: sich anschicken, etwas zu tun
- limitarse a hacer algo: sich darauf beschränken, etwas zu tun

*Bsp.:* - ayudar a superar prejuicios (Text V 27)
(= Vorurteile überwinden helfen)
- ayudarme a encontrar una habitación (Text X 42)
(= mir behilflich sein, ein Zimmer zu finden)
Vgl. dazu:
- subir a un tren (Text X 10): in einen Zug einsteigen

b) Mit „*de*"

- responder de algo: für etwas verantwortlich sein
- encargarse de hacer algo: es übernehmen, etwas zu tun
- disfrutar de algo: etwas genießen
- carecer de algo (vgl. Text VII 31): etwas nicht haben, entbehren, einer Sache ermangeln
- prescindir de algo (vgl. Text IX 18): auf etwas verzichten, von etwas absehen
- acordarse de alguien (vgl. Text X 43): sich an jd. erinnern
- servir de algo: als/zu etwas dienen
- dudar de algo: an etwas zweifeln

c) Mit „*con*"
- encontrarse con alguien: jemanden (zufällig) treffen
- familiarizarse con algo: sich mit etw. vertraut machen
- soñar con algo : von etwas träumen
- discutir con alguien : mit jemandem diskutieren
- disgustarse con alguien: sich über jemanden ärgern

d) Mit „*en*"
- creer en algo : an etwas glauben
- ocuparse en (hacer) algo: sich damit beschäftigen, etwas zu tun
- empeñarse en hacer algo : etwas unbedingt tun wollen
- quedar en hacer algo : dabei verbleiben, etwas zu tun
- tardar en hacer algo: lange brauchen, etw. zu tun
- consistir en algo: in etwas bestehen

Vgl. dazu: me permito insistir en que la habitación ha de tener... (Text X 54)
(= ich erlaube mir zu betonen, daß das Zimmer...)

e) Mit „*por*"
- preguntar por alguien : nach jemandem fragen
- esforzarse por algo (vgl. Text IV 13): sich um etwas bemühen
- decidirse por algo : sich für etwas entscheiden

C. *Adjektiv und Präposition*

- (estar) contento con hacer algo: zufrieden damit, etwas zu tun
- (ser) feliz de hacer algo: froh (darüber), etwas zu tun
- (estar) lleno de algo: voll von etwas (sein)
- una cosa fácil/difícil de hacer: etwas leichtes/schweres
- (estar) acostumbrado a hacer algo: daran gewohnt sein, etwas zu tun
- (ser) igual a algo: einer Sache gleich sein
- (ser) decisivo para algo (vgl. Text V 15): entscheidend sein für etwas

D. *Substantiv und Präposition*

a) Meistens wird in solchen Syntagmen die Präposition „de" verwendet. Durch die präpositionale Ergänzung wird nämlich logisch-semantisch eine Definition des Substantivs vorgenommen (vgl. I.6.5.A.b.).

*Bsp.:* - tiene muchas posibilidades de revolver en bibliotecas (vgl. Text I 37)
(= Er hat reichlich Gelegenheit, in Bibliotheken zu stöbern.)
- el esfuerzo de objetividad (Text III 34)
(= das Bemühen *um* Objektivität)
- la petición de comprensión (Text IV 18)
(= die Bitte *um* Verständnis)
- Se acercó al automóvil con la intención de despertar al que dormía (Text VIII 21).
(= Er trat mit der Absicht ans Automobil, den Schlafenden zu wecken.)
- la necesidad de ser dirigido (Text IX 13)
(= das Bedürfnis *nach* Führung)
- la exigencia general de una respuesta (Text IX 33).
(= das allgemeine Verlangen *nach* einer Antwort)

b) Einige wenige Substantive werden mittels einer anderen Präposition ergänzt (s. dazu I.6.5.B.a.).

*Bsp.:* - No tienes *derecho a* dar gritos.
(= Du hast kein Recht zu schreien.)
- ¡*Cuidado con* el perro!
(= Vorsicht, bissiger Hund!)
- No me siento con *fuerzas para* decírselo.
(= Ich habe keinen Mut, es ihm zu sagen.)
- No tienes *motivo para* enfadarte así.
(= Du hast keinen Grund, dich so zu ärgern.)
- La *llegada a* Madrid es a las seis.
(= Ankunft in Madrid ist um sechs Uhr.)
- Tiene *miedo a* las tormentas.
(= Er hat Angst vor Gewittern.)
- Tiene mucha *confianza en* ti.
(= Er setzt viel Vertrauen in dich.)
- la *afición* de los españoles *por* los libros
(Text I 26)
(= die Liebe des Spaniers zum Buch)
- independientemente de la *simpatía* que sienta *por/hacia* este pueblo (vgl. Text IV 40)
(= unabhängig von der Sympathie, die man für das Volk empfinden mag)

E. Aus den angeführten Beispielen geht auch folgende wichtige Regel für die Übersetzung vom Dt. ins Sp. hervor:

*Jeglicher Infinitiv oder Nebensatz, der von einem Adjektiv oder Substantiv abhängig ist, muß mittels einer Präposition eingeleitet werden.*

*Bsp.*: - Está *acostumbrado a* hacer las cosas bien.
(= Er ist (daran) gewöhnt, die Dinge gut zu machen.)
- Estoy *acostumbrado a* que me digan las cosas con educación.
(= Ich bin (daran) gewöhnt, daß man mir die Dinge anständig sagt.)
- Ahora es el *momento de* tomar una cerveza.
(= Jetzt ist der Augenblick, ein Bier zu trinken.)
- Ahora es el *momento de que* me digas lo que piensas del asunto.
(= Jetzt ist der Augenblick, mir zu sagen, was du über die Angelegenheit denkst.)

Die am häufigsten verwendete Präposition ist „de„, da die meisten Ergänzungen - insbesondere jene von Substantiven - definitorischen oder erläuternden Charakter haben (vgl. I.6.7.D.a.).

- el deseo de que vengas : der Wunsch, daß du kommst
- la dificultad de decidir si...: die Schwierigkeit zu entscheiden, ob...
- la libertad de escoger entre...: die Freiheit, zu wählen zwischen...

## I.7. Die Partikeln

I.7.1. Die Partikeln des Dt. sind für die Übersetzung ein schwer zu fassendes Problem, da ihre Leistung nicht so sehr auf der Bedeutungsebene erbracht wird, sondern vielmehr in ihrer kommunikativen Funktion besteht. Im Rahmen dieses Lehrbuches kann daher nur auf Eigentümlichkeiten einiger Partikeln des Dt. und ihre Übersetzungsmöglichkeiten ins Sp. aufmerksam gemacht werden. Daneben sollen paradigmatisch einige häufig vorkommende Partikeln unter übersetzungstechnischen Gesichtspunkten behandelt werden.

### I.7.2. Zu den dt. Abtönungspartikeln und ihrer Übersetzung

A. Einige Partikeln des Dt. („aber, auch, bloß, denn, doch, eben, eigentlich, etwa, halt, ja, mal, nur, schon, vielleicht, wohl") lassen sich der Form nach nicht von Adverbien oder Konjunktionen unterscheiden, zeigen aber je nach Stellung im Satz und nach der Intention des Sprechers (was im Gesprochenen durch die Intonation noch verstärkt wird) an, welche subjektive Haltung des Sprechers in einer Aussage mitschwingt.

Der Terminus „Abtönungspartikel" soll zum Ausdruck bringen, daß die mit diesen Partikeln versehenen Aussagen „abgetönt" sind, d.h. an semantischer Direktheit verloren haben.
Vgl. den Unterschied zwischen:
- Das ist absurd!
- Das ist *doch wohl/eigentlich* absurd.
- Manolo hat seinen Bart abgenommen.
- Manolo, du hast *ja* deinen Bart abgenommen!
- Diese Landschaft ist herrlich.
- Diese Landschaft ist *doch* herrlich, oder?
Oft haben diese Partikeln zugleich die Funktion, als „Dialogwörter" Gespräche zu steuern.
*Bsp.:* - Nun komm *schon*! Es ist *doch* nichts passiert.
(Durch *schon* wird etwas Ungeduld und Nachsicht ausgedrückt.)
- Du könntest dich *ruhig* etwas mehr beeilen.
(Durch *ruhig* wird der Aufforderungscharakter deutlich, wobei zugleich eine ironische Tadelskomponente fühlbar wird.)

B. Was die Möglichkeiten der *Übersetzung* ins Sp. betrifft, so kann hier nur einiges zusammengefaßt werden, was vornehmlich für die sp. Abtönungsmechanismen sensibilisieren soll.

a) Im Sp. lassen sich zwei Partikeln finden, die eine Abtönungsfunktion ausüben können: „ya" und „acaso".
*Bsp.:* - ¡*Ya* saldrá bien!
(= Es wird *schon* gut gehen.)
- A: Ayer has vuelto a faltar a la reunión.
B: ¿Y qué? *Acaso* había prometido ir?
(= A: Gestern bist du wieder nicht zu der Versammlung gekommen.
B: Na und? Hatte ich das *vielleicht* versprochen?)

b) Einleitende Hauptsätze
*Bsp.:* - Der Junge ist nicht dumm, ganz im Gegenteil. Aber er lernt *eben* nicht genug.
(= Este niño no es tonto, ni mucho menos; *lo que pasa es que* no estudia bastante.)

- (Der Arzt sagt zum Patienten): „Trinken Sie *ruhig* viel."
(= *Le recomiendo que* beba mucho/le *conviene* beber mucho.)
- Man ist *wohl* geneigt, in die Haltung des „Die spinnen, die Spanier" zu verfallen (vgl. Text IV 37).
(= A veces *es fácil que* uno caiga en la postura de „están locos los españoles".)

c) Adverbien, Adverbiale Ausdrücke

*Bsp.:* - (A zieht den Mantel an.) B: Willst du *etwa* jetzt schon weggehen? Es ist erst ein Uhr!
(= ¿Pero *de verdad que* quieres irte ya? ¡Pero si sólo es la una!)
- Vielleicht ist es *doch* nicht so ehrlich (Text IX 37).
(= Quizá no sea *realmente* tan sincero.)

d) Futur

*Bsp.:* Gehst du mir *wohl* aus dem Weg?
(= ¿*Querrás* quitarte de en medio?)

e) Verneinte Imperative

*Bsp.:* Sag das *ja* nicht nochmal!
(= ¡*Ni se te ocurra* volver a decirlo!)

f) Wiederholungen

*Bsp.:* Nun setz dich *doch* hin!
(= ¡Pero *siéntate*, hombre, *siéntate*!)

g) Zusatzausdrücke

*Bsp.:* (Schwierigkeiten beim Öffnen einer Flasche): Die geht *einfach* nicht auf!
(= ¡*No hay manera* de abrirla!)

h) Verbale Umschreibungen

*Bsp.:* Geh morgen *bloß* zum Arzt!
(= ¡Mañana *no dejes de ir* al médico!)

i) Formelhafte Wendungen

*Bsp.:* Wir haben *vielleicht* gelacht!
(= ¡*Lo que* nos reímos!)

## I.7.3. **Zu den dt. Partikeln mit richtungsanzeigender Funktion**

A. Eine Eigentümlichkeit dt. Partikeln besteht darin, in Verbindung mit Verben, welche die Art einer Bewegung ausdrücken, nicht nur die Richtung dieser Bewegung anzuzeigen, sondern auch das Fortschreiten selbst zu indizieren. Meistens handelt es sich um Standardsituationen mit folgenden Partikeln: „hinein", „heraus", „hinauf", „hinunter", „durch". Diese Partikeln können als Vorsilbe oder als Präposition erscheinen.

*Bsp.:* (1) - jemanden *hinaus*komplimentieren
(2) - *in* den Raum (*hinein*)stürmen
(3) - sich *in* Stimmung reden
(4) - etwas *durch*boxen
(5) - *durch* die Stadt ziehen (Text IX 4)
(6) - die Pflaumen *vom* Baum (*herunter*)schütteln
(7) - mehr in die Literatur dieser Jahre *hinein*tragen (Text VII 34)
(8) - *Als* die Sonne *durch* den Nebel brach... (vgl. Text VIII 44)

B. Für die *Übersetzung* bieten sich verschiedenartige Möglichkeiten an. Die häufigsten sind:

a) Adverbiale und präpositionale Ausdrücke:

*Bsp.:* (1) - echar a alguien *con buenos modales*
(3) - irse animando *a fuerza de* hablar
(4) - conseguir algo *con gran esfuerzo*
(5) - recorrer *a pie* la ciudad
(7)- *a base de* interpretarla, adjudicar a la literatura de estos años más.
(8) - Cuando el sol se abrió paso *a través de* la niebla...

b) Gelegentlich auch durch *gerundio*:

*Bsp.:* (6) - hacer caer las ciruelas *sacudiendo* el árbol
Vgl.: Ocho jueces se reúnen constituyendo el Tribunal (vgl. Text I 9).
(= Acht Richter treten zum Tribunal zusammen.)

c) oder durch einen *Vergleich*:

*Bsp.:* (2) - entrar en el cuarto *como un torbellino*.
(= Wie ein Orkan in das Zimmer stürmen.)

I.7.4. **„erst"**

Besondere Schwierigkeiten bei der Übersetzung ins Sp. macht erfahrungsgemäß die dt. Partikel „erst". Im folgenden sollen Übersetzungsmöglichkeiten für die verschiedenen Verwendungen dieser Partikel angeführt werden.

A. *erst als...*

*Bsp.:* Erst als jemand anklopfte, wachte sie auf.
(= *Sólo cuando* alguien llamó a la puerta, ella se despertó./ No se despertó *hasta que* alguien llamó a la puerta.)

B. *erst am/nach* (Datum) / *erst ab...* (Zeit)

*Bsp.:* - Erst am Montag können Sie die Hosen abholen.
(= (Vd.) *no* puede recoger los pantalones *antes del/hasta el* lunes.)
- Erst nach 1820 finden wir...(Text VII 12).
(= *Hasta después de* 1820 *no* encontramos...)
- Erst ab 4 Uhr kann man dorthin gehen.
(= *No* se puede ir allí *sino a partir de* las 4.)

C. *erst in...* (Ort/Zustand)

*Bsp.:* - Erst in Tours konnte er sich erholen.
(= *Sólo después de llegar a* Tours pudo descansar. Oder:
No pudo descansar *hasta llegar a* Tours.)
- Erst in seiner Verzweiflung verstand sie, wer er war.
(= Ella *no* llegó a comprender quién era él *sino en* su desesperación.)

D. *erst wenn...dann* (Bedingung/Zeit)

*Bsp.:* Erst wenn du das verstanden hast, machen wir mit der Lektion weiter.
(= *Hasta que no* lo hayas entendido *no* seguiremos con la lección. Oder:
*Sólo* seguiremos con la lección *cuando* lo hayas entendido. Oder:
*Una vez que* lo hayas entendido podremos seguir adelante con la lección.)

E. *erst..., dann...*

*Bsp.:* Erst die Arbeit, dann das Vergnügen.
(= *Primero* el trabajo, *luego* la diversión.)

F. *erst...alt*

*Bsp.:* Er ist erst 8 Jahre alt.
(= *No* tiene más *que* 8 años.) Vgl. I.3.3.A.c.

G. *erst der Anfang*

*Bsp.:* Das ist erst der Anfang!
(= Y esto es *sólo* el principio.)

H. *(überhaupt) erst + Verb*

- empezar por (= den Anfang machen mit) + Verb
- aún

*Bsp.:* Du mußt erst wissen, was du willst.
(= Tienes que empezar por saber lo que quieres.)
- Die spanische Sprache muß sich ihre Rechte überhaupt erst erkämpfen (vgl. Text VI 32).
(= La lengua española aún tiene que luchar por conseguir sus derechos.)

I. *erst dann*

*Bsp.:* Erst dann hat die Romantik Bedeutung (Text VII 13).
(= *Sólo entonces*, el Romanticismo llegará a tener importancia./ *Hasta entonces* el Romanticismo *no* llegará a tener importancia.)

## I.7.5. „so"

Es folgen einige Hinweise zur Übersetzung der im Dt. häufig verwendeten Partikel „so".

### A. *„so" + Adj./Adv.: tan*

*Bsp.:* Ein so blutiger Fall war ihm noch nie vorgekommen (vgl. Text VIII 41).
(= Hasta entonces nunca había tenido que ver con un caso *tan* sangriento.)
Vgl. Text IX 35

### B. *„so" + Subst.: como + Demonstrativpronomen*

*Bsp.:* So ein Mensch, der dauernd schnarcht, ist unausstehlich.
(= Un hombre *como éste*, que ronca constantemente, es inaguantable.)

### C. *„so" + Verb: así/de esta manera*

*Bsp.:* - So ist der Brauch unangefochten seit dem 13. Jahrhundert. (Text VI 21).
(= *Así* viene usándose indiscutidamente desde el siglo XIII)
- So nannte ich es jedenfalls (Text X 13).
(= En todo caso *así* la calificaba yo)

### D. In der Bedeutung von *„so sehr", „soviel": tanto*

*Bsp.:* Ich gehe nach Hause; mir ist so kalt.
(= Me voy a casa; tengo *tanto* frío.)

### E. *„so daß"* als Konsekutivkonjunktion (s. II.5.4.C.):

*Bsp.:* Er kam zu spät, so daß alle schon weg waren.
(= Llegó demasiado tarde, *de modo que* ya se habían ido todos.)
Bei Betonung des „so" im Dt. wird der sp. Ausdruck „tal" verwendet.
*Bsp.:* Du hast dich heute auf dem Fest *so* betragen, daß ich mich zu Tode geschämt habe.
(= Hoy te has comportado en la fiesta *de tal modo* que me he muerto de vergüenza.)

F. „so“ ist nicht immer mit einer entsprechenden Partikel ins Sp. zu übernehmen.

*Bsp.:* - So hieß es plakativ (Text IV 2).
(= *Este* era el slogan.) (Zu „este“ s. I.5.4.E.).
- So wird man dieses Bild nicht akzeptieren können (Text VII 23).
(= No se podrá aceptar *sin más* esta metáfora.)

G. *Weitere Beispiele*:

- So ist das nun einmal.
(= Así es, qué le vamos a hacer.)
- So war das doch gar nicht gemeint.
(= No era ésa mi intención.)
- So, jetzt komm aber.
(= Bueno, ahora ven.)
- So geht das aber nicht.
(= Así no va./Así no puede ser./Esto no puede ser.)
- So etwas hat mir gerade noch gefehlt.
(= Lo que me faltaba.)
- So und jetzt?
(= (Bueno), ¿y ahora qué?)
- Du kannst sie so unmöglich alleine lassen.
(= No puedes dejarla sola tal como está.)
- So laß uns doch endlich gehen!
(= Venga, vámonos ya de una vez.)

## I.8. **Die Negation**

### I.8.1. **Allgemeine Formen der Verneinung**

Ein Vergleich der dt. mit der sp. Sprache ergibt folgende Gemeinsamkeiten und Unterschiede bei der Verneinung:

A. *Stellung von „no“*

a) Während im Dt. häufig das entsprechende Nomen verneint wird, steht im Sp. die Negation („no“) vor dem Verb.

*Bsp.:* - Er ist kein Lehrer.
(= No es profesor.)

- Das Buch ist nicht interessant.
(= El libro no es interesante.)
- Wenn ich Hedwig nicht am Bahnhof abgeholt hätte...
(Text X 3).
(= Si no hubiera ido a recoger a Hedwig en la estación...)
- Er sieht keinen freien Weg.
(= No ve un camino libre.)

Hier kann man auch „no ve ***ningún*** camino libre" sagen. Dabei ist aber zu berücksichtigen, daß „ninguno" keine Pluralform hat.
Also: „Sie haben keine neuen Ideen." heißt nur „No tienen ideas nuevas.".

b) Im Sp. kann das entsprechende Nomen bei adversativen Gegenüberstellungen verneint werden, wenn der Gegensatz hervorgehoben werden soll.

*Bsp.:* La vio ***no*** en la estación, ***sino*** en el teatro.
(= No la vio en la estación, sino...)
(= Er sah sie nicht am Bahnhof, sondern im Theater.)

B. Für die Verneinung eines Wortes in der Funktion des Subjekts oder als alleinstehendes Substantiv verfügt *das Sp.* über weniger *Möglichkeiten* als das Dt.

a) Für „kein" in adjektivischer Funktion steht das sp. „ninguno".

*Bsp.:* Keiner meiner Freunde hat soviel Glück wie du.
(= Ningún amigo mío tiene tanta suerte como tú.)

Da „ninguno" keine Pluralform hat (s. I.8.1.A.a.) wird im Sp. die Singularform verwendet, auch wenn im Dt. der Plural steht.

*Bsp.:* - keine Freunde von mir (= ningún amigo mío)
- Keine Schwierigkeiten können ihn entmutigen.
(= Ninguna dificultad puede desanimarle.)

b) Manchmal entsprechen Kombinationen mit „kein + Substantiv" im Sp. feststehende Ausdrücke.

*Bsp.:* - kein Mensch (= nadie)
- Es ist noch keine 5 Minuten her, daß...
(= No hace ni cinco minutos que...)
- Im Exil, aber kein Haß (Text III 13).
(= En el exilio, pero sin odio.)

C. *Die mit „nicht" verneinten Adjektive und Adverbien* lassen sich im Sp. auch mit „no" verneinen.

*Bsp.:* - nicht alle : no todos
- nicht immer: no siempre

D. Problematisch ist es meist, im Sp. Entsprechungen für die vielen Substantive und Adjektive des Dt. zu finden, die durch *Vorsilben* oder Endungen verneint werden.

*Bsp.:* un- : ungastlich, die Unfreiheit
Miß-: Mißdeutung, Mißerfolg
-los: hilflos, sprachlos
etc.

Hier ist es nicht möglich, Regeln anzugeben. Es gibt zwei Übersetzungsmöglichkeiten:

a) Wenn vorhanden, dann kann man auf ein sp. Wort zurückgreifen, das gleichfalls mit einer *Negationsvorsilbe* versehen ist (des-/dis-, in- (im-, irr-), a-).

*Bsp.:* - inmisericorde: unbarmherzig
- desconocido : unbekannt
- disgustar : mißfallen
- imposible : unmöglich
- inútil : unnütz
- innumerable : unzählig (Text I 31)
- desconcertado:ratlos(Text III 30)
- atípico : atypisch
- inmoral : unmoralisch
- amoral : amoralisch
- irregular : unregelmäßig

b) Man kann auch versuchen, die Negation mit Hilfe von *Partikeln bzw. Wendungen* auszudrücken:

b1) Einige abstrakte Substantive lassen sich mit vorangestelltem „no" verneinen.

*Bsp.:* - el pacto de no agresión: der Nichtangriffspakt
- la no conformidad: die Nichtentsprechung

b2) Andere Möglichkeiten im Sp. sind: „la falta de“, „falto de“, „sin“, „poco“.

*Bsp.:* - die Unschärfe : la falta de lucidez
(Text III 29)
- die Unfreiheit: la falta de libertad
- unerfreulich : poco satisfactorio
- ungültig : sin valor

c) Wenn die dt. Negationsvorsilbe paradoxerweise eine besondere Verstärkung bedeutet, verwendet man im Sp. ein Adjektiv der Verstärkung.

*Bsp.:* eine Unmenge (vgl. Text I 10):
una enorme cantidad

## I.8.2. **Zur Negation mit verneinten Lexemen**

A. Im Dt. genügt es, negative Wörter oder Ausdrücke zu verwenden, um etwas zu verneinen, unabhängig davon, in welcher Satzstellung sich diese Lexeme befinden. Anders im Sp. Hier muß man sich als Regel einprägen, daß das Verb immer verneint werden muß, d.h., wenn die negativen Ausdrücke nicht vor dem Verb stehen, muß dieses mit dem Adverb „no“ eigens verneint werden.

*Bsp.:* - Nada quiero. Aber: No quiero nada.
(= Nichts will ich.) (= Ich will nichts.)
Vgl. Text VII 3
- Nadie viene. Aber: No viene nadie.
(= Niemand kommt.) (= Es kommt niemand.)
- Apenas llueve. Aber: No llueve apenas.
(= Es regnet kaum.)

Zu beachten ist, daß es im Sp. Wendungen gibt, die in sich bereits eine Negation enthalten, da sie grundsätzlich in verneinten Sätzen verwendet werden.

*Bsp.:* - ***En toda la noche*** he pegado ojo.
(= *No* he pegado ojo ***en toda la noche***.)
(= Ich habe die ganze Nacht ***kein*** Auge zugemacht.)
- ***En mi vida*** he visto algo parecido.
(= *No* he visto ***en mi vida*** algo parecido.)
(= *Nie* im Leben habe ich so etwas gesehen.)

B. Diese unbedingte Stellung der Verneinung vor dem Verb zieht u.a. folgende *Eigentümlichkeiten des Sp.* nach sich:

a) Die Wendung „ni siquiera" kann in der nachgestellten Position das „ni" verlieren:

*Bsp.*: - No ha llamado siquiera por teléfono.
(= Er hat nicht einmal angerufen.)

Aber: - El abrigo ni siquiera parecía manchado (Text VIII 34).
(= Der Mantel schien nicht einmal beschmutzt.)

Zu beachten ist, daß „siquiera" in nicht verneinten Sätzen *wenigstens* heißt:

*Bsp.*: - ¡Si ganara siquiera un buen sueldo!
(= Wenn er wenigstens gut verdienen würde!)
- Poned siquiera el tocadiscos más bajo.
(= Stellt wenigstens den Schallplattenspieler leiser.)

b) Wenn das Verb bereits verneint ist, kann „alguno" im negativen Sinne hinter dem Substantiv stehend als stärkere Negation verwendet werden.

*Bsp.*: - nadie sufre daño serio alguno...(Text V 8)
(= niemand nimmt ernsthaft Schaden...)
- No queremos respuesta alguna (Text IX 44).
(= Wir wollen gar keine Antwort.)

Der verstärkende Charakter ergibt sich aus der exponierten Stellung am Schluß des Satzes.
Diesem Phänomen begegnet man auch in Wendungen, in denen nur das Substantiv verneint wird.

*Bsp.*: - sin duda alguna: zweifelsohne (Text II 2)
- sin variación alguna: ohne jegliche Veränderung, unverändert.

C. Für die Übersetzung gelten darüber hinaus folgende Entsprechungen:

a) Die dt. affirmativen Indefinitpronomina

- einer
- jemand
- etwas

werden im Sp. durch
- ninguno
- nadie
- nada
wiedergegeben, wenn

a1) diesen Indefinitpronomina ein Komparativ in *rhetorischen Fragen* folgt;

*Bsp.:* - Gibt es *etwas* schöneres, als hier zu sitzen?
(= ¿Hay *nada* más bonito que estar sentado aquí?)
- Man hat ihm den Namen Manolo gegeben. Gibt es *einen* schöneren auf der Welt?
(= Le han dado el nombre de Manolo. ¿Cabe en el mundo *ninguno* más bonito?)

Aber: In *normalen* Fragen steht wiederum „algo“:

*Bsp.:* - (Im Geschäft): Haben Sie noch etwas schöneres?
(= (En la tienda): ¿Tiene Vd. algo más bonito?)
- Ich suche einen schönen Namen. Kennst du einen schöneren als den Namen Manolo?
(= Estoy buscando un nombre bonito. ¿Conoces uno más bonito que el nombre de Manolo?)

a2) oder diese Indefinitpronomina selbst Vergleichstermini sind;

*Bsp.:* Sie weiß das besser als sonst *jemand*.
(= Lo sabe mejor que *nadie*.)

a3) oder diesen Indefinitpronomina „sin“ oder „sin que“ vorgestellt wird.

*Bsp.:* - Es ist schwierig, ohne *irgendeinen* Freund zu leben.
(= Es difícil vivir sin *ningún* amigo.)
- Ich will nicht wegfahren, ohne daß es *jemand* weiß.
(= No quiero marcharme sin que *nadie* lo sepa.)

b) „jamás“

b1) Auch wenn etymologisch „jamás“ (= ya más!) und „nunca“ unterschiedliche Bedeutungen haben, werden sie in der Praxis gleichbedeutend verwendet.

- No lo he visto nunca/jamás. *bzw.* Nunca/jamás lo he visto.
(= Ich habe es nie gesehen.)

b2) Bei der Übersetzung vom dt. „je“ wird allerdings „jamás“ in seiner ursprünglichen Bedeutung benutzt.
*Bsp.:* Das ist das schönste, das ich *je* gesehen habe.
(= Esto es lo más bonito que *jamás* he visto.)

## I.9. **Das Verb**

### I.9.1. **Die Passivbildungen im Dt. und Sp.**

Analog zum Dt. müssen im Sp. grundsätzlich zwei Formen des Passivs unterschieden werden:

A. *Vorgangspassiv*

Durch diese Form wird ein Prozeß nicht-urheberbetont ausgedrückt. Im Dt. wird dafür die Struktur
*werden + Partizip*
benutzt. Soll der Urheber mit angegeben werden, so wird er durch die Präposition „von“ oder „durch“ eingeführt.
*Bsp.:* Maria wurde gestern von deinem Bruder gesehen.

Die sp. Struktur ist *ser + Partizip*, wobei Subjekt und Partizip in Geschlecht und Zahl übereinstimmen müssen. Soll der Urheber mit angegeben werden, so wird er durch die Präposition „por“ eingeführt.
*Bsp.:* - Marí*a* fue vist*a* ayer por tu hermano.
- Antoni*o* fue vist*o* ayer por María.

a) Anders als im Dt. ist bei dieser sp. Passivbildung darauf zu achten, daß sie bei perfektiven Verben (= augenblickliche Handlungen) nicht im presente oder pretérito imperfecto benutzt wird.

So werden die dt. Sätze
(1) Das Fenster wird von der Mutter geöffnet.
(2) Das Kind wurde von der Mutter geküßt.
im Sp. aktiv übersetzt:
(1) La madre abre la ventana.
(2) La madre besaba al niño.

In anderen Zeiten allerdings kann das Vorgangspassiv benutzt werden.
*Bsp.:* (1) La ventana ha sido (será, fue, etc.) abierta por la madre.
(2) El niño fue (ha sido, habrá sido, sería, etc.) besado por la madre.

b) Im Präsens und Imperfekt wird das Vorgangspassiv bei imperfektiven (= durativen) Verben verwendet und hat oft eine frequentative Bedeutung (= sich wiederholende Handlung).
*Bsp.:* - En ese restaurante, Manolo siempre era invitado a comer.
(= In diesem Restaurant wurde Manolo immer zum Essen eingeladen.)
- Esta noticia es comentada por todos.
(= Diese Nachricht wird von allen kommentiert.)

B. *Zustandspassiv*

a) Das Zustandspassiv drückt einen Zustand als Resultat eines Prozesses aus. Die dt. Struktur hierfür ist:
*sein + Partizip*
*Bsp.:* Der Neoklassizismus war am Ende des Jahrhunderts vollends erschöpft (Text VII 9).
Die entsprechende sp. Struktur ist
*estar + Partizip*,
wobei auch hier Subjekt und Partizip in Geschlecht und Zahl übereinstimmen müssen:
*Bsp.:* El Neoclasicismo, al final del siglo, estaba totalmente acabado.

b) Im Dt. und Sp. herrscht Übereinstimmung darin, daß das Zustandspassiv nicht in den zusammengesetzten Zeiten benutzt werden kann:
*Bsp.:* Die Häuser sind/waren vermietet *worden*.
(= Las casas han/habían *sido* alquiladas.)

C) *Semantische Unterschiede*

Die Passivbildung drückt also mit „ser" einen *Vorgang*, mit „estar" einen *Zustand* aus. (Zu der Unterscheidung von „ser"/„estar" mit Adjektiv: Charakterisierung/Zustand s. I.9.10.C.). Dieser Unterschied hat nicht selten Einfluß auf die Bedeutung.

*Bsp.*: - El vino *fue bebido* por todos los asistentes.
(= Der Wein wurde von allen Anwesenden getrunken.)
- Deja a Manolo tranquilo; esta noche *está bebido*.
(= Laß Manolo in Ruhe; heute Abend ist er betrunken.)
- El camión *ha sido cargado* con manzanas.
(= Der Lastwagen ist mit Äpfeln beladen worden.)
- El camión ya *está cargado*.
(= Der Lastwagen ist schon beladen.)

Aber auch:
- El ambiente *está* muy *cargado*.
(= Es herrscht dicke Luft.)
- El partido de fútbol *fue perdido* por el Real Madrid.
(= Das Fußballspiel wurde von Real Madrid verloren.)
- Como no llegue hoy la carta, *estoy perdido*.
(= Wenn der Brief heute nicht kommt, ist alles aus.)
- Los problemas *serán resueltos* por el nuevo gobierno.
(= Die Probleme werden von der neuen Regierung gelöst werden.)
- Los problemas ya *están resueltos*.
(= Die Probleme sind schon gelöst.)

Aber auch:
- *Estoy resuelto* a decirle hoy lo que pienso de él.
(= Ich bin entschlossen, ihm heute die Meinung zu sagen.)

I.9.2. **Die sp. „pasiva refleja"**

(Mit „pasiva refleja" wurden im 1. Teil folgende Stellen übersetzt: Text I 32; V 37; VI 25; VII 4.)

A. Eine Besonderheit des Sp., einen passiven Vorgang in der 3. Person auszudrücken, ist die „pasiva refleja". Diese grammatische Form ist eine Kombination aus Passiv und Rück-

beziehung. Sie wird im Sp. sehr häufig verwendet, da hier Aktivkonstruktionen stilistisch bevorzugt werden. Im Dt. findet sich hierfür keine direkte Entsprechung. Die „pasiva refleja" wird in den Fällen benutzt, in denen im Dt.
- das passive Subjekt keine Person ist,
- der Urheber der Handlung nicht angegeben wird:

*Bsp.:* Hier werden leckere Plätzchen verkauft.

Im Sp. sieht diese Konstruktion wie folgt aus:
- Reflexivpronomen (se)
- Das Verb steht in der aktiven Form.
- Das Verb stimmt in Person und Zahl mit dem passiven Subjekt überein:

Aquí se vend*en* past*as* muy ricas.

B. *„Pasiva refleja" als unpersönliches Passiv*

Da in der „pasiva refleja" der Urheber meistens nicht erwähnt wird, heißt diese Konstruktion auch „pasiva impersonal" (unpersönliches Passiv). Die entsprechende dt. Form ist das Syntagma „man" + 3. Pers. Sing.):

*Bsp.:* Hier verkauft man leckere Plätzchen.

Es ist für die Übersetzung ins Sp. wesentlich zu wissen, daß hier kein unpersönlicher Vorgang vorliegt, sondern eine passivische Satzkonstruktion. Die Übersetzung ist also als „pasiva refleja" zu formulieren:
- Aquí se venden pastas muy ricas.

Die dem Dt. ähnliche Wendung: „Aquí se vende pastas muy ricas." wird in Spanien abgelehnt, auch wenn sie in Südamerika zu hören ist.
Bei der Verwendung von Modalverben allerdings entstehen Schwankungen im Verständnis des Satzes als passiver Vorgang oder persönliche Konstruktion:

*Bsp.:* - Hier können sehr leckere Plätzchen gekauft werden.
(= Hier kann man sehr leckere Plätzchen kaufen.)
- Aquí se puede comprar pastas muy ricas.
- Aquí se pueden comprar pastas muy ricas.

Steht das passive Subjekt im Singular, dann läßt sich kein formaler Unterschied zur unpersönlichen Konstruktion feststellen:

*Bsp.:* In diesem Viertel wird eine moderne Wohnung vermietet.
(= Man vermietet eine Wohnung.)
(= En este barrio se alquila un piso moderno.)

C. Wie in I.9.2.A. erwähnt wurde, darf zur Verwendung der „pasiva refleja" das passive Subjekt keine Person sein. Der Grund hierfür ist, daß sonst eine Verwechselung mit der *Reflexivkonstruktion* möglich ist. So heißt der Satz „Antonio se alaba" „Antonio lobt sich (selbst)" und nicht „Antonio wird gelobt", was durch Vorgangspassiv („Antonio fue alabado") oder bei bestimmten Zeiten (vgl. 1.9.1.A.a.) aktiv („Se alaba a Antonio"/„Alababan a Antonio") zu übersetzen ist.
Um eventuelle Verwechselungen mit der Reflexivform zu vermeiden, wird - vor allem dem Anfänger - empfohlen, die Sätze in „pasiva refleja" mit dem Syntagma „se + Verb" beginnen zu lassen.

*Bsp.:* - Se hacen fotos al minuto.
(= Es werden Schnellphotos gemacht.)
- Se compra y vende todo tipo de metal.
(= An- und Verkauf jeder Art von Metall.)

Das soll natürlich nicht heißen, daß diese Satzordnung obligatorisch ist:

*Bsp.:* Estas expresiones ya no se dicen como sentencias (vgl. Text IV 10).
(= Diese Aussagen werden mitnichten plakativ vorgetragen.)

## I.9.3. **Die Modi**

Hinsichtlich der Modi soll im folgenden lediglich auf einige Aspekte eingegangen werden, die für die Übersetzung ins Spanische von besonderer Bedeutung sind.

### A. *Imperativ*

Es gibt nur wenige unregelmäßige Formen des Imperativs, und zwar nur in der 2. Person Singular. Es handelt sich hauptsächlich um:
hacer: haz
venir: ven
decir: di
ir : ve (vete: s. I.9.9.C.)
salir: sal
Neben den Imperativ-Formen, die mit subjuntivo gebildet werden (vgl. I.9.3.C.), gibt es eine Reihe von Imperativen, die zu Ausrufen erstarrt sind, etwa:
¡Anda! : Komm! (öster.: Geh!), im Sinne von: Ach was! o.ä.
¡Vamos!: Gehen wir!
¡Arrea!: Donnerwetter!
¡Atiza!: Meine Güte!

B. *Konditional*

a) Die sp. Grammatik behandelt den Konditional unter den Zeiten des Indikativs als *Futur der Annahme* (futuro hipotético) oder auch als *Futur der Vergangenheit.* Ursprünglich handelt es sich hierbei um die Verbalperiphrase: Infinitiv + Kontraktform von „había“, etwa lavar + había › lavar(h)ía › lavaría, die analog zum Futur gebildet wird (lavar + he = lavaré).

Die wichtigsten Funktionen des Konditional sind:

b) Futur der Vergangenheit:
Zum Ausdruck der Nachzeitigkeit von einer Zeit der Vergangenheit aus (vgl. II.2.2.B.):
*Bsp.:* Dijo que hoy llegaría tarde.
(= Er sagte, daß er heute spät käme.)

c) In selbständigen Sätzen oder in Nebensätzen als Ausdruck einer *Annahme*:
*Bsp.:* - Algo que podría interpretarse como aversión (vgl. Text IV 25).
(= Etwas, das man als Abneigung deuten könnte.)
- ¿Qué pasaría? Nada. ¿Qué habríamos sacado en limpio? Se sabría que el autor, al parecer, es cristiano (Text IX 20).
(= Was würde geschehen? Nichts. Was wäre gewonnen? Man wüßte: der Autor ist offenbar ein Christ.)
Vgl. Text V 16; X 19

d) Ausdruck der *Wahrscheinlichkeit in der Vergangenheit*:
*Bsp.:* Habría entrado en una vida distinta, como cuando uno sube por error a un tren distinto (Text X 5).
(= Ich wäre in ein anderes Leben eingestiegen, wie man aus Versehen in einen anderen Zug steigt.)

e) Ausdruck einer förmlichen *Höflichkeit*:
*Bsp.:* ¿Podría pasar un momento, señor director? Querría pedirle un favor.
(= Herr Direktor, könnte ich einen Augenblick hereinkommen? Ich möchte Sie um einen Gefallen bitten.)
Vgl. Text X 51

f) Tempus des Hauptsatzes im *irrealen Bedingungssatz* (s. auch II.5.4.D.c.):
*Bsp.:* Si tuviera dinero, me compraría un coche.
(= Wenn ich Geld hätte, würde ich mir einen Wagen kaufen.)

g)Bei den Verben *querer, deber, poder* kann die Konditional-Form (-ría) in den selbständigen Verwendungen (c, e) durch die -ra-Form des subjuntivo de imperfecto oder durch den indicativo imperfecto ersetzt werden.

*Bsp.:* - Con estas consideraciones no querría (oder *quisiera*, oder *quería*) dar la impresión de que... (Text V 1)
(= Ich möchte bei diesen Erörterungen nicht den Eindruck entstehen lassen...)
- Debería (*debiera*, *debía*) haber sido posible que hubieras hablado con ella.
(= Es hätte möglich sein müssen, daß du mit ihr gesprochen hättest.)
- ¿Podría (*pudiera* (selten), *podía*) pedirle un favor?
(= Könnte ich Sie um einen Gefallen bitten?)

C. *Subjuntivo in grammatisch selbständigen Sätzen*

a) Über den Modus subjuntivo in den verschiedenen Nebensätzen wird in Kapitel II zu sprechen sein. Es handelt sich beim subjuntivo nämlich um einen Modus der Subordination.
Wenn der Subjuntivo in grammatisch selbständigen Sätzen auftaucht, kann man davon ausgehen, daß eine Unterordnung mitgedacht wird. Im folgenden sollen diese unabhängigen Sätze im Hinblick auf den Gebrauch des Subjuntivo erörtert werden.

In groben Zügen werden zwei Arten von Subjuntivo unterschieden:
- *Subjuntivo potencial*, um Zweifel und Möglichkeit auszudrücken, und
- *Subjuntivo optativo* zum Ausdruck von notwendigen oder gewünschten Handlungen.

Um die Erlernung der wichtigsten selbständigen Konstruktionen im Subjuntivo zu erleichtern, seien folgende häufige Fälle herausgestellt:

b) Subjuntivo potencial

b1) Nach *Adverbien des Zweifelns* steht der Subjuntivo, wenn der Sprecher gerade den Zweifel vor Augen hat; soll aber die Wahrscheinlichkeit des Eintretens des Ereignisses hervorgehoben werden, dann folgt der Indikativ (meistens im Futur).

*Bsp.:* - Tal vez venga. (= *Vielleicht* kommt er.)
- Tal vez vendrá. (= Vielleicht ***kommt*** er.)

b1.1) Von seiner Bedeutung her drückt „quizá" eher den Zweifel aus als „seguramente"; daher läßt sich feststellen, daß nach „quizá" der subjuntivo häufiger steht als nach „seguramente":

*Bsp.:* - Quizá se pueda explicar así también su amargura (Text III 33).
(= Vielleicht erklärt sich auch von daher seine Verbitterung.)
Vgl. Text VII 21; IX 36; X 48
- Seguramente hará hoy mucho calor.
(= Wahrscheinlich wird es heute sehr heiß.)

b1.2) Nach „a lo mejor" folgt durchweg der Indikativ:

*Bsp.:* Hoy no ha venido Manolo. A lo mejor está enfermo.
(= Heute ist Manolo nicht gekommen. Vielleicht ist er krank.)

b1.3) Stehen die Adverbien des Zweifelns hinter dem Verb (im Sp. häufig durch Komma, in einschränkender Bedeutung, getrennt), dann stehen diese selbständigen Sätze im Indikativ:

*Bsp.:* - Iré, tal vez, la semana que viene.
(= Ich werde vielleicht nächste Woche gehen.)
- No tenía, seguramente, suficiente talento.
(= Er hatte wahrscheinlich nicht genügend Talent.)
- pero quien sea capaz de bordear los diferentes Escilas y Caríbides llegará quizá a sentir... (Text IV 48)
(= Wer aber die verschiedenen Szyllen und Charybdisse umschifft, vermag vielleicht...)

b2) Iterative Paarformeln

b2.1) *Iterative Paarformeln* mit restriktivem Charakter (im Dt. mit den Ausdrücken „was auch immer", „gleichviel was..." etc. eingeleitet). Vgl. dazu II.5.4.F.f.

*Bsp.:* - Pase lo que pase.
(= Gleichviel was folgt.) (Text IX 7)
- Diga lo que diga.
(= Mag er sagen, was er will.)
- Sea como sea...
(= Wie dem auch immer sei...)

b2.2) Diese Paarformeln können auch disjunktiv aufgebaut sein:

*Bsp.:* - Le guste o no le guste, tendrá que hacerlo.
(= Ob es ihm gefällt oder nicht, er wird es machen müssen.)

- Se quiera o no/quieras o no quieras. (Koll.: Der zweite Teil der Formel kann auch elidiert werden: Quieras que no.) (Text III 43)
(= Gewollt oder ungewollt.)

b2.3) Zu beachten ist, daß diese disjunktiven Paarformeln im Indikativ stehen, wenn
- der eine Teil Bedingung für den anderen ist:
*Bsp.:* O te callas o te echo de aquí.
(= Entweder bist du ruhig, oder ich schmeiße dich raus.)
- das ganze als Frage formuliert:
*Bsp.:* ¿Vienes o no vienes?
(= Kommst du mit oder nicht?)

b3) Manche *Ausdrücke des Einverständnisses*, die durch „como" oder „lo que" eingeleitet werden:
*Bsp.:* - Como tú digas. (= Wie du meinst.)
- Lo que quieras. (= Ganz wie du willst.)

b4) Einige *Formeln der Einschränkung*:
*Bsp.:* - Que yo sepa, no ha venido nadie.
(= Soweit ich weiß, ist niemand gekommen.)
- Que yo recuerde, no ha ocurrido hasta ahora nada igual.
(= Soweit ich mich erinnern kann, ist so etwas bisher nicht passiert.)

c) Subjuntivo optativo

c1) *Verneinte Befehle bzw. Verbote*:
*Bsp.:* - No digas nada. (= Sag nichts.)
- No pienses más en ello.
(= Mach dir keine Gedanken mehr darüber.)

c2) Ausrufe, die einen *Wunsch* ausdrücken:
*Bsp.:* - ¡Ojalá venga pronto!
(= Hoffentlich kommt er bald.)

- (Verwünschung) ¡Así te parta un rayo!
(= Der Teufel soll dich holen!)
- Mit „quien“ und subjuntivo de imperfecto:
¡Quién fuera rico!
(= Wäre ich doch reich!)
- ¡Quién lo hubiera sabido a tiempo!
(= Hätte ich das rechtzeitig gewußt!)

c3) Mit *„que“* als

c3.1) Wunsch:
*Bsp.:* ¡Que descanses!; ¡Que aproveche!
(= Gute Nacht!; Guten Appetit!)

c3.2) Befehl/Drohung:
*Bsp.:* ¡Que no te vuelva a ver por aquí!
(= Laß dich hier nicht mehr blicken!)

c3.3) Ärger/Überraschung:
*Bsp.:* ¡Que todavía no se haya decidido a comprarlo!
(= Nicht zu fassen! Er hat sich immer noch nicht entschieden, es zu kaufen.)

**c4) Formeln für Ausrufe von *Verwünschungen* und *guten Wünschen*:**
**Bsp.: - ¡Viva los novios!**
**(= Ein Hoch auf die Brautleute!)**
**- ¡Maldita sea!**
**(= Verdammt nochmal!)**
**- ¡Dios te oiga!**
**(= Dein Wort in Gottes Ohr!)**

c5) Manche Ausdrücke mit subjuntivo optativo sind zu *stereotypen Formeln* erstarrt:
*Bsp.:* - ¡Venga! (= Los!)
- ¡Vaya! (= Nanu!)

## I.9.4. **Die Zeiten**

### A. *Zeiten der Vergangenheit: Problematik*

a) Die Wahl der richtigen Zeit der Vergangenheit stellt eine große Schwierigkeit für die Übersetzung ins Sp. dar. Nur in intensiver Auseinandersetzung mit der sp. Sprache kann die Fähigkeit aufgebaut werden, die Zeiten intuitiv richtig zu verwenden. Kernproblem ist die Tatsache, daß im Sp. für die Vergangenheit mehr Zeiten zur Verfügung stehen als im Dt.: es besteht also keine Deckungsgleichheit. Zum anderen tendiert man im dt. Sprachgebrauch ohnehin zu einer Vereinfachung des Verbparadygmas (vgl. etwa das allmähliche Verschwinden des Plusquamperfekts in der gesprochenen Sprache), was zwangsläufig zu einer Abstumpfung des Zeit-Empfindens führt. Im folgenden seien nur einige Hinweise gegeben, die in das Thema einführen sollen.

b) Es sei bereits hier vermerkt, daß für den Gebrauch der Zeiten das Verständnis eines grundlegenden Unterschiedes wesentlich ist: Wenn im Dt. die „normale" Zeit der Vergangenheit (d.h. jene, die spontan verwendet wird, wenn man einen „historischen Sachverhalt" schildert) das Imperfekt ist, so ist das im sp. das indefinido, nicht das Imperfekt!

c) Die Entscheidung für die Wahl einer der Indikativzeiten der Vergangenheit ist nicht nur von der Bedeutung des Satzes her zu fällen, sondern ist vor allem eine Frage der *Perspektive* des Sprechers:

- Soll eine Handlung oder ein Ereignis der Vergangenheit *erzählt, mitgeteilt* bzw. darüber *berichtet* werden, dann gilt für den Sprecher meistens die „Indefinido-Perspektive".

- Wenn aber ein Sprecher eine Situation oder einen Zustand *schildert* oder *beschreibt,* dann gilt meistens die „Imperfecto-Perspektive".

Diese Sprecherperspektive muß in Auseinandersetzung mit dem Text erschlossen werden; meistens kann man unterscheiden, ob der Text insgesamt etwa aufeinanderfolgende Handlungen berichtet oder Zustände beschreibt; auch der Perspektivenwechsel läßt sich festmachen, zumal gewisse Ausdrücke semantisch eine bestimmte zeitliche Perspektive implizieren, etwa:

hace años - Ferne: eher indefinido

mientras - Dauer: eher imperfecto etc.

d) Gegenüber der verbreiteten und vereinfachten Überzeugung, wonach die Abgeschlossenheit einer Handlung automatisch zum indefinido führt, muß betont werden, daß sowohl imperfecto als auch indefinido (und in der Regel auch perfecto) Abgeschlossenes wiedergeben. Wichtig ist also nicht der wiedergegebene Sachverhalt an sich, sondern die Frage, ob das „Abgeschlossensein" wichtig, relevant ist (indefinido) oder nicht (imperfecto), ob das Abgeschlossene als solches (indefinido) oder unabhängig davon (imperfecto) geschildert wird. Alle folgenden Beispiele lassen sich unter diesem Gesichtspunkt erklären.
Als zusätzliche Hilfe werden im folgenden einige Verwendungsweisen aufgezeigt, die mit hoher Wahrscheinlichkeit eine der genannten Perspektiven bedingen.

B. *Indefinido*

a) Ein abgeschlossenes Ereignis wird erzählt.

*Bsp.:* Alphons Clenin encontró en la madrugada del tres de noviembre un mercedes azul (vgl. Text VIII 1).
(= Alphons Clenin fand am Morgen des dritten November einen blauen Mercedes.)

b) Werden Ereignisse geschildert, die *nacheinander* geschehen, (d. h.) das vorangegangene Ereignis ist jeweils abgeschlossen), so bedient man sich des indefinido.

*Bsp.:* Viví diecisiete años en Murcia, me trasladé luego a Madrid, donde permanecí doce meses, que se me hicieron eternos, y, finalmente, emigré a la Argentina.
(= Ich lebte siebzehn Jahre in Murcia, siedelte dann nach Madrid über, wo ich zwölf Monate, die mir ewig vorkamen, blieb und wanderte schließlich nach Argentinien aus.)

Man beachte, daß - entgegen häufiger Meinung - auch bei längerer Dauer ein indefinido geboten sein kann!

Der „Indefinido" in den beiden Relativsätzen („donde *permanecí* doce meses, que se me *hicieron* eternos") ist durch die Erzählperspektive des Sprechers bedingt: Das Verbleiben in Madrid während 12 Monate und die Tatsache, daß ihm dieser Zeitraum ewig vorkam, sind als weitere Erzählereignisse konzipiert. „Imperfecto" stünde dagegen in diesen Relativsätzen, wenn der Sprecher auf andere Einzelheiten zu sprechen käme, die mit den Ereignissen der biographischen Erzählung nichts zu tun hätten, so etwa:

*Bsp.:* Me trasladé luego a Madrid, donde se encontraba una de las universidades más importantes del país.
(= Ich siedelte dann nach Madrid über, wo sich eine der wichtigsten Universitäten des Landes befand.)

c) Diese Erzählperspektive von Ereignissen kann dem Indefinido eine gewisse *emotionale Distanz* zum Geschehnis verleihen: die nüchterne Betrachtung des Resultats steht im Vordergrund.

*Bsp.:* El tipo ese que vino a verme hace poco me dio la noticia.
(= Dieser Typ, der mich neulich besuchte, brachte mir die Nachricht.)

Will man die Distanz verringern, wird man sich des Perfekts bedienen. Man vergleiche den Unterschied zwischen:
La quise mucho.
und
La he querido mucho.
(Vgl. dazu I.9.4.D.b2)

d) Diese Erzählperspektive des indefinido kann aber auch geschilderten Vorgängen den *Charakter des Plötzlichen, Raschen* verleihen.

*Bsp.:* Vine, vi, vencí. (= Ich kam, sah und siegte.)

C. *Imperfecto*

a) Die Handlung der Vergangenheit wird in ihrem *Ablauf* geschildert:

*Bsp.:* - Este era el slogan hasta hace aún pocos años (Text IV 3).
(= So hieß es plakativ noch vor wenigen Jahren.)
- Los minutos transcurrían y el teléfono no sonaba.
(= Die Zeit verging, und das Telephon klingelte und klingelte nicht.)

Vgl. im Unterschied dazu:
- Los minutos transcurrían y el teléfono no sonó.

In diesem Fall ist die Handlung abgeschlossen (das Telephon kann nicht mehr klingeln), während im anderen Fall die Handlung noch verläuft, das Telephon also noch klingeln kann.

Die Perspektive ist eine andere: In beiden Fällen handelt es sich um Vergangenheit, also um Abgeschlossenes (von der Gegenwart aus gesehen); beim Indefinido wird es gleichsam ex post, beim Imperfekt von einem Standort innerhalb der laufenden Handlung geschildert.

b) Den wichtigen, für das Verständnis relevanten Tatsachen werden *Nebenumstände* im Imperfecto angehängt:

*Bsp.:* Manolo llegó a casa cuando hacía un sol espléndido, abrió la puerta, que era de madera de pino, con un movimiento rápido y entró, mientras silbaba una melodía rusa, en el vestíbulo.
(= Manolo kam nach Hause, als die Sonne herrlich schien, öffnete mit einer raschen Bewegung die Tür, die aus Tannenholz war, und trat in den Flur, während er eine russische Melodie pfiff.)

Man kann diesen Text auch wie folgt übersetzen:
Bei herrlichem Sonnenschein kam Manolo nach Hause, öffnete mit einer raschen Bewegung die aus Tannenholz gefertigte Tür und trat, ein russisches Lied pfeifend, in den Flur.

Die im Sp. durch imperfecto ausgedrückten Nebenumstände wurden hier im Dt. nicht durch ein Vollverb übersetzt. Hieraus wird ersichtlich, daß diese Nebenumstände nicht zur Haupthandlung gehören.
Vgl. Text VIII 46

Zeitlich gleichrangige Handlungen stehen in derselben Zeit; ändert sich das Zeitverhältnis, ändert sich auch die Zeit. Das gilt für die hier beschriebenen Nebenumstände, für die nachfolgend angesprochene Rahmenhandlung u.ä.m.

c) Die *Rahmenhandlung* für die zu erzählenden Ereignisse (indefinido) wird grundsätzlich im Imperfecto geschildert:

*Bsp.:* - Hacía muy buen tiempo cuando salimos de casa.
(= Es herrschte sehr schönes Wetter, als wir das Haus verließen.)
- Había mucha niebla cuando, sin embargo, volvió sobre sus pasos y se acercó al automóvil (Vgl. Text VIII 6).
(= Es herrschte Nebel, als er doch wieder zurückkehrte.)

- Ich gab ihr Vaters Brief, und sie las ihn, während ich Kaffee eingoß und mir ein Brot zurechtmachte (Text X 24).
(= Le di la carta del padre y ella la leyó mientras yo me servía el café y me preparaba una rebanada de pan.)

d) Einen Sonderfall bilden die *Verben der Wahrnehmung*: das Wahrgenommene steht oft im Imperfekt:

*Bsp.*: Oyó que Antonio llegaba y poco después vio que entraba en casa sin saludar.
(= Er hörte, daß Antonio kam, und kurz darauf sah er, daß dieser das Haus betrat, ohne zu grüßen.)

e) Wenn man die *Wiederholung* einer zeitlich abgesteckten Handlung (Temporalsatz) in den Vordergrund stellen will - iterative oder frequentative Aktionsart -, dann stehen im Sp. die Temporalsätze im Präsens für die Wiederholung in der Gegenwart und im Imperfekt für die Wiederholung in der Vergangenheit.

*Bsp.*: - Y cuando lo caracterizaba, se estaba caracterizando a sí mismo (Text III 14).
(= Und wenn er ihn charakterisierte, charakterisierte er sich selbst.)
- Mientras conduce/conducía, le gusta/gustaba oír la radio.
(= Während er fährt/fuhr, hört/hörte er gerne Radio.)
- En cuanto sale/salía a la calle, se pone/se ponía el sombrero.
(= Sobald er auf die Straße geht/ging, setzt/setzte er sich den Hut auf.)

Das Gegenbeispiel:

- En cuanto salió a la calle...

macht deutlich, daß der unterschiedliche Tempus einen semantischen Wandel nach sich zieht. Hier handelt es sich um ein einmaliges Ereignis, mit Imperfecto jedoch um eine Gewohnheit.

D. *Perfekt*

Das dt. und sp. Perfekt des Indikativs sind funktional nicht deckungsgleich.

a) Im Dt. wird mit dem Perfekt ein allgemeiner Vollzug bezeichnet; es ist verträglich mit Zeitangaben zur Verwendung in Vergangenheit, Gegenwart und Zukunft:

I.9.4.D.

a1) Vergangenheitsbedeutung:

*Bsp.:* Einiges haben wir gestern doch verstanden.
(= Pues algo sí que comprendimos ayer.)

a2) Gegenwartsbedeutung:

*Bsp.:* Jetzt haben wir Mut gefaßt.
(= Ahora nos hemos armado de valor.)

a3) Zukunftsbedeutung:

*Bsp.:* Bald haben wir die Aufgabe gelöst.
(= Pronto habremos terminado esta tarea.)

b) Abgesehen von regionalen Varianten, die hier nicht berücksichtigt werden können, läßt sich im Sp. der Gebrauch des Perfekts wie folgt zusammenfassen:

b1) Das Perfekt steht, wenn eine vergangene Handlung dem Sprecher im Augenblick der Aussage gegenwärtig ist.
*Bsp.:* Esta experiencia la he hecho el año pasado en las vacaciones.
(= Diese Erfahrung habe ich letztes Jahr in den Ferien gemacht.)

b2) Manchmal ist dieser Gegenwartscharakter des sp. Perfekts psychologisch begründet, um die durch das Indefinido ausgedrückte Distanz zu vermindern (vgl. I.9.4.B.c.).
*Bsp.:* - Mi padre ha muerto hace tres años.
(= Mein Vater starb vor drei Jahren.)

*Aber:* - He oído que el marido de su vecina murió la semana pasada.
(= Ich habe gehört, daß der Mann seiner Nachbarin vergangene Woche gestorben ist.)

b3) Mit dem Perfekt drückt man im Sp. Handlungen in einem Zeitraum aus, der noch nicht abgeschlossen ist:
*Bsp.:* Luego he pensado muchas veces cómo habría sido todo si... (Text X 1)
(= Später dachte ich oft darüber nach, wie alles gekommen wäre, wenn...)

Dieser Satz wird unabhängig vom Zeitraum ausgesprochen. Der Vorgang kann sich weiterhin beliebig wiederholen.

*Anders:* - Ayer perdí mi cartera.
(= Gestern habe ich meine Brieftasche verloren.)

Die Handlung kann sich in diesem Zeitraum nicht mehr wiederholen.

Weitere Beispiele:

- Die Literatur wurde von den Mächtigen überschätzt, weil sie sich von jeher an den einzelnen wandte und ihm einen Dialog vorschlug (Vgl. Text V 40).
(= La literatura ha sido sobrevalorada por las poderosos, ya que se ha dirigido desde siempre a cada individuo en particular y le ha propuesto un diálogo.)
- Yo he vivido siempre en Costa Rica.
(= Ich habe immer in Costa Rica gelebt (und lebe hier weiterhin).)

b4) Es kommt also nicht darauf an, ob die eigentliche Handlung abgeschlossen ist oder nicht (sie ist abgeschlossen), sondern darauf, ob der Zeitraum der Handlung mit dem jetzigen als eins empfunden wird.

*Bsp.:* Esta mañana ha llegado la abuelita.
(= Heute morgen ist Omi gekommen.)
(Die Ankunft ist bereits vollzogen; der Zeitraum - heute - umfaßt jedoch auch noch den Moment der Aussage.)

Diese Regel gilt unabhängig von der Länge des Zeitraumes.

*Bsp.:* En este siglo ha habido muchas guerras.
(= In diesem Jahrhundert gab es/hat es...gegeben viele Kriege.)

b5) Das sp. Perfekt ist auch der Ausdruck für die unmittelbare Vergangenheit.

*Bsp.:* (Nach einer Rede) : - He dicho. (veraltet)
(Nach einer Sitzung): - Hemos decidido comprar más acciones.
(= Wir haben soeben beschlossen, mehr Aktien zu kaufen.)

E. *Futur*

a) Anders als im Dt. wird im Sp. die Futurform bevorzugt, wenn eine zukünftige Handlung beschrieben werden soll. Im Dt. wird hier meist statt des Futurs das Präsens verwendet, da in der Regel eine entsprechende zeitadverbiale Bestimmung bzw. der Kontext die zeitliche Einordnung sicherstellt. So werden zum Beispiel die dt. Sätze

- Nächste Woche sage ich es ihr.
- Die nächsten Olympischen Spiele finden in Spanien statt.

am besten durch sp. Futurformen übersetzt:

- La semana que viene se lo *diré*.
Vgl. Text VII 14

Bei Angaben der nahen Zukunft hört man in der sp. Umgangssprache allerdings auch Präsens:

- La semana que viene se lo digo.
(= Nächste Woche sage ich es ihm.)
- Mañana no voy a la oficina.
(= Morgen gehe ich nicht ins Büro.)

Das zweite Beispiel muß aber auf jeden Fall im Futur stehen:

- Los próximos Juegos Olímpicos tendrán lugar en España.

b) Dem Eventualcharakter zukünftiger Handlungen tragen auch die folgenden Verwendungen des sp. Futurs Rechnung:

b1) Als Befehl/Aufforderung:

*Bsp.:* Será amable e invitará a la chica a comer (Text X 28).
(= Sie werden so nett sein und das Mädchen zum Essen einladen.)

b2) Als Verbot reduziert sich sein Gebrauch praktisch auf die Formeln der Zehn Gebote:

*Bsp.:* No matarás, no hurtarás, no mentirás, etc.
(= Du sollst nicht töten, du sollst nicht stehlen, du sollst nicht lügen etc.)

b3) Als Ausdruck der Wahrscheinlichkeit in der Gegenwart:

*Bsp.:* (Unterwegs zum Kino): Seguramente habrá mucha gente esperando en la cola.
(= Wahrscheinlich stehen viele Leute Schlange.)

b4) Als Ausdruck der Überraschung:

*Bsp.:* ¡Qué sinvergüenza! ¿Y se atreverá Vd. a negarlo?
(= Unverschämt! Und Sie erdreisten sich noch, es zu leugnen?)

b5) Als Einschränkung (vor allem Futur II):

*Bsp.:* Habrá cometido una tontería, pero es una buena persona.
(= Er mag eine Dummheit begangen haben, aber er ist ein prima Kerl.)

## I.9.5. Die Nominalformen des Verbs

### A. *Infinitiv*

a) Als „Nennform" des Verbs hat der Infinitiv überwiegend substantivischen Charakter. Durch Voranstellen des Artikels kann diese Tendenz zum Abschluß gebracht werden, wodurch im Dt. der substantivierte Infinitiv seinen verbalen Charakter weitgehend verliert. Dies zeigt sich darin, daß er nunmehr adjektivisch ergänzt wird.

*Bsp.:* Das ***gründliche*** (Adjektiv!) Studieren ***der Grammatik*** (nominales Attribut) ist wichtig.

Nur in wenigen Fällen behält der substantivierte Infinitiv sein verbales Objekt, das jetzt aber als Element einer Zusammensetzung erscheint:

*Bsp.:* - das *Holz*sägen
- das *Bücher*schreiben

Dagegen hat der substantivierte Infinitiv im Sp. nominalen und verbalen Charakter zugleich und kann - als Verb - durch Adverbien bzw. direkte oder indirekte Objekte ergänzt werden.

*Bsp.:* El estudiar ***a fondo*** (adverbialer Ausdruck) ***la gramática*** (direktes Objekt) es importante.

Aufgrund dieses doppelten - nominalen und verbalen - Charakters kann der sp. Infinitiv folgende Funktionen ausüben:

b) Subjekt und Nominalprädikat

*Bsp.:* Dies nicht zu sehen führt sogar zu einer Abwertung der Toleranz (Text III 49).
(= (El) no tener esto claro lleva incluso a una devaluación de la tolerancia.)

Vor dem Infinitiv als Subjekt eines Satzes kann der Artikel „el" stehen oder nicht. Man findet häufig den Artikel, wenn der Infinitiv an erster Stelle im Satz steht (vgl. II. 5. 2. C. b1.):

*Bsp.:* Esto es abusar de la amistad.
(= Das heißt die Freundschaft mißbrauchen.)

*Aber:* - El abusar de la amistad es algo degradante.
(= Die Freundschaft mißbrauchen ist etwas Entwürdigendes.)

Merke den Ausdruck: - Esto es coser y cantar.
(= Das ist kinderleicht.)

c) *Objekt*

c1) Direktes Objekt

*Bsp.:* Creo poder solucionarlo.
(= Ich glaube, es lösen zu können.)

Nach Verben der Sinneswahrnehmung, des Veranlassens, des Verbietens und des Zulassens (ver, oír etc.; hacer, ordenar etc.; prohibir, dejar etc.) kann - nach lateinischem Muster - das Subjekt des Infinitivs mit dem *Objekt* des Hauptverbs zusammenfallen. Was die Stellung der Satzelemente betrifft, so ist festzuhalten, daß dieses „Objekt-Subjekt", wenn sonst keine weiteren Ergänzungen vorhanden sind, meist dem Infinitiv folgt, da im Sp. - anders als im Dt. - die Nebensätze nicht mit dem Verb enden (vgl. dazu II.1.4.):

*Bsp.:* - Veo trabajar a mi padre.
(= Ich sehe meinen Vater arbeiten.)
- Te prohibo hacerlo.
(= Ich verbiete dir, es zu tun.)

Das „Objekt-Subjekt" steht dem Infinitiv voran, wenn weitere Ergänzungen vorgenommen werden:

*Bsp.:* Veo a mi padre trabajar en el jardín.
(= Ich sehe meinen Vater im Garten arbeiten.)

c2) Präpositionales Objekt

Ein Infinitiv kann auch als Ergänzung von Verben, Adjektiven und Substantiven dienen, die eine eigene Rektion haben. Er folgt dann auf die entsprechende Präposition. Zwischen dem Sp. und dem Dt. besteht hier ein wesentlicher Unterschied, da im Dt. immer nur die Präposition „zu" verwendet wird.

*Bsp.:* - Me alegro de verte.
(= Ich freue mich, dich zu sehen.)
- Tardó en contestarme.
(= Er ließ sich Zeit, mir zu antworten.)
- Estoy harto de leerlo todos los días.
(= Ich habe es satt, es jeden Tag zu lesen.)

Nach Substantiven folgt im Sp. meistens die Präposition „de", da es sich in der Regel um Definitionsergänzungen handelt (vgl. I.6.5.A.b.).

*Bsp.:* - Tengo ganas de divertirme.
(= Ich habe Lust, mich zu amüsieren.)
- Haz el favor de traerme ese libro.
(= Bring mir bitte dieses Buch.)
- ¿Quién tuvo la idea de comprar esto?
(= Wer kam eigentlich auf die Idee, das zu kaufen?)

Zur Ergänzung des Substantivs mittels anderer Präpositionen s. I.6.5.B.a.

d) Verkürzung von adverbialen Nebensätzen

Im Sp. gibt es zahlreichere Möglichkeiten als im Dt., adverbiale Nebensätze durch präpositionale Ausdrücke mit Infinitiv zu verkürzen. Meistens haben dann das Hauptverb und der Infinitiv dasselbe Subjekt. Ist das nicht der Fall, dann steht das Subjekt des Infinitivs immer hinter diesem. Die häufigsten Infinitivkonstruktionen dieser Art sind:

d1) *Temporaler Nebensatz*

d1.1) *Gleichzeitigkeit* (AL + Inf.)
Al llegar el jefe, todos comenzaron a trabajar.
(= Als der Chef ankam, begannen alle zu arbeiten.)

d1.2) *Vorzeitigkeit* (ANTES DE + Inf.)
- Antes de conocer a Hedwig, la vida me parecía perfectamente aceptable (vgl. Text X 11).
(= Bevor ich Hedwig kennenlernte, erschien mir das Leben ganz annehmbar.)

d1.3.) *Nachzeitigkeit* (DESPUES DE + Inf.)
Abandoné los estudios después de tener que repetir por segunda vez el cuarto curso (Vgl. Text X 45).
(= Nachdem ich zum zweiten Mal in der vierten Klasse sitzengeblieben war, verließ ich die Schule.)

d1.4.) *Ende der Handlung* (HASTA + Inf.)
Me quedaré en casa hasta terminar este trabajo.
(= Ich bleibe zu Hause, bis ich diese Arbeit fertig habe.)

d2) *Kausaler Nebensatz* (Al + Inf./POR + Inf.)
- El turno de riego se altera, por ejemplo, al tomar agua el día que no corresponde (Text II 29).
(= Die Reihenfolge wird zum Beispiel dadurch gestört, daß man Wasser an einem Tag entnimmt, an dem man nicht an der Reihe ist.)
- Por ser hoy mi cumpleaños, me fumaré un buen puro.
(= Da ich heute Geburtstag habe, rauche ich eine gute Zigarre.)

d3) *Finaler Nebensatz* (PARA + Inf./POR + Inf.)
- Vengo hoy para despedirme de ustedes.
(= Ich komme heute, um mich von Ihnen zu verabschieden.)
- Fue a los toros sólo por dar gusto a su marido. (Beweggrund!)
(= Sie ging zum Stierkampf, nur um ihrem Mann einen Gefallen zu tun.) (Vgl. dazu I.6.2.B.a.)

d4) *Konzessiver Nebensatz* (CON + Inf./A PESAR DE + Inf.)
- Con llorar no arreglas nada.
(= Du kannst weinen, soviel du willst, damit löst du gar nichts.)
- A pesar de llegar tan tarde, pudo hablar con ellos.
(= Obwohl er so spät kam, konnte er mit ihnen sprechen.)

d5) *Konditionaler Nebensatz* (DE + Inf.)
- De ser verdad lo que dices, tenemos que irnos enseguida.
(= Wenn es wahr ist, was du sagst, müssen wir sofort aufbrechen.)

d6) *Modaler Nebensatz* (SIN + Inf.)

- Otro motivo para una demanda se da al tomar agua sin haber solicitado siquiera un puesto en el orden establecido (Text II 32).
(= Ein weiterer Grund zur Klage liegt vor, wenn jemand Wasser entnimmt, ohne überhaupt einen Platz in der Reihenfolge beantragt zu haben.)

- no aceptar compromisos, sin sentirse por ello dispensadas de la liberalidad (vgl. Text III 48)
(= keine Kompromisse schließen, ohne sich dadurch von der Liberalität entbunden zu fühlen)

d7) Jeder der angegebenen Infinitivsätze ist naturgemäß nicht auf eine einzige adverbiale Bedeutung fixiert. Erst im gegebenen Kontext ist zu erkennen, welcher Sinn jeweils überwiegt. Manchmal bleibt dies aber auch offen oder umfaßt zugleich mehrere Möglichkeiten.

*Bsp.:* - Otro motivo para una demanda se da al tomar agua sin haber solicitado siquiera un puesto en el orden establecido (Text II 31).
(= Ein weiterer Grund zu einer Klage liegt vor, wenn/weil jemand Wasser entnimmt, ohne überhaupt einen Platz in der Reihenfolge beantragt zu haben.)
- Al elevar la tolerancia al valor supremo, se llega a una variante de la intolerancia (vgl. Text III 42).
(= Indem/wenn die Toleranz zum höchsten Wert erhoben wird, führt dies zu einer Spielart der Intoleranz.)
Der Satz hat zugleich einen modalen und einen temporalen Sinn.

B. *Gerundio*

a) Durch das Gerundio lassen sich im Sp. textuelle Verknüpfungen schaffen (illative Funktion) sowie adverbiale Nebensätze verkürzen. Darüber hinaus kann das Gerundio eine Reihe von Ergänzungsfunktionen übernehmen.

b) Illative Funktion
Im Dt. verwendet man zur Verknüpfung gleichrangiger Sätze u. a. die Partikeln: „und", „und so", „somit", „dadurch", „also" etc.; diesen stehen im Sp. die „partículas ilativas" „con lo que", „por eso", „así", „pues" etc. oder das Gerundio (manchmal durch „así" verstärkt) gegenüber.

*Bsp.:* - El aeropuerto de Madrid es de gran tráfico, haciendo (así) de esta ciudad un centro de comunicaciones importante.
(= Der Madrider Flughafen hat einen regen Verkehr und verleiht dieser Stadt den Status eines wichtigen Verbindungszentrums.)
- España es hoy uno de los países que editan el mayor número de libros por año, conservándose así la tradición (Text I 19).
(= Spanien gehört heute zu den Ländern, die die meisten Bücher pro Jahr hervorbringen. Die Tradition ist beibehalten worden.)
- Partiendo, pues, de esta base, se pueden, por lo menos, entrever las posibilidades de una interacción (Text V 18).
(= Von da aus lassen sich nämlich die Möglichkeiten einer Gemeinsamkeit zumindest ahnen.)

c) Verkürzung von adverbialen Nebensätzen

c1) Das *Gerundio* vertritt in dieser adverbialen Funktion einen kausalen, modalen, temporalen, konditionalen oder konzessiven Nebensatz. Diese „Gerundio-Sätze“ können ein eigenes Subjekt haben, das immer dem Gerundio nachgestellt ist. Ist kein eigenes Subjekt angegeben, so ist dieses mit demjenigen des Hauptsatzes, seltener mit dessen Objekt identisch.
Im heutigen Sprachgebrauch sind allerdings diese „Gerundio-Konstruktionen“ nicht immer möglich.

c1.1) *Kausal*

Pensando en los posibles riesgos no hizo aquella inversión.
(= Da er an die möglichen Risiken dachte,tätigte er jene Investition nicht.)

*Aber:* No puedo ir al teatro con vosotros porque tengo que estudiar.
(= Ich kann nicht mit euch ins Theater gehen, weil ich lernen muß.)

c1.2) *Modal*

- Madariaga intenta dominarlo (el peligro) a su manera queriendo hacer valer los puntos de vista de los demás (Text III 26).
(= Madariaga versucht, sie (die Gefahr) auf seine Weise zu meistern, indem er die persönlichen Gesichtspunkte anderer gelten lassen will.)

Diese adverbiale Bestimmung der Art und Weise ist die häufigste und bekannteste Funktion des Gerundio. Sie entspricht im Dt. häufig einem Partizip Präsens oder einer adverbialen Wendung:

*Bsp.:* Lo dijo sonriendo.
(= Er sagte es lächelnd/mit einem Lächeln.)

c1.3) *Temporal der Vorzeitigkeit* (mit „Gerundio compuesto“)
Habiendo entrado el jefe, todos se pusieron a trabajar.
(= Als der Chef eingetreten war, begannen alle zu arbeiten.)

c1.4) *Konditional*
Estando tú en casa, no tengo miedo a las tormentas.
(= Wenn du zu Hause bist, habe ich keine Angst vor Gewittern.)

c1.5) *Konzessiv* (meistens unter Hinzuziehung von „aun“)
Aun haciendo tanto frío, prefiero no quedarme en casa.
(= Obwohl es so kalt ist, ziehe ich es vor, nicht zu Hause zu bleiben.)

c2) Der Typ des jeweils vertretenen Nebensatzes wird vom Kontext bestimmt, denn die Gerundio-Form ist ja stets die gleiche. Es ist daher verständlich, daß keine klaren Grenzen zwischen den verschiedenen logischen Kategorien zu ziehen sind. Oft gehen sogar illative und adverbiale Funktionen fließend ineinander über.

*Bsp.:* - Ich frühstückte, wusch mich und dachte an Mullers Tochter (Text X 32).
(= Yo desayuné y me lavé pensando en la hija de Muller.)

- „Por supuesto que irá“ - dijo poniendo la carta en la bandeja (Text X 27).
(= „Natürlich“, sagte sie, „werden Sie hingehen“, und legte den Brief aufs Tablett.)

c3) Die kausale, konditionale und konzessive Verwendung des gerundio gehört heute weitgehend dem literarischen Register an. Die temporale und die modale Funktion sind heute im gesprochenen Sp. die üblicheren Verwendungsweisen. Zur Unterscheidung beider Funktionen hilft oft die Stellung des gerundio.

- Vor dem Hauptverb: Häufiger zeitlich (unmittelbare Vorzeitigkeit; Vorzeitigkeit überhaupt: „gerundio compuesto“, s. c1.3.):

*Bsp.:* Despidiéndose amablemente salió del despacho.
(= Nach einem freundlichen Gruß verließ er das Büro.)

- Nach dem Hauptverb: Häufiger modal:

*Bsp.:* Salió del despacho despidiéndose amablemente.
(= Er verließ das Büro mit einem freundlichen Gruß.)

I.9.5.B.

Das soll allerdings nicht heißen, daß jede Voranstellung des Gerundio eine unmittelbare Vorzeitigkeit bezeichnet:

*Bsp.:* Paseando por el campo repasaba el vocabulario.
(= Beim Spazieren durch die Natur wiederholte er die Vokabeln.)

Hier wird mit dem Gerundio-Satz Gleichzeitigkeit ausgedrückt.

c4) Das gerundio ist - als grammatische Kategorie - ein Adverb; deswegen kann es sich nie auf ein Substantiv, sondern nur direkt auf ein Verb beziehen. (Bsp.: „Lo dice sonriendo."), es sei denn, es steht, wie in c1.1 - c1.5 dargestellt, für einen adverbialen Nebensatz. So in der Aussage:
- „Las computadoras, resolviendo rápidamente muchos problemas, ayudan al progreso técnico."
(= Die Computer tragen, da sie viele Probleme schnell lösen, zum technischen Fortschritt bei.)

Hier ist der Gebrauch des *Kommas* nach dem Substantiv ein deutliches Zeichen dafür, daß der Gerundio-Satz selbständig ist und die Funktion eines - hier - kausalen Nebensatzes ausübt.

Bei direktem Bezug auf ein Substantiv muß ein Relativsatz verwendet werden:

*Bsp.:* Tengo una computadora *que resuelve* rápidamente muchos problemas. (Hier wäre „resolviendo" falsch!)

Steht nach dem Substantiv kein Komma, so ist das Gerundio zulässig, wenn es einen Vorgang zum Ausdruck bringt, d.h., wenn auf jeden Fall klar ist, daß es sich nicht um eine nominale Ergänzung eines Substantivs handelt. Vgl. dazu I.9.7.C.a.:

*Bsp.:* La novela es ante todo un objeto histórico funcionando en un contexto.
(= Der Roman ist vor allem ein historischer Gegenstand, der in einem Kontext wirkt.)

d1) Nach Verben der *Wahrnehmung* („ver" und „oír" hauptsächlich) kann das Gerundio den Infinitiv ersetzen (s. I.9.5.A.c1.), wenn es von der Bedeutung her angebracht erscheint, den Verlauf der Handlung in den Vordergrund zu stellen.

*Bsp.:* Veo a mi padre trabajando en el jardín.

Wenn allerdings der Sprecher weniger den Prozeßcharakter der Handlung als diese selbst (hier: das Arbeiten) ausdrücken will, dann steht der Infinitiv; dies ist häufiger der Fall, wenn das Hauptverb in der Vergangenheit steht.

*Bsp.:* Ayer vi a tu padre trabajar en el jardín.

d2) Mit *„dejar“* (in der Bedeutung von „zurücklassen“, „hinterlassen“) wird im Sp. oft eine Wendung benutzt, in der das Objekt von „dejar“ Subjekt des Gerundio ist.

*Bsp.:* Le he dejado en casa viendo la televisión.
(= Ich ließ ihn zu Hause zurück, wo er fernsah.)

C. *Partizip*

a) Als Tochtersprache des Latein weist das Sp. grammatische Erscheinungen auf, die sich an das antike Vorbild anlehnen. In diesem Zusammenhang sei besonders auf die beiden folgenden Konstruktionsprinzipien hingewiesen:
- Das Partizip in selbständiger Stellung (lat.: ablativus absolutus)
- Das Partizip in verbundener Stellung (lat.: participium coniunctum).

b) *Partizip in selbständiger Stellung* (Participio en frase absoluta)

b1) Das participio en frase absoluta ist morphologisch nicht mit dem übergeordneten Satz verknüpft, in den es sich jedoch in der Funktion eines adverbialen Nebensatzes einfügt. Es vertritt hierbei in der Regel einen temporalen Nebensatz.

*Bsp.:* Vencido el plazo, pagamos la factura.
(= Als die Frist ablief, bezahlten wir die Rechnung.)

b2) Dieser temporale Aspekt wird gelegentlich durch adverbiale oder präpositionale Zusätze verstärkt:

*Bsp.:* - Después de/Una vez terminada la reunión, todos volvieron a la oficina.
(= Nach Beendigung der Sitzung kehrten alle ins Büro zurück.)

- Hasta finalizado el primer acto, nadie puede abandonar la sala.
(= Bevor nicht der erste Akt beendet ist, kann niemand den Saal verlassen.)
- Antes de pagada la factura, no les podemos remitir el recibo.
(= Solange die Rechnung nicht bezahlt ist, können wir Ihnen die Quittung nicht aushändigen.)

b3) Gelegentlich, insbesondere wenn es durch „si bien" verstärkt ist, bringt das participio en frase absoluta auch einen konzessiven Nebensinn zum Ausdruck:

*Bsp.:* La empresa, si bien agotados todos los recursos, siguió funcionando durante todo un año.
(= Wenngleich alle Mittel erschöpft waren, lief das Unternehmen noch ein ganzes Jahr weiter.)

b4) Auch ein modaler Nebensinn kann bisweilen durchscheinen:

*Bsp.:* Se presentó, ajustada la corbata, ante el jefe de departamento.
(= Mit (sorgfältig) zurechtgerückter Krawatte wurde er beim Abteilungsleiter vorstellig.)

b5) Manche participios en construcción absoluta haben sich zu einem präpositionalen Ausdruck fixiert:

Merke: - debido a algo: aufgrund von, wegen etwas
- excepto algo : außer etwas
- incluso algo : sogar etwas
- salvo algo : außer etwas

c) *Partizip in verbundener Stellung* (Participio en construcción conjunta)

c1) Das participio en construcción conjunta steht für einen Relativsatz und hat damit attributive oder prädikative Funktion. Wie ein Adjektiv nimmt es Zahl und Geschlecht des Substantivs an, auf das es sich bezieht.

*Bsp.:* - las hojas caídas (= las hojas que han caído).
(= die gefallenen Blätter)

- el primer libro impreso en España (Text I 1)
(= das erste Buch, das in Spanien gedruckt wurde)

c2) Die syntaktische Verwandtschaft des participio conjunto mit dem Relativsatz tritt auch dadurch zutage, daß es wie dieser in einer *función explicativa* und einer *función especificativa* verwendet werden kann (s. II.5.3.B.).

c2.1) *Participio explicativo (durch Komma/Pause abgetrennt)*

Se desarrolló la industria textil, necesitada de detergentes y colorantes.
(= Es entwickelte sich die Textilindustrie, die Reinigungsmittel und Farbstoffe benötigte.)

c2.2) *Participio especificativo (ohne Komma/Pause)*

Las industrias químicas medianas proporcionan los materiales extraídos por procesos químicos.
(= Die mittlere chemische Industrie stellt mit chemischen Verfahren gewonnene Stoffe bereit.)

c3) In der dt. Übersetzung wird man für das participio explicativo in der Regel einen Relativsatz verwenden, während das participio especificativo meist durch eine geschlossene Konstruktion (in unserem Beispiel. ... die mit chemischen Verfahren gewonnenen Stoffe...) wiedergegeben wird.

c4) Bei der Übersetzung ins Sp. ist zu beachten, daß Relativsätze, deren Verben im Sp. die Hilfsverben „ser“, „estar“ und „haber“ sind, nicht als Partizipialkonstruktionen übersetzt werden dürfen, sondern als Relativsatz wiedergegeben werden müssen.

*Bsp.:* - ein Wagen, der am Straßenrande stand (vgl. Text VIII 5)
(= un coche que estaba al borde de la carretera)
aber: un coche parado (bzw. aparcado) al borde de la carretera
- ein Filzhut, der zu Füßen der Leiche lag (vgl. Text VIII 5)
(= un sombrero que estaba a los pies del cadáver)
- ein Amerikaner, der aus Florida stammte
(= un americano que era de Florida)
- Blumen, die es überall gab
(= flores que había en todas partes)

I.9.5.C.

d) Zum *Partizip Präsens* sei folgendes vermerkt:

d1) Die Partizipien auf „-ente" sind Reste des lateinischen Partizip Präsens, das im Sp. als solches - mit einigen Ausnahmen, besonders im Mittelalter - kaum je verwendet worden ist. Die meisten Formen auf „-ente" sind im Sp. Adjektive, wie z.B. „vibrante", „fulminante", „creciente" etc. Einige wie „asistente", „cantante", „estudiante", „presidente" etc. sind sogar substantiviert worden. In Anlehnung an die übliche Femininbildung haben einige auch die „-a"-Endung erhalten (z.B. „asistenta", „presidenta" etc.).

d2) Dennoch gibt es noch einige Wörter auf „-ente", die als Partizipien fungieren und aufgrund ihres Verbcharakters Objekte oder Adverbien von sich abhängig machen können. Im folgenden werden einige Beispiele angeführt, die alle eher der formelhaften Amtssprache bzw. dem literarischen Register angehören:

- una persona condescendiente con sus amigos
(= ein seinen Freunden gegenüber nachgiebiger Mensch)

- algo conveniente para ti
(= etwas, was für dich gut ist)

- un asunto concerniente al tema económico
(= eine Angelegenheit, die den wirtschaftlichen Bereich betrifft)

- un tema correspondiente a sus aficiones
(= ein seinen Neigungen entsprechendes Thema)

- algo equivalente a tus facultades
(= etwas, was deinen Fähigkeiten entspricht)

- un niño obediente a sus padres
(= ein Kind, das seinen Eltern gehorcht)

- una persona participante en el congreso
(= ein Teilnehmer an dem Kongreß)

- alguien presente en la sala
(= ein im Saal Anwesender)

- los pasajeros procedentes de las Islas Canarias
(= die Passagiere von den Kanarischen Inseln).

### I.9.6. **Deutsche Gerundivkonstruktionen mit Partizip I**

A. Schwierigkeiten bereitet nicht selten die *Übersetzung* der Gerundivkonstruktion „zu + -nd-Partizip", mit der eine Möglichkeit und/oder Notwendigkeit ausgedrückt wird. Im folgenden seien einige Beispiele mit den jeweiligen sp. Entsprechungen angeführt. Es soll aufgezeigt werden, wie das Sp. je nach Kontext verstärkt die Notwendigkeit oder die Möglichkeit zum Ausdruck zu bringen vermag.

a) ein zu empfehlendes Buch
(= un libro aconsej*able*)

b) eine anzuerkennende Bemühung
(= un esfuerzo *digno de* elogio)

c) eine zu verrichtende Arbeit

(1) (= un trabajo para/por hacer) (vgl. hierzu die Nuancenunterschiede: I.6.2.A.b. und I.6.2.C.d.)

(2) (= un trabajo *que hay que* hacer)

d) - das zu versorgende Gebiet (Text II 19)
(= el territorio *a* abastecer)

- die einzuhaltenden Regeln (Text II 19)
(= las normas *a* cumplir)

B. Die Konstruktion „zu + Part. der Gleichzeitigkeit" läßt sich nur attributiv und mit (passivfähigen) transitiven Verben bilden. *In prädikativer Stellung* steht im Dt. „sein + zu + Infinitiv". Dem entsprechen im Sp. - je nachdem ob die Möglichkeit oder Notwendigkeit überwiegt - folgende Wendungen:

a) Diese Arbeit ist in drei Tagen kaum zu schaffen.
(= Este trabajo apenas se *puede* terminar en tres días.)

b) Diese Arbeit ist in drei Tagen unbedingt zu schaffen.
(= Este trabajo *hay que* terminarlo como sea en tres días.)

c) Wenn es eben zu arrangieren ist... (Text X 53)
(= Si se *puede* organizar de algún modo...)

C. Mit der substantivierten Fassung („*zum* + *Infinitiv*") werden Notwendigkeit und Zweckbestimmung ausgedrückt:

a) Dieses Medikament ist zum Einnehmen.
(= Esta medicina es para tomarla por vía oral.)

b) Es ist zum Verrücktwerden.
(= Es (como) para volverse loco.)

## I.9.7. **Die Verbalperiphrasen**

### A. *Definition und Übersetzung*

a) Eine für das Sp. charakteristische Art verbaler Bildungen ist die sogenannte Verbalperiphrase. Eine Verbalperiphrase besteht aus einem konjugierten Verb und einer Nominalform (vgl. I.9.5.). Das konjugierte Verb verliert seine semantische Eigenständigkeit und signalisiert lediglich eine Bedeutungsmodalität der gesamten Wendung. Die inhaltliche Leistung des konjugierten Verbs wird im Dt. häufig von einem Adverb erfüllt.

*Bsp.:* Antonio *volvió* a llegar tarde.
(= Antonio kam *wieder* zu spät.)

Hier hat „volver" (= zurückkehren) seine volle Bedeutung verloren und verleiht der ganzen Wendung nur mehr die Modalität der Wiederholung.

b) Nicht immer findet sich im dt. Satz ein Hinweis (meistens ein Adverb), der signalisiert, daß im Sp. eine Verbalperiphrase angebracht wäre. Der idiomatische Gebrauch dieser Wendungen im Sp. bzw. das Erkennen, wann in der Übersetzung ein dt. Ausdruck im Sp. durch eine Verbalperiphrase wiederzugeben ist, verlangt einen hohen Grad sprachlicher Sensibilisierung sowie große Übersetzererfahrung.

Im folgenden werden die häufigsten Verbalperiphrasen mit möglichen dt. Entsprechungen angeführt.

B. *Verbalperiphrasen mit Infinitiv*

a) IR A + INFINITIV

a1) Mit dieser Verbalperiphrase werden im Sp. eine unmittelbare und nahe Zukunft sowie Absicht, Entschlossenheit oder Vorhaben ausgedrückt.

*Bsp.:* - Manolo va a venir hoy a las doce.
(= Manolo kommt heute um zwölf.)
- Voy a ver qué pasa por ahí.
(= Ich sehe mal nach, was da los ist.)
- Me lo va a explicar brevemente.
(= Er wird/will mir das gleich kurz erklären.)

In der Übersetzung aus dem Dt. besteht fälschlicherweise die Tendenz, diese Form statt des normalen Futurs übermäßig häufig zu verwenden.

a2) Im indefinido und im Perfekt behält das Verb „ir" seine ursprüngliche Bedeutung; dann wird keine Periphrase gebildet.

*Bsp.:* Ha ido/fue a visitarles.
(= Er ging sie besuchen.)

a3) In Fragesätzen und Ausrufen hat diese Wendung andere Nuancen:

*Bsp.:* - ¡Qué va a saber éste de cine!
(= Was versteht der denn schon von Filmen!)
- ¿Por qué iba yo a saberlo?
(= Woher sollte ich das denn wissen?)

b) VOLVER A + INFINITIV (Wiederholung)

*Bsp.:* - María volvió a decirme que fuera puntual.
(= Maria sagte mir *erneut*, daß ich pünktlich sein sollte.)
- ¡No vuelvas a llegar tan tarde!
(= Komm *nie* (!) *wieder* so spät!)

c) PONERSE A + INFINITIV (Beginn)

*Bsp.:* A las tres de la tarde, Antonio se puso a estudiar.
(= Um drei Uhr nachmittags ***machte*** sich Antonio ***daran/begann*** Antonio zu lernen.)

d) Mit ECHAR(SE) A + INFINITIV bezeichnet man im Sp. einen plötzlichen Beginn. Diese Wendung wird daher meistens mit Verben der Bewegung (z.B. andar, correr, volar etc.) oder der Gefühlsregungen (z.B. llorar, reír, temblar etc.) verwendet.

*Bsp.:* - Cuando llegamos al parque, los pájaros echaron a volar.
(= Als wir in den Park kamen, flatterten die Vögel auf.)
- Al oír la noticia, Carmen se echó a llorar.
(= Als sie die Nachricht hörte, brach Carmen in Tränen aus.)

e) Mit METERSE A + INFINITIV wird dem Beginn einer Handlung die Nuance von unfachmännischer Tätigkeit hinzugefügt. Diese Wendung wird meistens ironisch und als Vorwurf verwendet.

*Bsp.:* - Se metió a cocinar y la comida fue una catástrofe.
(= Er versuchte sich als Koch: das Essen war die reinste Katastrophe.)
- No te metas a dar consejos donde nadie te los pide.
(= Spar dir deine Ratschläge, wenn kein Mensch dich darum bittet.)

f) LLEGAR A + INFINITIV wird je nach Zusammenhang in folgenden Bedeutungen verwendet:

f1) Die Handlung wird ***nicht ganz*** realisiert.

*Bsp.:* Estuvo escuchando media hora, pero no llegó a comprender lo que decían.
(= Er hörte eine halbe Stunde zu, aber verstand nicht ganz, was man sagte.)

Die Wendung erscheint in dieser Bedeutung naturgemäß verneint.

f2) Die Handlung wird bis zu einem Extrem hin realisiert (***sogar***).

*Bsp.:* Estaba tan furioso que llegó a chillar muy fuerte.
(= Er war so wütend, daß er schließlich sogar laut herumschrie.)

f3) Die Handlung wird *schließlich* realisiert.

*Bsp.:* - Pero fue precisamente en este campo donde llegó a manifestarse su genialidad (Text III 12).
(= Aber gerade auf dieser Ebene entfaltete sich sein Genie.)
- Sólo entonces, el Romanticismo llegará a tener importancia (Text VII 14).
(= Erst dann hat die Romantik Bedeutung.)

g) ACABAR POR + INFINITIV (bzw. ACABAR + GERUNDIO: s. I.9.7C.g.) ist der Periphrase LLEGAR A + INFINITIV in der Bedeutung von „schließlich" praktisch gleich. Allerdings kommt hier ein Aspekt des Nachgebens hinzu, etwa in der Bedeutung von *schließlich doch*.

*Bsp.:* Yo no estaba de acuerdo con él, pero después de tres horas de discusión acabó por convencerme (= acabó convenciéndome).
(= Ich war mit ihm nicht einverstanden, aber nach drei Stunden Diskussion hat er mich schließlich doch überzeugt.)

h) ACABAR DE + INFINITIV (unmittelbare Vergangenheit)

*Bsp.:* Acababan de dar las doce, cuando llegó el coche.
(= Es war gerade zwölf Uhr durch, als der Wagen ankam.)

NO ACABAR DE + INFINITIV hat fast die gleiche Bedeutung wie NO LLEGAR A + INFINITIV, bringt aber zusätzlich ein Moment der Ungeduld und Ungemütlichkeit zum Ausdruck.

*Bsp.:* ¿Cuándo será por fin la hora? No acaban de dar las doce.
(= Wann ist es endlich soweit? Es ist immer noch nicht zwölf.)

i) VENIR A + INFINITIV hat im wesentlichen und je nach Zusammenhang folgende Bedeutungen:

i1) *Bestimmt, nützlich, hilfreich sein für* etwas

Diese Bedeutung ergibt sich praktisch nur in Verbindung mit den Verben *llenar, cumplir, satisfacer, cubrir, resolver* und *solucionar*.

*Bsp.:* Dicen que la nueva ley viene a resolver el problema del paro.
(= Man sagt, daß das neue Gesetz dazu bestimmt ist, die Arbeitslosigkeit zu beseitigen.)

i2) *Ungenauigkeit*

*Bsp.:* Entre unas cosas y otras viene a ganar 200.000 ptas. al mes.
(= Alles in allem kommt er im Monat auf etwa 200.000 Peseten.)

j) Die Ungenauigkeit drückt man im Sp. auch durch die Wendung DEBER DE + INFINITIV aus.

*Bsp.:* ¿Qué hora es? - No sé, deben de ser las doce.
(= Wie spät ist es? - Ich weiß nicht. Es wird so um zwölf (Uhr) sein.)

In der gesprochenen Sprache (gelegentlich auch in der Schriftsprache) fällt die Präposition „de" häufig weg.

k) SOLER + INFINITIV (etwas zu tun pflegen)

*Bsp.:* Estas jovencitas suelen tener más hambre de lo que dicen (vgl. Text X 30).
(= Diese jungen Mädchen haben meistens mehr Hunger, als sie zugeben.)

Zu HABER DE + INFINITIVO s. I.9.13.D.

C. *Verbalperiphrasen mit Gerundio*

Der Verlaufsaspekt einer Handlung wird im Sp. häufig durch eine Verbalperiphrase der Form *Hilfsverb + Gerundio* gekennzeichnet. Im Dt. wird dieses Moment in der Regel mit Hilfe eines adverbialen Ausdrucks wiedergegeben.

a) ESTAR + GERUNDIO (einfacher Verlauf)

*Bsp.:* los años en los que en toda Europa se estaba dando el paso hacia el Romanticismo (vgl. Text VII 20)
(= die Jahre, in denen sich in ganz Europa der Übergang zur Romantik vollzog)
Vgl. Text III 15; X 17

In Kontexten, die eine Art Standardsituationen für den Verlaufsaspekt sind, fällt das Hilfsverb „estar“ vor allem im Gesprochenen gelegentlich weg.

*Bsp.:* - ¿Qué haces?
- Nada, *estudiando* un poco de español.
(= - Was machst du?
- Nichts besonderes, ich lerne etwas Spanisch.)

Hierbei ist zu berücksichtigen, daß mit diesem alleinstehenden gerundio eine *Handlung* ausgedrückt werden kann. Eine Eigenschaft z.B. könnte nicht mit dem Gerundio wiedergeben werden, da dieses kein Adjektiv ist (vgl. dazu I.9.5.B.c4.).

*Bsp.:* Conozco un sitio *que es* muy agradable (nicht: „siendo“).
(= Ich kenne einen Ort, der sehr angenehm ist.)

Die verkürzte Verlaufswendung begegnet uns oft

a1) als Untertitel eines Bildes, z.B. in der Presse als Photokommentar:

*Bsp.:* El Rey y la Reina *saludando* a un grupo de obreros de la fábrica.
(= Der König und die Königin grüßen eine Gruppe Arbeiter der Fabrik.)

a2) in festen Wendungen der Verwaltungssprache:

*Bsp.:* - decreto nombrando alcalde a alguien
(= Dekret, in dem jd. zum Bürgermeister ernannt wird.)

- una ley regulando las importaciones
(= ein die Importe regulierendes Gesetz).

b) ANDAR + GERUNDIO (Verlauf mit der Nuance zeitlich-örtlicher Ungewißheit)

*Bsp.:* Manolo anda buscando trabajo desde hace unos meses.
(= Seit mehreren Monaten sucht Manolo überall Arbeit.)

c) IR + GERUNDIO (fortschreitender Verlauf)

*Bsp.:* A través de los siglos ha ido adquiriendo carácter modelo (Text II 34).
(= Im Laufe der Jahrhunderte hat es mehr und mehr Modellcharakter gewonnen.)

d) SEGUIR + GERUNDIO (fortbestehender Verlauf)

*Bsp.:* - la institución de justicia más antigua que sigue existiendo hoy en Europa (Text II 4)
(= die älteste in Europa noch existierende Institution der Gerichtsbarkeit)
- En aquellos decenios allí no se escribió nada que hoy en día siga mereciendo nuestro interés (vgl. Text VII 5).
(= In diesen Jahrzehnten ist nichts geschrieben worden, was unser Interesse verdiente).
Vgl. Text VII 40

e) VENIR + GERUNDIO (Verlauf von der Vergangenheit an mit Fortdauer in der Gegenwart)

*Bsp.:* - de la forma en que viene impartiendo justicia hasta nuestros días (vgl. Text II 16)
(= so wie sie bis zum heutigen Tag Recht spricht)
- lo que desde Schiller viene llamándose orgullo (Text IV 24)
(= etwas, das man seit Schiller als Stolz zu bezeichnen gewohnt ist)
- Así ha venido usándose indiscutidamente desde el siglo XIII (vgl. Text VI 22).
(= So ist es unangefochten Brauch seit dem 13. Jahrhundert.)

f) LLEVAR + GERUNDIO (Verlauf mit Implikation des Beginns)

*Bsp.:* ¿Cuánto tiempo lleva este artículo costando lo mismo?
(= Wie lange schon hat diese Ware denselben Preis?)

g) ACABAR + GERUNDIO (Abschluß eines Verlaufs) (vgl. dazu I.9.7.B.g.)

*Bsp.:* una devaluación de la tolerancia, que acaba convirtiéndose en relativismo (vgl. Text III 50)
(= eine Abwertung der Toleranz, die dann zum Relativismus wird)

Zu den Übersetzungen von „werden" s. I.9.12.

D. *Verbalperiphrasen mit Partizip*

Die Abgeschlossenheit einer Handlung, sonst mit „haber + Partizip" ausgedrückt, läßt sich im Sp. mit Hilfe bestimmter Hilfsverben nuancenreicher wiedergeben als mit „haber". Von dieser Möglichkeit wird im übrigen reichlich Gebrauch gemacht.

a) Zur Form der Verbalperiphrasen mit Partizip

Anders als in den zusammengesetzten Formen mit „haber" bleibt der Charakter des Partizips in diesen Verbalperiphrasen als Adjektiv weitgehend erhalten. Insbesondere ist nunmehr das Partizip veränderlich, d. h. es stimmt mit Subjekt oder Objekt überein, je nachdem ob das Hilfsverb intransitiv oder transitiv ist.

*Bsp.:* - María sigue preocupad*a*.
(= Maria ist immer noch besorgt.)
- María lleva *los* pantalon*es* mal planchad*os*.
(= Maria trägt schlecht gebügelte Hosen.)

Nach diesem Gesichtspunkt lassen sich der Form nach also zwei Typen von Verbalperiphrasen mit Partizip unterscheiden:

a1) *Hilfsverb: intransitiv*

*Partizip stimmt mit Subjekt überein.*
Häufigste Hilfsverben:
- estar
- ir
- andar
- seguir
- quedar

*Bsp.:* - Antonio va decepcionado por la noticia.
(= Antonio ist wegen der Nachricht enttäuscht.)
- Marí*a* quedó confirmad*a* en sus sospechas.
(= Maria sah sich in ihrem Verdacht bestätigt.)

a2) *Hilfsverb: transitiv*

*Partizip stimmt mit Objekt überein.*

Häufigste Hilfsverben:
- tener
- llevar
- traer
- dejar

*Bsp.*: - Manolo dejó a sus amig*os* admirad*os*.
(= Manolo beeindruckte seine Freunde sehr.)
- María tiene leíd*as* 50 págin*as* del libro.
(= Maria hat bereits 50 Seiten des Buches gelesen.)

b) Zur Bedeutung und Übersetzung der Verbalperiphrasen mit Partizip

Im Dt. gibt es kaum eine sprachliche Möglichkeit, die der sp. Bedeutung solcher Wendungen gleichkäme. Hier muß der Übersetzer sich damit abfinden, daß das Sp. über dynamischere und nuanciertere Ausdrucksweisen verfügt, um den Vollzug einer Handlung auszudrücken, und dementsprechend diese Wendungen an geeigneten Stellen verwenden.

Im folgenden sollen die wichtigsten Periphrasen mit Partizip erläutert werden.

c) Intransitive Hilfsverben

c1) ESTAR + PARTIZIP

Wie im Dt. wird mit dieser Wendung der passive Zustand ausgedrückt:

*Bsp.*: María está preocupada por su examen.
(= Maria ist wegen ihrer Prüfung besorgt.)

c2) Ohne daß es im Dt. eine formale Entsprechung gäbe, kann man im Sp. den gleichen Sachverhalt aus einer dynamischeren Sicht mit folgenden Hilfsverben ausdrücken:

IR : - María *va* preocupada por su examen.

ANDAR: - María *anda* preocupada por su examen.

Dem dynamischen Charakter von IR + PARTIZIP wird in ANDAR + PARTIZIP der Aspekt der Ungenauigkeit hinzugefügt.

Auch wenn die intensive Lektüre sp. Texte die wirksamste Methode ist, solche Wendungen sprachgerecht zu verwenden, wird dem Lernenden empfohlen, darauf zu achten, daß die Hilfsverben IR und ANDAR meistens in jenen Sätzen verwendet werden, die durch ihre Bedeutung selbst eine Dynamik bevorzugen.

*Bsp.:* - El reloj va adelantado (oder: atrasado).
(= Die Uhr geht (!) vor (oder: nach).)
- De un total de 50 expedientes van trabajados 35.
(= Von insgesamt 50 Vorgängen sind *schon* (bis zu diesem Moment!) 35 bearbeitet.)
- Siempre anda involucrado en negocios raros.
(= Er ist immer in merkwürdige Geschäfte verwickelt.)
- Manolo anda todo el día aburrido sin hacer nada.
(= Manolo hängt den ganzen Tag gelangweilt herum, ohne etwas zu tun.)

c3) SEGUIR + PARTIZIP drückt eine Dauer und Kontinuität aus, die sich im Dt. gut durch das Adverb IMMER NOCH wiedergeben läßt.

*Bsp.:* Cuando mi patrona vino con el desayuno, yo seguía sentado en el borde de la cama (Text X 23).
(= Als meine Wirtin mit dem Frühstück kam, saß ich immer noch auf der Bettkante.)

c4) QUEDAR + PARTIZIP

Mit dieser Periphrase wird im Sp. das Ergebnis der Handlung, dem zugleich eine gewisse Endgültigkeit zugesprochen wird, hervorgehoben. Im Dt. findet man eine Entsprechung im Zustandspassiv (sein + Partizip) oder gar im Handlungspassiv (werden + Partizip).

*Bsp.:* cuando esta institución de justicia quedó organizada (Text II 14)
(= als diese Rechtsinstanz geschaffen wurde)
- Le quedaría muy agradecido, si Vd. pudiera ayudarme (Text X 40).
(= Ich wäre Ihnen dankbar, wenn Sie mir behilflich sein könnten.)
- Queda Vd. detenido, caballero.
(= Sie sind festgenommen, mein Herr.)
- Queda abolida la pena de muerte.
(= Die Todesstrafe ist abgeschafft.)

d) Transitive Hilfsverben

d1) TENER + PARTIZIP wird im Dt. durch das normale Perfekt (haben + Partizip) wiedergegeben. Im Sp. allerdings verwendet man TENER statt „haber", um folgende Inhaltsmomente mit dem Perfekt zu verbinden:

- *Endgültigkeit*:
Tengo decidido quedarme hoy en casa.
(= Ich habe entschieden, heute zu Hause zu bleiben.)

- *Dauer*:
El médico me tiene prohibido fumar.
(= Der Arzt hat mir strikt verboten zu rauchen.)

- *Wiederholung/Insistieren*:
Te tengo dicho mil veces que te laves las manos antes de comer.
(= Ich habe dir tausendmal gesagt, daß du dir vor dem Essen die Hände waschen sollst.)

- *Umfang*:
Tengo leídas cien páginas de esa novela.
(= Ich habe bereits hundert Seiten dieses Romans gelesen.)

- *Statische Betrachtung eines Zustands*:
Tenía las sienes perforadas por una bala (Text VIII 31).
(= Die Schläfen waren durchschossen.)

d2) LLEVAR + PARTIZIP

LLEVAR gibt der Bedeutung von Abgeschlossenheit folgende zusätzliche Färbungen:

- *„Dynamischer Umfang"*:
Llevo leídas cien páginas de esa novela.
(= Ich habe bereits hundert Seiten dieses Romans gelesen.)

- *Dynamische Betrachtung eines Zustands*:
Llevo estropeado el reloj desde hace un mes.
(= Jetzt laufe ich schon seit einem Monat mit einer defekten Uhr herum.)

In diesem Sinne wird diese Wendung für das „Anhaben“ oder „Tragen“ von Kleidung mit dem Partizip „puesto“ verwendet, das auch wegfallen kann.

*Bsp.:* - Lleva (puesta) la chaqueta marrón.
(= Er hat die braune Jacke an.)
- El abrigo gris oscuro, que llevaba el cadáver... (Text VIII 33)
(= Der dunkelgraue Mantel, den die Leiche trug...)

d3) TRAER + PARTIZIP

Wie bei „tener + Partizip“ wird durch diese Wendung die *Dauer* der abgeschlossenen Handlung ausgedrückt. Sie enthält darüber hinaus eine Nuance von Dynamik und Fixiertsein auf etwas.

*Bsp.:* Este problema me trae muy ocupado.
(= Mit diesem Problem trage ich mich die ganze Zeit herum.)

d4) DEJAR + PARTIZIP hebt die *Folgen* der abgeschlossenen Handlung hervor.

*Bsp.:* Las compras de este mes me han dejado arruinado.
(= Die Einkäufe dieses Monats haben mich ruiniert.)

d5) DAR(SE) POR + PARTIZIP

Bei dieser Verbalperiphrase erfüllt das Partizip die Funktion eines Prädikativs (vgl. dazu I.2.2.B.c.).

*Bsp.:* - Doy mi labor por cumplida.
(= Ich halte meine Aufgabe für erfüllt. (Vgl. Text IX 27))
- Doy por sabidas las frases verbales.
(= Ich gehe davon aus, daß die Verbalperiphrasen bekannt sind.)
- Vgl. die unterschiedliche Ausdrucksweise im Sp. und im Dt.:
Doy por terminada la sesión.
(= Hiermit schließe ich die Sitzung.)

## I.9.8. **Eigentümlichkeiten einiger spanischer Verben**

Ohne daß das Thema hier erschöpfend behandelt werden könnte, sei auf einige Verben und Verbtypen aufmerksam gemacht, die für die Übersetzung ins Sp. gelegentlich Schwierigkeiten bereiten.

A. Diese gründen darauf, daß für bestimmte sp. Phänomene die entsprechende Erscheinung im Dt. fehlt. Die fehlende Kongruenz bei den Reflexivverben ist ein solcher Fall. Problematischer ist noch, daß für das deutsche Verb „sein“ im Sp. zwei Verben („ser“ und „estar„) zur Verfügung stehen, zumal hier die oberflächlichen Erklärungen (etwa „Bleibendes“ wird durch „ser„, „Veränderliches“ durch „estar“ ausgedrückt) nicht immer weiterhelfen. Beim „Problem“ „está(n)/hay“ kommt hinzu, daß der entsprechende dt. Ausdruck „es gibt“ zumindest in der Schriftsprache zu vermeiden ist, während die sp. Wendung durchaus gebräuchlich ist.

B. Umgekehrt liegt der Fall bei „werden“: hier fehlt die eindeutige sp. Entsprechung. Die jeweilige Lösung ist aus einer Vielfalt auszuwählen. Ein ähnliches Problem ergibt sich bei „können“, „lassen“, „mögen“ und „sollen“: auch sie sind nicht immer durch ein und dasselbe sp. Verb zu übersetzen.

## I.9.9. **Reflexivverben**

Beim Erlernen der Vokabeln ist hinsichtlich der reflexiven Verben auf folgendes zu achten:

A. Es gibt keine durchgehende *Entsprechung* in der Reflexivität der Verben im Dt. und Sp.

a) Eine Reihe von Verben sind in beiden Sprachen reflexiv:

*Bsp.:* - reunirse : sich versammeln
- acomodarse en un sitio (Text IX 5) : sich irgendwo niederlassen
- equivocarse : sich irren

b) Vielen sp. Reflexivverben entsprechen im Dt. nicht reflexive Verben:

*Bsp.:* - inclinar*se* a algo : zu etwas neigen
- casar*se* con alguien : jd. heiraten

- ocurrír*se*le algo a alguien (Text VIII 17) : auf etwas kommen
- arrepentir*se* de algo : etwas bereuen
- llamar*se* Manolo : Manolo heißen
- levantar*se* : aufstehen
- enterar*se* de algo : etwas erfahren
- parar*se* : stehenbleiben

Vgl. aber: utilizar algo (Text VI 17): *sich* einer Sache bedienen

B. Einige Verben wie „ponerse", „quedarse", „hacerse" etc. + Substantiv oder Adjektiv stehen für einen dt. Ausdruck *mit „werden"* (s. dazu I.9.12.).

C. Einige sp. Verben, die der Form nach reflexiv sind, nennt man *Pseudoreflexiv*, weil sie als intransitive Verben grammatikalisch eigentlich keinen Rückbezug erlauben. Sie werden vor allem in der Umgangssprache benutzt.

*Bsp.:* - irse : weggehen
- estarse en casa : zu Hause bleiben
- salirse del despacho: das Büro verlassen
- venirse con nosotros: mitkommen

D. Bei einigen sp. Verben besteht zwischen der reflexiven und der nicht reflexiven Form ein *Bedeutungsunterschied*.

*Bsp.:* - quitar algo a alguien: jdm. etwas wegnehmen
- quitarse algo: etwas ausziehen
- dormir: schlafen
- dormirse: einschlafen
- quedar: übrigbleiben
- quedarse: bleiben

E. Bei einigen Verben signalisiert die Verwendung des Reflexivpronomens nicht, daß die Handlung rückbezüglich ist, sondern lediglich eine *stärkere Anteilnahme* des Subjekts an der Handlung.

Im folgenden seinen einige Beispiele für diese typische Ausdrucksweise des Sp. angeführt:
(1) El pobre pajarito se ha caído del nido
(Nur bei Personen und Tieren möglich!)
(= Der arme Vogel ist aus dem Nest gefallen.)

*Aber:* Esta noche ha caído una fuerte nevada.
(= Diese Nacht hat es stark geschneit.)

(2) Manolo se comió un buen bocadillo y se bebió una jarra de cerveza.
(Nur möglich, wenn das Akkusativ-Objekt erwähnt wird!)
(= Manolo hat ein ordentliches Butterbrot gegessen und dabei ein Maß Bier getrunken.)

*Aber:* Los invitados comieron y bebieron en un ambiente cordial.
(= Die Gäste aßen und tranken in einer herzlichen Atmosphäre.)

(3) Margarita se rio tanto que casi se murió de risa.
(= Margarita lachte so sehr, daß sie sich fast totlachte.)

*Aber:* - En el accidente murieron todos los pasajeros.
(= Bei dem Unfall starben alle Passagiere.)

(4) Y yo me había reído con la carta de su padre (Text X 35).
(= Und ich hatte über ihres Vaters Brief gelacht.)

*Aber:* - El público rio mucho en la función.
(= Das Publikum lachte bei der Aufführung sehr.)

F. Es gibt viele feststehende *Wendungen* mit Reflexivverben:

*Bsp.:*
- darse prisa: sich beeilen
- andarse por las ramas: um den heißen Brei herumreden
- crearse problemas: sich selber im Wege stehen
- tomarse la molestia de hacer algo: sich die Mühe machen, etwas zu tun
- formarse una idea de algo: eine Ahnung von etw. bekommen
- hacerse a la idea de algo: sich mit etw. abfinden
- permitirse el lujo de hacer algo: sich den Luxus erlauben, etw. zu tun
- ganarse la vida con algo: sich den Lebensunterhalt mit etw. verdienen
- darse la buena vida: wie Gott in Frankreich leben
- subirse por las paredes: an die Decke gehen
- hacerse el tonto/el sueco: sich dumm stellen

G. In der Literatur - vor allem in Märchen - wird *„ser" reflexiv* verwendet, aber nur in der folgenden feststehenden Wendung:

- Erase una vez...: Es war einmal...

## I.9.10. **„ser"/„estar"**

A. Um die Problematik, das dt. „sein" ins Sp. korrekt durch „ser" oder „estar" zu übersetzen, in den Griff zu bekommen, ist es wichtig, einige Unterscheidungen zu treffen: Festzuhalten ist zunächst, daß man, unabhängig von spezifischen Regeln, eine Reihe feststehender Wendungen lernen muß, die sich in der Sprache mit „ser" oder mit „estar" fixiert haben. Im folgenden sollen die wichtigsten Regeln und Ausdrücke anhand repräsentativer Beispiele angeführt werden.

B. *„Sein" und Substantiv*

a1) *SER* antwortet auf die Frage:
Wer oder was ist eine Person oder eine Sache?

*Bsp.:* - Juan es camarero.
(Was ist Juan?): Juan ist Kellner.
- Hoy es viernes.
(Was ist heute?): Heute ist Freitag.
- Juan es el jefe.
(Wer ist Juan?): Juan ist der Chef.

a2) „Ser de": Ausdruck einer näheren Bestimmung des Substantivs:

*Bsp.:* - Juan es de Madrid.
(Juan kommt/stammt aus Madrid.)
- La caja es de madera : Stoff
de mi abuela: Besitz
de Barcelona: Ursprung
(= Die Kiste ist aus Holz
von meiner Oma
aus Barcelona.)

I.9.10.B.

b) *ESTAR* antwortet auf die Frage:

b1) Wo befindet sich eine Person oder eine Sache?

*Bsp.:* - Los alumnos están en la clase.
(= Die Schüler sind im Klassenraum.)
- Estoy en casa. (= Ich bin zu Hause.)
- Juan está en Madrid. (= Juan ist in Madrid.)
- El azúcar está sobre la mesa/en el café.
(= Der Zucker ist auf dem Tisch/im Kaffee.)

b2) Der direkte Anschluß eines Substantivs an „estar" ist nicht möglich. Man muß also unterscheiden:

- Manolo *es* camarero.
(= Manolo ist Kellner.)
- Manolo *está de* camarero.
(= Manolo arbeitet als Kellner.)
Meistens kommt durch diese Wendung ein zeitweiliger Zustand zum Ausdruck.

Andere Beispiele:

- estar de mudanza: umziehen
- estar de prisa : es eilig haben
- estar de paso : auf der Durchreise sein

b3) Als Ausnahme hiervon gelten vier idiomatische Wendungen der Umgangssprache. Die darin enthaltenen Substantive üben allerdings eine adjektivische Funktion aus:
- estar trompa : betrunken sein
- estar fenómeno: großartig sein/schmecken
- estar cañón : großartig aussehen (eine Person)
- estar pez : keine Ahnung haben

c) Phraseologische Ausdrücke

c1) - ¿Qué hora es? Es la una./Son las cinco.
(= Wie spät ist es? Es ist ein Uhr./Es ist fünf Uhr.)
- ¿A qué día estamos? Estamos a 31 de mes.
(= Welchen Tag haben wir heute? Heute haben wir den 31. des Monats.)

*Zeitangabe:* - Uhrzeit: ser
- Datum : estar a

*Aber:* - Hoy es el día de su santo.
(= Heute ist ihr Namenstag.)

c2) - Los amigos están en el hotel.
(= Die Freunde sind im Hotel.)
- La fiesta es en el hotel.
(= Das Fest ist (= findet statt) im Hotel.)
- La fiesta es esta tarde.
(= Das Fest findet heute Abend statt.)

*„stattfinden"*: ser + en (Geschehen/Vorgang)

c3) - Para la cena somos siete personas.
(= Zum Abendessen sind wir sieben Personen.)
- Estamos los siete para la cena.
(= Wir sieben zum Abendessen sind da.)

*„anwesend sein"*: estar

c4) - Estas flores son para ti.
(= Diese Blumen sind für dich.)

*„bestimmt sein für"*: ser para

- Hoy no estoy para bromas.
(= Heute bin ich nicht zu Späßen aufgelegt.)

*„nicht aufgelegt sein zu etw."*: no estar para

I.9.10.C.

C. *„Sein" und Adjektiv/Adverb*

a) *SER* antwortet auf die Frage:

Wie ist eine Person oder eine Sache charakterisiert?

*Bsp.:* - España es diferente.: Spanien ist anders (Text IV 1).
- Juan es bueno.: Juan ist gut.
- María es joven.: Maria ist jung.
- María es guapa.: Maria ist hübsch.
- Juan es cojo, ciego, mudo,...: Juan hinkt, ist blind, stumm...

b) *ESTAR* antwortet auf die Frage:

In welchem Zustand befindet sich eine Person oder eine Sache?

*Bsp.:* - Manolo está gordo.: Manolo ist dick.
- Manolo está cansado.: Manolo ist müde.
- La mesa está limpia/sucia.: Der Tisch ist sauber/schmutzig.
- Está muerto.: Er ist tot.
- Mi madre está tranquila.: Meine Mutter ist ruhig.
- Juan está enfermo.: Juan ist krank.
(¡también: desde siempre!) (auch: seit immer!)

c) Phraseologische Ausdrücke

(1) - unterwegs sein/auf der Durchreise sein: estar de camino/de paso
- in Urlaub sein: estar de vacaciones
- zu Ihrer Verfügung stehen: estar a su disposición
- einverstanden sein: estar de acuerdo
- auf Ihrer Seite sein: estar de su parte
- zerstreut sein: estar en las nubes (koll.)
- es ist gut/schlecht so: está bien/mal así (Zustand)

(2) - es ist so (immer so) : es así
- es ist hell/dunkel : es de día/de noche
- es ist schade : es una pena
- es ist früh/spät : es pronto/tarde

(3) - es ist offensichtlich, daß... : está visto que/es patente que

D. *Adjektive mit „ser" und „estar"*

a) Bei manchen Adjektiven kann sowohl „ser" als auch „estar" stehen. Dabei ergeben sich allerdings *Bedeutungsverschiebungen*:

*Bsp.*: - Pedro es viejo. : Pedro ist alt.
- Pedro está viejo.: Pedro ist alt geworden. Pedro sieht alt aus.
- El coche es nuevo. : Der Wagen ist neu.
- El coche está nuevo.: Der Wagen ist wie neu.

b) All diesen Konstruktionen vermittelt „estar" eine gewisse Dynamik. „Ser" dagegen wirkt eher statisch.

*Bsp.*: - Manolo está gordo.: dick geworden.
- Manolo es gordo. : ist ein Dicker.

- Manolo está blanco.: nicht braun geworden.
- Manolo es blanco. : hat eine helle Hautfarbe.

- Manolo está vivo.: Er lebt.
- Manolo es vivo. : Er ist gewandt/lebhaft.

- Manolo está pálido.: ist blaß (geworden).
- Manolo es pálido. : hat eine helle Hautfarbe.

c) Bei manchen dieser Konstruktionen handelt es sich einfach um das Zustandspassiv (vgl. I.9.1.B.).

*Bsp.*: - estar agotado: erschöpft sein
- estar roto : kaputt sein
- estar muerto : tot sein

d1) Manche Bildungen mit „ser" oder „estar" sind feststehende Wendungen. In anderen bringt das jeweilige Adjektiv den Zustand und nicht sosehr eine Wesenseigenschaft zum Ausdruck. Dabei kann man sich nicht immer an der dt. Bedeutung orientieren.

*Bsp.:* - contento (= zufrieden /froh): immer mit „estar„
- Estoy contento de haberte visto.
(= Ich bin froh, dich gesehen zu haben.)
- enfermo/sano (= krank/gesund): auf Personen bezogen: immer mit „estar"
- Manolo siempre está enfermo. ¡Pobre hombre!
(= Manolo ist immer krank. Armer Kerl!)

*Aber:* Dicen que comer zanahorias es muy sano.
(= Man sagt, daß es sehr gesund ist, Möhren zu essen.)

d2) Ähnlich werden bestimmte Adjektive, die das Ergebnis einer (auch nur gedachten) Handlung ausdrücken, immer mit „estar" konstruiert:
- estar lleno, vacío, completo, roto, etc.
(= voll, leer, ganz, kaputt etc. sein)

### I.9.11. **„está(n)"/„hay"**

Um das dt. „es gibt" bzw. „es ist/sind" im Sp. wiederzugeben, gibt es folgende zwei Möglichkeiten:

A. *Mit „está(n)"*

a) Bei Eigennamen

- En la calle está Manolo/están Manolo y Gertrudis.
(= Auf der Straße ist Manolo/sind Manolo und Gertrud.)

b) Bei Substantiven mit bestimmtem Artikel

- El lápiz está/Los lapices están en el cajón.
(= Der Bleistift ist/die Bleistifte sind in der Schublade.)

c) Bei Substantiven mit Possessivpronomen

- En el cajón está mi pluma/tu pluma.
(= In der Schublade ist (liegt) mein/dein Füller.)

B. *Mit „hay“*

a) Bei Substantiven ohne Artikel
- En el frigorífico hay cerveza.
(= Im Kühlschrank steht Bier.)

b) Bei Substantiven mit unbestimmtem Artikel
- En la puerta hay un coche azul.
(= Vor der Tür steht ein blauer Wagen.)

c) Vor Zahlen
- En la biblioteca hay cien libros.
(= In der Bibliothek sind hundert Bücher.)

d) Bei Indefinitpronomen
- En la biblioteca hay muchos/pocos/algunos/varios/otros libros.
(= In der Bibliothek gibt es viele/wenige/einige/mehrere/andere Bücher.)
- En el coche no había mucha sangre (Text VIII 32).
(= Im Wagen war nicht viel Blut.)

Es sei vermerkt, daß auf einer höheren Stilebene im Sp. „hay“ häufiger verwendet wird als „es gibt“ im Dt.

## I.9.12. „werden“

Durch das dt. Hilfsverb „werden“ mit Adjektiv oder Substantiv drückt man hauptsächlich Entwicklung, Wandlung (Veränderung) und Geschehen aus. Im Sp. gibt es kein Verb, das alle diese Nuancen in sich vereinigt. In der Übersetzung muß daher jeweils ein dem Kontext entsprechendes Einzelverb gewählt werden. In diesem lexikographischen Bereich lassen sich kaum zuverlässige Regeln angeben; es gilt daher, das Sprachgefühl soweit zu schärfen, daß eine Entscheidung intuitiv erfolgen kann. Im folgenden seien daher lediglich einige Orientierungen gegeben und repräsentative Beispiele angeführt.

A. *„werden" mit Adjektiv*

a) *PONERSE* (meist bei vorübergehenden Veränderungen)

*Bsp.:* - Este verano se puso muy morena en la playa.
(= Diesen Sommer wurde sie am Strand sehr braun.)
- En los exámenes me pongo siempre muy nervioso.
(= In Prüfungen werde ich immer sehr nervös.)
- Siempre que la saluda un chico se pone colorada.
(= Immer wenn ein Junge sie grüßt, wird sie rot.)

b) *VOLVERSE* (eine meistens unvorhersehbare Veränderung)

*Bsp.:* - Las ventas se han vuelto muy lucrativas (Text I 24).
(= Die Umsätze sind sehr lukrativ geworden.)
- Apaga la radio, por favor, me vuelvo loco con esa música.
(= Mach bitte das Radio aus, ich werde verrückt bei dieser Musik.)
- En estos tres años, Manolo se ha vuelto muy simpático.
(= In diesen drei Jahren ist Manolo sehr sympathisch geworden.)

c) *QUEDARSE* (eine endgültige Veränderung, die meist als Ergebnis einer Handlung oder eines Geschehens angesehen wird. Im Dt. steht hier oft nicht „werden", sondern „sein".)

*Bsp.:* - Después del accidente se quedó ciego/desfigurado.
(= Nach dem Unfall war er blind/entstellt.)
- Se quedó encantada de la conversación.
(= Sie war von dem Gespräch ganz begeistert.)
- Después de oír la noticia me quedé hecho polvo.
(= Nachdem ich die Nachricht gehört hatte, war ich völlig niedergeschlagen.)

B. *„werden" mit Substantiv*

*CONVERTIRSE EN* (entspricht „volverse + Adj." und drückt eine wesentliche, grundsätzliche Veränderung aus)

*Bsp.:* - una devaluación de la tolerancia, que acaba convirtiéndose en relativismo (vgl. Text III 50)
(= eine Abwertung der Toleranz, die dann zum Relativismus wird)

- En estos tres años, Manolo se ha convertido en una persona simpatiquísima.
(= In diesen drei Jahren ist Manolo ein äußerst sympathischer Mensch geworden.)
- Sé que lo que entonces me parecía perfectamente aceptable se habría convertido en un infierno (Text X 19).
(= Ich weiß, daß die Hölle geworden wäre, was mir damals ganz passabel erschien.)

## C. *„werden" mit Adjektiv/Substantiv/Adverb*

a) *RESULTAR* (Endergebnis)

*Bsp.:* - En un accidente, cinco viajeros resultaron heridos de gravedad.
(= Bei einem Unfall wurden fünf Reisende schwer verletzt.)
- La fiesta resultó una catástrofe.
(= Das Fest wurde zu einer Katastrophe.)

b) *HACERSE* (eine bewußte und beabsichtigte Veränderung, aber auch als feste Wendung in verschiedenen Konstruktionen benutzt)

*Bsp.:* - (Mit Berufen): Hacerse médico/traductor etc.
(= Arzt/Übersetzer werden)
- A su llegada se hizo el silencio.
(= Bei seiner Ankunft wurde es still.)

- hacerse de día/de noche: Tag/Nacht werden
- hacerse tarde: spät werden
- hacerse viejo: alt werden
- hacerse (el) responsable de algo (Text IX45): verantwortlich werden/ die Verantwortung übernehmen für etwas
- hacerse el tonto: den Dummen spielen
- hacerse amigo de alguien: jds. Freund werden

c) *LLEGAR A (SER)* (Ergebnis einer längeren, meist mühsamen Entwicklung)

*Bsp.:* - Después de muchos años de colaboración llegó a ser mi mejor amigo.
(= Nach vielen Jahren der Zusammenarbeit wurde er mein bester Freund.)

- ¡Quién hubiera dicho que aquel rapaz llegaría a ser un hombre tan famoso!
(= Wer hätte gesagt, daß jener Bengel ein so berühmter Mann würde!)
- La fama de este tribunal ha llegado a ser universal (Text II 33).
(=Der Ruf dieses Gerichts ist sprichwörtlich geworden.)

D. Als Vokabeln zu lernen sind zahlreiche feststehende *Wendungen*, die Veränderung, Entwicklung etc. signalisieren.

*Bsp.:* - ¿En qué irá a parar esto?
(= Was wird aus dieser Sache noch werden?)
- ¿Qué ha sido de él?
(= Was ist denn aus ihm geworden?)
- Hace una semana, Manolo cayó enfermo.
(= Vor einer Woche wurde Manolo krank.)

E. Einige sp. Verben enthalten als solche bereits Prozesse, die im Dt. mit „werden" auszudrücken sind.

*Bsp.:* - envejecer : alt werden
- amanecer : Morgen werden
- anochecer : Abend werden
- enfadarse : ärgerlich werden
- desmayarse : ohnmächtig werden

F. In der literarischen Sprache findet man bisweilen als Entlehnung aus dem Französischen *„devenir"*.

*Bsp.:* Así, de este suceso deviene una gran bendición para toda la comarca.
(= Und so wird aus diesem Ereignis ein großer Segen für die ganze Gegend.)

## I.9.13. **Einige deutsche Verben mit Infinitiv**

### A. „*KÖNNEN*“

Um das im Dt. so häufige Modalverb „können“ ins Sp. zu übersetzen, bieten sich, je nachdem, was dieses „können“ eigentlich aussagt, drei Möglichkeiten an:

a) *Poder/ser posible* (Möglichkeit, Vermögen)

*Bsp.:* - Ich kann es dir nicht sagen, weil ich es nicht weiß.
(= No puedo decírtelo porque no lo sé.)
- Das kann nicht sein!
(= ¡No es posible!/¡No puede ser!)

b) *Saber* (erlernte Fähigkeit, z.B. Sprachen, Sport etc.)

*Bsp.:* Ich kann schon gut Spanisch.
(= Ya sé bien español.)

c) *Ser capaz de* (in der Lage sein; fähig sein, etwas zu tun)

*Bsp.:* Ich bin heute wie erschossen. Ich kann nicht einmal einen Finger rühren.
(= Hoy estoy hecho polvo. No soy capaz siquiera de mover un dedo.)

Von der Bedeutung her läßt sich hier auch „poder“ verwenden.

d) *Ausdrücke*

- Ich kann nichts dafür.:No es culpa mía.
- so gut ich kann: lo mejor que pueda
- Mir kann keiner was.: No hay quien.../No ha nacido quien...
(Fortsetzung: kontextabhängig)
- Das kannst du mir nicht antun: ¿Serás capaz de hacerme esto?

B. *„LASSEN"*

Die häufigsten Verwendungen von „lassen + Infinitiv" haben im Sp. folgende Erscheinungen:

a) Erlaubnis

*Bsp.:* - Laß mich bitte hereinkommen.
(= ¡*Déjame* entrar!)
- Literatur läßt sich nicht kontrolliert umsetzen (Text V 30).
(= La literatura no se *deja* transformar de manera controlada.)

b) Möglichkeit

*Bsp.:* - In Spanien lassen sich Unmengen solcher Bücher finden (vgl. Text I 9).
(= En España uno *puede* encontrar una enorme cantidad de estos libros.)
- Von da aus lassen sich die Möglichkeiten einer Gemeinsamkeit ahnen (vgl. Text V 17).
(= Partiendo de esta base se *pueden* entrever las posibilidades de una interacción.)
Vgl. Text VII 35

c) Veranlassung

*Bsp.:* - Er ließ ihn sich hinsetzen und zu schreiben anfangen.
(= Le *hizo* sentarse y empezar a escribir.)

d) Überlassung, Hinterlassung

*Bsp.:* Sie ließ das Essen auf dem Tisch stehen.
(= *Dejó* la comida sobre la mesa.)

e) Zum Ausdruck eines fremden Urhebers

*Bsp.:* - sich die Haare schneiden lassen: *cortarse* el pelo
- sich ein Kleid machen lassen: *hacerse* un vestido
*Idiomatisch:*
- den Eindruck entstehen lassen: *dar* la impresión (Text V 2)

In diesen Fällen wird im Sp. automatisch mitvollzogen, daß der eigentliche Handlungsträger nicht zugleich der Veranlasser ist.

f) Zulassung

*Bsp.:* - die persönlichen Gesichtspunkte der anderen gelten lassen (Text III 25)
(= *hacer* valer los puntos de vista de los demás)

C. *„MÖGEN“*

Die wichtigsten Bedeutungsvarianten von „mögen + Infinitiv“ lassen sich im Sp. wie folgt wiedergeben:

a) Wunsch

*Bsp.:* - Ich möchte mit ihm unter vier Augen sprechen.
(= Querría (quería oder quisiera) hablar a solas con él.)
(Dazu vgl. I.9.3.B.g.)
- Diese wenigen Bemerkungen mögen schon genügen, um zu zeigen...(Text VII 38)
(= Basten estas breves consideraciones para mostrar...)

b) Indirekte Aufforderung

*Bsp.:* Er hat mir gesagt, ich möge mich beeilen.
(= Me ha dicho que me dé prisa.)

c) Einräumung

*Bsp.:* - Wie schwierig es auch sein mag, du mußt es trotzdem lernen.
(= Por muy difícil que sea, tienes que aprenderlo.)
- Mag es auch sehr schwierig sein, ich werde es trotzdem lernen.
(= Será muy difícil, pero lo voy a aprender.)

(In bezug auf weitere Ausdrucksweisen der Einschränkung im Sp. s. II.5.4.F.f.)

d) Vermutung

*Bsp.:* Sie mag bereits mit dem Studium fertig sein.
(= Habrá terminado ya la carrera/Debe de haber terminado ya la carrera.)

D. „*SOLLEN*"

a) „Sollen" umfaßt als Modalverb mit Infinitiv hauptsächlich Momente von Notwendigkeit und Nachzeitigkeit. Der jeweilige Kontext läßt den einen oder anderen Aspekt überwiegen.

*Bsp.:* (1) Jeder soll bei dieser Aktion mitmachen. (Notwendigkeit, Verpflichtung)
(2) Die neuen Tendenzen, die zur Romantik führen sollten, sind noch kaum sichtbar (Text VII 10). (Nachzeitigkeit)

Das Sp. verfügt über eine Verbalperiphrase, die ebenfalls beide Bedeutungsvarianten umfaßt:

***haber de + Infinitiv***

*Bsp.:* (1) Todos han de colaborar en esta acción.
(2) Las nuevas tendencias, que habrían de desembocar en el Romanticismo, apenas pueden atisbarse aún.

In der Übersetzung des zweiten Satzes wurde die Verbalperiphrase in den Modus Konditional gesetzt (***habrían de***): Während nämlich im Dt. „sollen" allein die Nachzeitigkeit in der Vergangenheit ausdrückt, macht das Sp. die Verwendung des Konditional erforderlich (vgl. I.9.3.B.b.).

*Bsp.:* (3) Du solltest dich mehr um deine Frau kümmern, glaube es mir.
(= Deberías ocuparte más de tu mujer. Créeme.)

Wenn die moralische Verpflichtung im Vordergrund steht, wird im Sp. „deber + Infinitiv" bevorzugt.

Für die Höflichkeitsform im Konditional (***Deberías*** ocuparte más de tu mujer.) s. I.9.3.B.e.

Im Sp. wird häufig „tener que + Infinitiv" verwendet, wenn in den Augen des Sprechers die *Notwendigkeit/Erwartung* überwiegt.

*Bsp.:* Sie hatte schon im Februar in die Stadt kommen sollen (Text X 34).
(= Tenía que haber venido a la ciudad ya en febrero.)

b) Andere häufige Verwendungen von „sollen + Infinitiv" sind:

b1) Indirekte Aufforderung

*Bsp.:* Sie hat mir gesagt, ich solle hier vorbeischauen.

b2) Eventualität

*Bsp.:* Solltest Du nicht einverstanden sein, dann sag es mir offen.

Im Sp. werden diese Nuancen im Nebensatz durch den Modus Subjuntivo wiedergegeben:

- Me ha dicho que *pase* por aquí.
- En caso de que no *estés* de acuerdo, dímelo abiertamente.

b3) „Sollen + Infinitiv" wird auch als Ausdruck einer Stellungnahme zu einer Äußerung verwendet.

*Bsp.:* Er soll durch alle Prüfungen durchgefallen sein.
(= Se dice/Dicen (vgl. I.5.2.A.) que ha suspendido todos los exámenes./Según dicen, ha suspendido todos los exámenes.)

# II. DER SATZ UND DER TEXT

## II.1. Zur Wortstellung im allgemeinen

Die Struktur des Einzelsatzes eignet sich besonders gut, um syntaktische Funktionen zu veranschaulichen. Dennoch muß immer wieder der Blick auch auf die übergeordnete Größe *Text* gerichtet werden, um die kommunikative Leistung der Sprache zu erfassen.

Nach dem einfachsten Modell der Informationsübermittlung geht der Sprecher von einer bekannten inhaltlichen Gegebenheit aus (*Thema*), der er sodann eine neue Information hinzufügt (*Rhema*). Änderungen dieser *Thema-Rhema-Gliederung* gehen für gewöhnlich auf eine emphatische oder emotionale Befindlichkeit des Sprechers zurück.

Formale Folge dieser kommunikativen Funktion der Sprache ist u.a. eine bestimmte *Wortstellung*: Im Normalfall wird zunächst das ausgesprochen, was Ausgangspunkt der Rede ist (Thema), erst dann folgt die neue Information (Rhema).

*Bsp.*: *Dieses Kapitel* (Thema) versucht, *andere grammatische Perspektiven* (Rhema) einzuführen.

### II.1.1 Zur Voranstellung des direkten und indirekten Objekts

Die kommunikativ bedingten Voranstellungen des direkten und indirekten Objekts können im Dt. – dank der entsprechenden Endungen – vorgenommen werden, ohne daß diese Umstellungen formale Folgen nach sich ziehen.

*Bsp.*: – Wen sieht der Graf?
– Der Graf (Thema) sieht seinen Nachbarn (Rhema).
*Aber*:
– Wer sieht seinen Nachbarn?
– Seinen Nachbarn (Thema) sieht der Graf (Rhema).

Der Mangel an Kasusmarkierungen wird im Sp. wie folgt kompensiert:

A. *Voranstellung des direkten Objekts*

a) Wenn das vorangestellte Objekt *Thema* ist, wird es mit Hilfe des Akkusativs des entsprechenden Personalpronomens zusätzlich gekennzeichnet.

*Bsp.*: - Esa vida *la* vivo ahora en mis sueños (Text X 18).
(= Dieses Leben lebe ich jetzt in meinen Träumen.)
- Eso no *lo* sabes hacer tú.
(= Das bringst du nicht fertig.)
- Al amigo de María *le* vi ayer.
(= Den Freund von María habe ich gestern gesehen.)

b) Dieses Verfahren gilt auch für den Fall, daß ein substantivierter Relativsatz (s. II.5.3.F.e3.) oder ein Objektsatz (s. II.5.2.B.) das vorangestellte Objekt ist.

*Bsp.*: - Lo que me dijiste ayer no *lo* olvidaré jamás.
(= Was du mir gestern gesagt hast, werde ich nie vergessen.)
- A los que se apuntaron *les* invitaron al teatro.
(= Jene, die sich gemeldet hatten, lud man zum Theaterbesuch ein.)
- Que Juanita era muy guapa *lo* dije sólo por cumplir.
(= Daß Juanita sehr hübsch war, sagte ich nur aus Höflichkeit.)

c) Ist aber das vorangestellte direkte Objekt *rhematisch*, dann darf das Personalpronomen nicht verwendet werden.

*Bsp.*: – ¿A quién andas buscando todo el tiempo?
(= Wen suchst du die ganze Zeit?)
– A Manolo busco, ¿a quién si no?
(= Manolo suche ich, wen sonst?)

Der rhematische Charakter des vorangestellten direkten Objekts kommt besonders zum Tragen:

c1) bei *Interrogativ- und Ausrufesätzen*

*Bsp.*: – ¿Sólo estas manzanas has comprado? Pero, hombre, ¡qué pocas!
(= Nur diese Äpfel hast du gekauft? Mensch, sind das wenige!)
- ¡Cuántas ganas tenía de verte!
(= Wie ich mich darauf gefreut habe, dich zu sehen!)

c2) beim direkten Objekt mit dem *Null- oder Indefinitartikel* (außer Eigennamen)

*Bsp.*: - Malas noticias trae. Fíjate qué cara tiene.
(= Schlechte Nachrichten bringt er mit. Schau dir sein Gesicht an!)
- Un buen susto me dieron ayer con el estúpido telefonazo.
(= Einen schönen Schrecken bekam ich gestern bei dem dummen Telephonanruf.)
- No te quejes, tantas horas no has esperado.
(= Beklage dich nicht, so viele Stunden hast du doch gar nicht gewartet.)

B. *Voranstellung des indirekten Objekts (Dativ)*

Beim *thematischen* indirekten Objekt (Dativ) wird fast immer das entsprechende Personalpronomen verwendet, unabhängig von seiner Stellung im Satz.

*Bsp.*: A Juan *le* dijeron que..../*Le* dijeron a Juan que...
(= Juan sagte man, daß...)

Ansonsten gelten hier die für das direkte Objekt (II.1.1.A.) angegebenen Regeln. Für die notwendige Verwendung des unbetonten Personalpronomens bei Hinzufügung der betonten Formen s. I.5.1.B.c.

## II.1.2. **Zur Subjektinversion im allgemeinen**

Ist im Sp. das Subjekt eines Satzes *Rhema*, dann steht es – unter nicht emphatischen Bedingungen – hinter dem Verb. Dieser rhematische Charakter des Subjekts findet sich besonders häufig bei intransitiven Verben. Diese Inversion kann im Dt. nicht ohne weiteres nachvollzogen werden, da sonst formal ein Fragesatz entstünde. Allerdings gibt es hier die Möglichkeit, durch Voranstellen eines neutralen *es* die Spitzenstellung des Prädikats zu erhalten.

*Bsp.*: Eine erwähnenswerte lateinische Dichtung spanischer Autoren gibt es im Siglo de Oro nicht (Text VI 18).
(= No existe en el Siglo de Oro poesía latina (vgl. I.1.1.C.b1.) de autores españoles digna de mención.)
- Es (= dieses Bild) entspringt der Perspektive Mitteleuropas (Text VII 25).
(= Surge (= esta metáfora) de la perspectiva centroeuropea.)
Vgl. *aber* die emotionale Wortstellung:
– ¿Quién viene hoy?
– ¡Manolo (Rhema) viene por fin hoy!

### II.1.3. **Subjektinversion bei vorangestellten Adverbialien**

Wenn im Dt. ein Satz mit einer adverbialen Bestimmung beginnt, steht das Subjekt hinter dem Verb.

*Bsp.*: Gestern kam mein Onkel nach Köln.

Diese Subjektinversion ist im Sp. nicht üblich, wenn das Subjekt *thematisch* ist.

*Bsp.*: Da die Wassermenge des Flusses Turia sehr gering war, *wäre die Bewässerung* der gesamte Zone völlig unmöglich gewesen, hätte man... (vgl. Text II 20)
(= Como el caudal del río Turia (vgl. dazu I.6.5.A.b.) era muy escaso, *el riego* de toda la zona habría sido totalmente imposible, si no se hubiera...)

Ist jedoch das Subjekt *rhematisch*, dann wird es wie im Dt. nachgestellt.

*Bsp.*: Nicht immer *erleichtern die Spanier* den Weg zu diesem Verständnis (Text IV 27).
(= No siempre *facilitan los españoles* el camino hacia esa comprensión.)

### II.1.4. **Übersetzung von dt. Nebensätzen**

Bei der Übersetzung dt. Nebensätze, in denen das Verb naturgemäß am Ende des Satzes steht, achte man stets darauf, daß im Sp. das Verb nach dem Subjekt oder am Anfang steht.

*Bsp.*: – Maria sagte, daß die Nachbarn morgen kommen würden.
(= María dijo que los vecinos vendrían mañana.)
(NICHT: que los vecinos mañana vendrían.)
– Ich glaube, daß für diese Arbeit viele Stunden notwendig sind.
(= Creo que son necesarias muchas horas para ese trabajo.)
(NICHT: Creo que muchas horas (...) son necesarias.)
(Vgl. dazu I.9.5.A.c1.).

## II.2. **Die Zeitenfolge**

### II.2.1. **Allgemeines**

Während die sp. Zeitenfolge bei Nebensätzen, die im subjuntivo stehen, relativ streng reglementiert ist, hat der Sprecher bei Indikativ-Nebensätzen diesbezüglich mehr Freiheit. Dennoch ist es sinnvoll, auch hier gemäß einem Grundschema zu verfahren. Prinzipiell gilt es in bezug auf die sp. Zeitenfolge zu unterscheiden,

- ob der übergeordnete Satz in der Zeitstufe der Vergangenheit (Tempus secundarium) oder der Nicht-Vergangenheit (Tempus primarium) steht und

- in welcher zeitlichen Beziehung der Nebensatz zu seinem Hauptsatz steht. Diese Beziehung kann die der Gleichzeitigkeit, Vorzeitigkeit oder Nachzeitigkeit sein.

## II.2.2. **Zeitenfolge im Indikativ - die indirekte Rede**

Unter den Objektsätzen, die im Indikativ stehen (vgl. II.5.2.B.b.), befinden sich jene, die von einem *Verb des Sagens* abhängen. Die dt. Grammatik beschreibt solche Objektsätze als „indirekte Rede". Das Verb des Nebensatzes steht hier im Konjunktiv.

*Bsp.:* Maria sagt, sie habe es vergessen. (Maria sagt, daß sie es vergessen habe.)
(= María dice que lo ha olvidado.)

Im Sp. gibt es keinen subjuntivo bei der indirekten Rede, so daß hier die üblichen Regeln für die Zeitenfolge anzuwenden sind. Diese Regeln sind die folgenden:

A. - Hauptsatz im *Tempus primarium* (Nicht-Vergangenheit):
- Nebensatz: bei Gleichzeitigkeit: Präsens
bei Vorzeitigkeit : Imperfekt/indefinido/Perfekt
bei Nachzeitigkeit : Futur

*Bsp.:* Ich sage, daß alles gut zu Ende geht/gegangen ist/gehen wird.
(= Digo que todo -termina
-terminaba/terminó/ha terminado
-terminará bien.)

Wie man sieht, werden in diesem Falle die gleichen Zeiten verwendet wie in der direkten Rede.

(Zum Gebrauch von Imperfekt, indefinido und Perfekt s. I.9.4.B., C.und D.).

B. - Hauptsatz im *Tempus secundarium* (Vergangenheit):
- Nebensatz: bei Gleichzeitigkeit: Imperfekt/indefinido
bei Vorzeitigkeit : Plusquamperfekt
bei Nachzeitigkeit : Konditional

*Bsp.:* Ich sagte, daß alles gut zu Ende ging/gegangen sei/gehen werde.
(= Dije que todo -terminaba/terminó
-había terminado
-terminaría bien.)

C. *Einige Besonderheiten der dt. indirekten Rede*

Bei der Übersetzung der dt. indirekten Rede ist darüber hinaus auf folgendes zu achten:

a) Im Dt. wird die indirekte Rede oft allein mit dem Konjunktiv hinter einem Verb des Sagens signalisiert; dagegen muß im Sp. stets die Konjunktion *„que"* verwendet werden.

*Bsp.:* Diese Urteile meinen, Spanien und Portugal *seien* eine geistige Wüste...(Text VII 19)
(= Las opiniones de este tenor destacan *que* España y Portugal eran un desierto intelectual...)

b) Der Modus der indirekten Rede (Konjunktiv) steht ferner im Dt. in grammatisch unabhängigen Sätzen, um zu signalisieren, daß sie die *Rede eines Dritten* wiedergeben.

*Bsp.:* Madariaga wußte von der Gefährdung des Spaniers. Der jedem Spanier innewohnende Don Quijote sei „ein Reichtum seines persönlichen Ichs..." (Text III 21).

Hier muß man im Sp. auf Einschübe oder Hauptverben zurückgreifen, die eigens formulieren, daß die gemeinte Aussage nicht die Worte des Sprechers, sondern eines anderen sind. Hierzu stehen zahlreiche formale Mittel zu Gebote, z.B. „-como dice X-", „-asegura-", „-nos dice-" etc. oder „escribe que", „dice que", „asegura que" etc.

Demnach ließe sich der eben erwähnte Satz beispielsweise wie folgt übersetzen:

*Bsp.:* Madariaga conocía el peligro que corre el español. El Quijote - dice - que vive dentro de todo español es „un enriquecimiento de su propio yo..."

c) Manchmal wird im Dt. die indirekte Rede durch den Konjunktiv und durch einen expliziten Hinweis doppelt markiert. In diesem Falle genügt es, in der sp. Übersetzung die ausdrückliche Wendung wiederzugeben.

*Bsp.:* Stierkampf wie Flamenco ***könne*** man ***nach Meinung der Experten*** zwar erklären... (Text IV 32)
(= En opinión de los expertos, uno puede muy bien explicar los toros y el flamenco, pero...)

## II.2.3. **Zeitenfolge im subjuntivo**

(Zu den verschiedenen Nebensätzen im subjuntivo s. II.5.)

A. - Hauptsatz im *Tempus primarium* (Nicht-Vergangenheit):

- Nebensatz: bei Gleichzeitigkeit: Präsens
  bei Vorzeitigkeit : Perfekt
  bei Nachzeitigkeit : Präsens

*Bsp.:* Ich wünsche, daß alles gut zu Ende geht/gegangen ist/gehen wird.
(= Deseo que todo -termine
-haya terminado
-termine bien.)

B. - Hauptsatz im *Tempus secundarium* (Vergangenheit):

- Nebensatz: bei Gleichzeitigkeit: Imperfekt
  bei Vorzeitigkeit : Plusquamperfekt
  bei Nachzeitigkeit : Imperfekt

*Bsp.:* Damals wünschte ich, daß alles gut zu Ende ginge/gegangen wäre/gehen würde.
(= Por aquel entonces deseaba que todo -terminara
-hubiera/-se terminado
-terminara
bien.)

## II.2.4. **Die „-ra-Form"**

Bei der Zeitenfolge im Indikativ wird für die Vorzeitigkeit eines Tempus primarium außer dem Imperfekt oder Indefinido (s.o. II.2.2.A.) im gehobeneren Stil häufig die „-ra-Form" des Imperfekt des subjuntivo verwendet.

*Bsp.:* - Das erste Buch, das in Spanien gedruckt wurde, datiert aus dem Jahre 1474, also kurz nachdem Gutenberg die Buchdruckerkunst erfunden hatte (Text I 2).
(= El primer libro impreso en España data del año 1474, es decir, poco después de que Gutenberg *inventara* (eigentlich: inventó) la imprenta.)

- Man kann alles andere in die Ebene des Fontaneschen „weiten Feldes" verweisen (vgl. Text IV 44).
(= Uno puede proscribir todo lo demás al terreno de ese „ancho campo" que *describiera* (eigentlich: describió) Fontane.)

Die Form auf „-ra" in den o.g. Beispielen ist der Überrest eines lateinischen Plusquamperfekts des Indikativs (vgl. amaveram›amara). Andere Relikte dieses ursprünglich nicht subjunktivischen Tempus sind die Formen auf "-ra" im Hauptsatz irrealer Konditionalgefüge (vgl. II.5.4.D.c.) und ihre Verwendung bei einigen Verben anstelle der Konditionalform (vgl. I.9.3.B.g.).

## II.3. **Koordinative Satzverbindungen**

Eine Reihe dt. koordinierender Konjunktionen sind Konsekutivformen, die aus mehreren Teilen bestehen. Ihre sp. Entsprechungen müssen als Vokabeln gelernt werden. Man merke sich die folgenden Entsprechungen:

- *Entweder...oder*

*Bsp.:* Entweder kommst du mit, oder du bleibst zu Hause und spülst das Geschirr.
(= *O* te vienes con nosotros *o* te quedas en casa lavando platos.) (Zu *te* vienes s. I.9.9.C.).

II.3.

- *Nicht nur...sondern auch*

*Bsp.:* - nicht nur in den großen öffentlichen Bibliotheken, sondern auch in den Läden von Antiquitätenhändlern (Text I 4)
(= *no sólo* en las grandes bibliotecas públicas *sino también* en las tiendas de anticuarios)

- *Sowohl...als auch*

*Bsp.:* Seine Gedichte sind sowohl sehr gut geschrieben als auch gedanklich sehr tief.
(= Sus poesías están muy bien escritas *y* son además muy profundas en su contenido.)

Die sp. korrelative Konjunktion, welche dem dt. „sowohl...als auch" am nächsten kommt, ist „tanto...como". Diese kann jedoch nur nominale Syntagmen verbinden:

*Bsp.:* Sowohl die Nachbarn als auch die Kollegen sind böse auf ihn.
(= *Tanto* los vecinos *como* los colegas están enfadados con él.)

- *Weder...noch*

*Bsp.:* Ich habe ihm weder geschrieben noch ihn angerufen.
(= *Ni* le he escrito *ni* le he llamado por teléfono.)

- *Zwar...aber (doch, jedoch, allein)*

*Bsp.:* - Dieses Zimmer ist zwar schön, aber zu klein.
(= Este cuarto *será* bonito, *pero* es demasiado pequeño.)

- Es ist zwar sehr teuer, hält jedoch ein Leben lang.
(= Es muy caro, *de acuerdo/no cabe duda, pero* dura toda la vida.)

- Man kann zwar etwas erklären, doch der Zugang dazu ist etwas anderes (vgl. Text IV 33).
(= Se puede *muy bien* explicar una cosa, *pero* el que nos diga algo es otra (cosa).)

- Es war zwar verboten, betrunken zu fahren, aber nicht verboten, betrunken in einem Wagen zu schlafen (vgl. Text VIII 24).
(= *Si bien* estaba prohibido conducir borracho, no estaba prohibido dormir borracho en un coche.)

## II.4. **Asyndetische Konstruktionen im Deutschen**

II.4.1. Einige Konstruktionen und Sätze, in denen im Dt. eine *Juxtaposition* üblich ist, erfordern im Sp. zusätzlich eine Präposition oder Konjunktion.

*Bsp.*: - Herr Direktor Schneider, Köln, hält heute einen Vortrag.
(= El director Schneider, *de* Colonia, pronunciará hoy una conferencia.)

- Er hat ja gesagt. (= Ha dicho *que* sí.)

- Ich glaube ja/schon. (= Creo *que* sí.)

II.4.2. Ist diese Juxtaposition eine *Aufzählung*, so steht im Sp. anstelle der Präposition oder der Konjunktion ein Doppelpunkt.

*Bsp.*: - In diesen drei Bezirken Dichtung, Verwaltung und Predigt... (Text VI 29)
(= En estos tres ámbitos: poesía, administración y predicación...)
- Es gibt allerdings auch die gegenläufige Tendenz, die Vorurteile zu bestätigen oder sogar zu übertreffen (Text VII 36).
(= Existe también, sin embargo, la tendencia contraria: corroborar o incluso exagerar aún más los perjuicios.)

## II.5. **Der Nebensatz**

### II.5.1. **Grundsätzliches**

Um die im folgenden vorgenommene traditionelle Einteilung der Nebensätze zu verstehen, soll zunächst kurz auf ihre Klassifikation als Substantiv-, Adjektiv- und Adverbialsätze eingegangen werden. So wie im einfachen Satz die Satzelemente Substantiv, Adjektiv und Adverb das Verb oder (im Falle des Adjektivs) ein Substantiv näher bestimmen, so beziehen sich diese Nebensätze auf das übergeordnete Verb oder auf ein Substantiv des Hauptsatzes.

*Bsp.:* Im einfachen Satz:

A pesar de las intensas negociaciones no veo un éxito en el asunto.
(= Trotz der intensiven Verhandlungen sehe ich keinen Erfolg in der Sache.)

kann man einzelne Elemente durch einen Satz ersetzen und somit ein komplizierteres bzw. informationsreicheres Gefüge bilden:

(1) - *A pesar de las negociaciones* (konzessiver adverbialer Ausdruck):
- Aunque hemos mantenido negociaciones...
(= Obwohl wir Verhandlungen geführt haben...)

(2) - *Intensas* (Adjektiv):
- que han sido muy intensas...
(= die sehr intensiv gewesen sind...)

(3) - *Exito* (Substantiv: Objekt):
- que haya éxito...
(= ..., daß es Erfolg gibt.)

(1) ist ein adverbialer Konzessivsatz,
(2) ist ein Adjektiv- oder Relativsatz,
(3)ist ein Substantivsatz in Objektfunktion bzw. ein Objektsatz.

Das Gesamtgefüge nach diesen Veränderungen wäre dann:

„No veo (Hauptsatz) que haya éxito en el asunto (Substantivsatz), aunque hemos mantenido negociaciones (Adverbialer Nebensatz), que han sido muy intensas (Relativsatz)."

## II.5.2. **Substantivsätze**

### A. *Einteilung*

Die Sätze, die für ein Substantiv stehen, können auch manche seiner Funktionen im Satz übernehmen.

- als Objekt
- als Subjekt
- als Ergänzung eines anderen Nomens.

B. *Objektsätze*

Viele im Dt. durch „daß" eingeleitete Sätze sind das direkte Objekt eines transitiven Hauptverbs.
*Bsp.:* Martin sieht, daß sein Onkel kommt.
Diese Sätze werden im Sp. durch „que" eingeleitet:
*Bsp.:* Martín ve que su tío viene.

Der Modus dieser Objektsätze ist im Sp. durch das Hauptverb bedingt:

a) Wenn dieses - einen Einfluß auf den Objektsatz anzeigt oder
- eine emotionale Reaktion gegenüber der Aussage des Objektsatzes ausdrückt,

steht das Verb des Objektsatzes im *subjuntivo*.

a1) Einen Einfluß im obigen Sinne signalisieren die Verben des Wünschens, Befehlens, Bittens, Ratens, Erlaubens, Verbietens, Verpflichtens etc. (querer, desear, ordenar, pedir, rogar, aconsejar, permitir, prohibir, obligar a).

*Bsp.:* Quiero
deseo
ordeno
ruego
aconsejo — que venga pronto
permito
prohibo
obligo a

- ...que no permite que haya personas que...(Text III 46)
(= ...die nicht gelten läßt, daß es Menschen gibt, die...)

a2) Die Verben der Emotion. (Gefühle, Verwunderung etc.) drücken eine psychische Reaktion des Sprechers aus (enfadarse de, alegrarse de, molestar, extrañar etc.).

*Bsp.:* Temo
me quejo de
me alegro de
lamento — que no quiera venir.
me maravillo de
me asombro de
agradezco
disculpo

b) Wenn das Hauptverb die Handlung des Objektsatzes lediglich konstatiert, dann steht dieser im Modus *indicativo*. Festgestellt wird meistens durch
- Verben des Sagens:
decir, afirmar, explicar, destacar etc.
- Verben der physischen oder geistigen Wahrnehmung:
ver, oír, notar, sentir (= fühlen), observar etc.
- Verben der geistigen Aktivität:
pensar, recordar, creer, opinar etc.

*Bsp.:* - Digo
- veo que viene.
- creo

c) An diesen drei Verbtypen, die eine Feststellung indizieren, läßt sich zeigen, wie sensibel die sp. Sprache auf Modifikationen der Satzstruktur bzw. auf einen Perspektivenwechsel des Sprechers reagiert.

c1) Wenn diese Verben des Sagens, der Wahrnehmung und der geistigen Aktivität *verneint* werden, dann indizieren sie keine eigentliche Feststellung mehr, und im Objektsatz erscheint der subjuntivo.

*Bsp.:* - No digo que no tenga razón. (Als Entgegnung auf einen möglichen Einwand)
(= Ich will nicht etwa behaupten, daß er nicht recht hat.)
- No veo que te esfuerces mucho. (Es schwingt ein Vorwurf mit.)
(= Ich sehe nicht, daß du dich sehr bemühst.)
- No creo que quiera volver. (Der Zweifel wird hervorgehoben.)
(= Ich glaube nicht, daß er wiederkommen will.)

c2) *Indikativ* steht bei den Objektsätzen allerdings wiederum, wenn

c2.1) die Perspektive des Satzes nicht identisch ist mit der des Subjektes des Hauptverbs, d.h., wenn - diesmal aus neutraler Sicht - wieder eine Feststellung getroffen wird:

*Bsp.:* (Der Vater von Manolo ist im Garten,und jemand behauptet, daß Manolo ihn nicht sieht.)
- Manolo no ve que su padre está en el jardín.
(= Manolo sieht nicht, daß sein Vater (*tatsächlich*) im Garten ist.)
- ¿Por qué has dicho que no tiene razón?
- Eso yo no lo he dicho: yo no he dicho que no tiene razón.
(= Warum hast du gesagt, daß er nicht recht hat? Das habe ich nicht gesagt: ich habe nicht gesagt, daß er nicht recht hat.)

c2.2) der verneinte Hauptsatz als Frage (direkter oder indirekter Fragesatz) gestellt oder als Verbot (imperativo) formuliert wird:

*Bsp.:* - ¿No crees que este libro es muy bueno?
(= Meinst du nicht, daß dieses Buch sehr gut ist?)
- No recordaba si habían venido cinco o seis personas.
(= Er erinnerte sich nicht daran, ob fünf oder sechs Personen gekommen waren.)
- No digas que no es una maravilla.
(= Sag nicht, daß dies nicht wunderbar ist.)

c2.3) Bei indirekten Fragesätzen mit Interrogativpronomen findet sich in literarischer Sprache gelegentlich auch der subjuntivo:

*Bsp.:* No sé quién ha/haya venido.
(= Ich weiß nicht, wer gekommen ist.)

c3) Nach einigen Verben stehen die Objektsätze manchmal im indicativo und manchmal im subjuntivo:

c3.1) In bestimmten Fällen ändert das Verb mit dem Modus die Bedeutung.

*Bsp.:* - Digo que viene.
(= Ich *sage/behaupte*, daß er kommt.)
- Me dijo que viniera.
(= Er *forderte* mich *auf* zu kommen.)
Comprendo que tiene razón.
(= Ich *verstehe* (oder: gebe zu), daß er recht hat.)
- Comprendo que se haya enfadado.
(= Ich *habe Verständnis* dafür, daß er sich geärgert hat.)
- Hemos pensado que la mejor solución no es ésta.
(= Wir *haben überlegt*, daß dies nicht die beste Lösung ist.)
- Hemos pensado que hables tú primero.
(= Wir *haben beschlossen*, daß du zuerst sprichst.)
- Siento que ha entrado alguien.
(= Ich *fühle/spüre*, daß jemand hereingekommen ist.)
- A veces uno siente que no haya sido capaz de juzgar aquí con más claridad (vgl. Text III 38).
(= Manchmal *bedauert* man, daß er es nicht vermocht hatte, hier deutlicher zu sehen.)

c3.2) Nach anderen Verben ist die Wahl von indicativo oder subjuntivo nur eine Frage der Nuancierung. Manchmal ist nur eine gepflegtere Sprachverwendung der Grund für die Benutzung des subjuntivo.

II.5.2.B.

*Bsp.:* *Dudar*

Die Gegenüberstellung dieser zwei Sätze:

(1) Dudo que Carmen quiera venir a mi fiesta.

(2) Dudo que Carmen vendrá a mi fiesta.

zeigt, daß in (1) der Sprecher eher den Zweifel betont, während in (2) hauptsächlich die Verneinung des Nebensatzes signalisiert wird (etwa in dem Sinne: Digo que no vendrá.)

Der Unterschied ist jedoch kaum wahrnehmbar, so daß einige Autoren hier beide Modi für gleichbedeutend halten, wenn auch Übereinstimmung darin besteht, daß im gepflegteren Sp. eher der subjuntivo verwendet wird.

Vgl. dazu: - Er bestreitet, daß sie gut arbeitet.

(= *Niega* que ella trabaja/trabaje bien.)

- Mir war es nicht bekannt, daß du gekommen warst.

(= *Ignoraba* que habías/hubieras venido.)

c3.3) *Admitir, conceder* (= gestehen) und *sospechar* (= vermuten, den Verdacht haben) bezeichnen mit Subjuntivo vornehmlich das Eingeständnis und die Vermutung. Mit Indikativ bleibt diese Bedeutung zwar erhalten, aber der Grad des Zugeständnisses oder der Vermutung ist etwas geringer.

*Bsp.:* - Admito que quieras ser el primero, pero no debes hacer trampas.

(= Ich sehe ein, daß du der erste sein willst, aber du darfst nicht mogeln.)

- Admito que tienes razón. Yo me he equivocado.

(= Ich gestehe (= gebe zu), daß du recht hast. Ich habe mich geirrt.)

- Sospechaba que su propia hija tuviera la culpa.

(= Er hegte den Verdacht, daß seine eigene Tochter schuldig sei.)

Sospecho que no tienes razón.

(= Ich nehme an (= ich glaube), daß du nicht recht hast.)

c3.4) Das sp. Verb *comprender* hat grundsätzlich zwei Bedeutungen, die sich auch im Modus des nachfolgenden Verbs niederschlagen:

- „verstehen“:

Comprendo perfectamente que ésta es la mejor solución.

(= Ich verstehe sehr gut, daß dies die beste Lösung ist.)

- „Verständnis haben“:

Comprendo perfectamente que con este tiempo no quiera venir.
(= Ich habe vollstes Verständnis dafür, daß er bei diesem Wetter nicht kommen will.)

c3.5) *Temer. (= fürchten) und esperar* (= hoffen) verlangen im Prinzip den subjuntivo, wenn - und das ist die Regel - die Befürchtung und die Hoffnung im Vordergrund stehen:

*Bsp.:* - Temo que llueva hoy y no podamos salir de paseo.
(= Ich fürchte, daß es heute regnet und wir nicht spazieren gehen können.)

- Espero que mi ruego no le cause excesivas molestias (Text X 49).
(= Ich hoffe, daß meine Bitte Ihnen nicht allzu viele Unannehmlichkeiten machen wird.)

Mit dem Indikativ verschiebt sich die Bedeutung beider Verben leicht, wie man an den folgenden Beispielen beobachten kann:

*Bsp.:* - Temo que los alumnos llegarán tarde.
(= Ich fürchte, daß die Studenten zu spät kommen werden.)
(Hier behauptet der Sprecher praktisch, daß die Studenten zu spät kommen werden.)

- Espero que vendrás a mi fiesta.
(= Ich hoffe, daß du zu meinem Fest kommst./Du kommst doch zu meinem Fest, oder?)
(Diesen Satz kann man fast als Aufforderung bzw. sichere Behauptung verstehen, daß der Angesprochene zum Fest kommen wird.)

c3.6) „Esperar a“ (= auf etwas warten) und „esperar algo de“ (= erwarten) verlangen im Nebensatz immer den subjuntivo.

*Bsp.:* - Esperó a que ella terminara de hablar.
(= Er wartete darauf, daß sie mit ihrer Rede fertig war.)

- Los estudiantes esperan de una pieza de teatro que dé una solución (vgl. Text IX 11).
(= Die Studenten erwarten von einem Schauspiel, daß es eine Lösung liefere.)

C. *Subjektsätze*

a) Wie in II.5.1. erläutert, können vollständige Sätze syntaktische Funktionen im Gesamtgefüge Hauptsatz- + Nebensatz erfüllen. Ein Substantivsatz, der die Funktion des Subjektes im Hauptsatz ausübt, ist ein Subjektsatz. So läßt sich das nominale Subjekt des Satzes „Tu venida es para mí una alegría“ (= Deine Ankunft ist für mich eine Freude) wie folgt als Satz formulieren:
„*(El) que hayas venido* es para mí una alegría.“
Subjekt-Sätze werden oft verstärkt und statt mit „que“ mit „el hecho de que“ (= die Tatsache, daß) eingeleitet.
*Bsp.:* El hecho de que hayas venido representa para mí una alegría inconmensurable.
(= Die Tatsache, daß du gekommen bist, bedeutet für mich eine unermeßliche Freude.)

b1) Die Verwendung des Artikels („*el*“) zur Einleitung von Subjektsätzen ist grundsätzlich nicht erforderlich. Soll jedoch der Substantiv-Charakter des Subjektsatzes hervorgehoben werden (z.B. bei einer Gegenüberstellung), so steht der Artikel. Dieser wird erfahrungsgemäß meistens auch dann verwendet, wenn der Que-Satz vor dem Hauptsatz steht (vgl. I.9.5.A.b.).
*Bsp.:* - El que haya venido es importante, no el que haya traído un regalo.
(= Daß er gekommen ist, ist wichtig, nicht daß er ein Geschenk mitgebracht hat.)
- El que venga esta tarde es improbable.
(= Es ist sehr unwahrscheinlich, daß er heute Nachmittag kommt.)
Aber bei der häufigeren Nachstellung folgt der Subjektsatz meist ohne Artikel: Es improbable que venga esta tarde.

b2) Wenn der Subjektsatz sich auf etwas Bekanntes oder eben Erwähntes bezieht, wird durch Verwendung des Neutrumartikels „*lo*“ oder eines *Neutrum-Pronomens* + *de* eine Verstärkung erreicht.
*Bsp.:* - Lo de que estuvo enfermo es cierto.
(= Daß er krank war, stimmt.)
- Eso de que no pueda venir es mentira.
( Daß er nicht kommen kann, ist nicht wahr.)
- Aquello de que ganaran mucho dinero fue una gran suerte.
(= Daß sie viel Geld verdient haben, war ein großes Glück.)

Wie den Übersetzungen zu entnehmen ist, verfügt das Dt. nicht über analoge Ausdrücke.

c) Zur Wahl des *indicativo* oder *subjuntivo* bei den Subjektsätzen ist folgendes zu beachten:

c1) Meistens sind diese Nebensätze Subjekt eines Gefüges „Subjekt - Kopula - Nominalprädikat":
El que haya venido es interesante.
(= Daß er gekommen ist, ist interessant.)

c2) Wenn das Nominalprädikat eine subjektive Beurteilung beinhaltet, dann steht im Subjektsatz der *subjuntivo*:
*Bsp.*: Es lógico que no quiera venir hoy.
(= Es ist logisch, daß er heute nicht kommen will.)

c3) Wenn das Nominalprädikat einfach einen Sachverhalt ausdrückt, dann steht im Subjektsatz der *indicativo*:
*Bsp.*: Es cierto que no quiere venir hoy.
(= Tatsache ist, daß er heute nicht kommen will.)

Wird die Aussage negiert, so steht allerdings *subjuntivo*:
*Bsp.*: No es cierto que no quiera venir.
(= Es ist nicht wahr, daß er nicht kommen will.)

c4) Das in c2) und c3) erwähnte Kriterium gilt auch, wenn die Subjektsätze von einem unpersönlichen Ausdruck abhängig sind.

c4.1) *Mit Subjuntivo*
*Bsp.*: - *Más vale que* te calles.
(= Es ist besser, daß du schweigst.)
- *Conviene que* te calles.
(= Es ist angebracht, daß du schweigst.)
- *Hace falta que* te decidas pronto.
(= Es ist nötig, daß du dich bald entscheidest.)
- *Basta que* te decidas para que empecemos.
(= Es genügt, daß du dich entscheidest, damit wir anfangen.)

c4.2) *Mit Indicativo*

*Bsp.:* - *Está visto que* no se puede hablar contigo.
(= Es ist offensichtlich, daß man mit dir nicht reden kann.)
- ¿Qué ocurre/sucede? (= Was ist los?)
- *Ocurre/sucede que* se ha marchado sin despedirse.
(= Er ist einfach weggegangen, ohne sich zu verabschieden.)
- *Estaba fuera de duda que* los poetas se sirven de la lengua española (vgl. Text VI 15).
(= (Es) stand außer Frage, daß die Dichter sich der spanischen Sprache bedienen.)

d) Wenn der Subjektsatz Subjekt eines transitiven oder intransitiven Vollverbs ist, wird praktisch immer der Subjuntivo verwendet.
*Bsp.:* - El que dijeras eso no me gustó nada.
(= Daß du mir dies gesagt hattest, gefiel mir gar nicht.)
- El que llegues tan tarde significa que no tienes interés por nuestras actividades.
(= Daß du so spät kommst, bedeutet, daß du kein Interesse an unseren Aktivitäten hast.)

D. *Mit Präposition eingeleitete Sätze*

a) Im einfachen Satz kann ein Substantiv mittels einer Präposition ein anderes Substantiv oder Adjektiv ergänzen.
*Bsp.:* - amor por los hombres
(= Liebe zu den Menschen)
- deseo de compañía
(= Wunsch nach Gesellschaft)
- contento con su regalo
(= zufrieden mit seinem Geschenk)

Das als Ergänzung verwendete Substantiv übt dann die Funktion eines Adjektivs (Attributs) aus. Die an die Stelle dieses ergänzenden Substantivs tretenden „que"-Sätze heißen daher *„Präpositionale Attributivsätze"*, werden aber gewöhnlich in der Grammatik unter den Substantivsätzen behandelt.

Während im Sp. diese „que-Sätze" durch eine Präposition eingeleitet werden, steht im Dt. lediglich ein Komma zwischen dem ergänzten Substantiv bzw. Adjektiv und dem folgenden „daß-" bzw. Infinitivsatz.

*Bsp.:* - El ruego *de que* se dejen las categorías mentales foráneas fuera... (vgl. Text IV 26)
(= Die Bitte, fremde Denk-Kategorien in der Fremde zu lassen...)
- Podemos partir de la base *de que* España, a comienzos del siglo XVI, tenía dos lenguas (Text VI 2).
(= Man kann davon ausgehen, daß Spanien zu beginn des 16. Jahrhunderts zwei Sprachen hatte.)
- La regla *de que* los sermones se predican en español... (Text VI 2)
(= Die Regel, daß die Predigten spanisch gehalten werden...)

b) Die Regeln für den Modus der präpositionalen Attributivsätze sind die gleichen, die für die Objektsätze gelten (s. II.5.2.B.): Wenn das ergänzte Substantiv oder Adjektiv (von seiner Bedeutung her)
- einen Einfluß auf den präpositionalen Attributivsatz anzeigt oder
- eine emotionale Reaktion gegenüber der Aussage des präpositionalen Attributivsatzes ausdrückt,
steht das Verb des präpositionalen Attributivsatzes im *subjuntivo.*

*Bsp.:* - el deseo de que venga
(= der Wunsch, daß er kommt)
- la alegría de que venga
(= die Freude, daß er kommt)

Wenn das ergänzte Substantiv oder Adjektiv die Handlung des präpositionalen Satzes lediglich konstatiert, dann steht dieser im Modus *indicativo*.

*Bsp.:* - la afirmación de que viene
(= die Behauptung, daß er kommt)
- ... la impresión de que la literatura y la política son entidades de igual valor (vgl. Text V 4)
(= ...der Eindruck, Literatur und Politik seien gleichwertige Größen)

E. *Indirekte Fragesätze*

a) Im Unterschied zu den selbständigen Fragesätzen sind indirekte Fragen Nebensätze, die von einem Hauptverb des „Sagens" oder des „Denkens" abhängig sind. Die Haupttypen sind:
- *Ergänzungsfragen* (durch Interrogativpronomina oder -adverbien eingeleitet):

*Bsp.:* Wir fragten ihn, wo er gewesen sei.
(= Le preguntamos dónde había estado.)

- *Entscheidungsfragen* (durch „ob"/„si" eingeleitet):
*Bsp.:* Wir wußten nicht, ob er kommen würde.
(= No sabíamos si vendría.)

b) Im Dt. wird der Nebensatzcharakter durch die Endstellung des Verbs deutlich. In der sp. Umgangssprache findet man immer wieder Beispiele, in denen vor dem Interrogativpronomen oder -adverb die sonst nach Verben des „Sagens" oder „Denkens" übliche Konjunktion „que" hinzugefügt wird.
*Bsp.:* - Le preguntó (que) cuándo terminaría.
(= Er fragte ihn, wann er fertig sein würde.)
- Pensaba (que) cómo podría resolver el problema de la mejor manera.
(= Er überlegte, wie er das Problem am besten lösen könnte.)

Die Fragepartikel (außer der Konjunktion „si" [= „ob"]) tragen im Sp. Akzent. Der Modus der indirekten Fragesätze ist (wie auch sonst in Nebensätzen, die von Verben des „Sagens" und „Denkens" abhängen) der Indikativ.

c) Die Fragen können sich auf die verschiedenen Umstände beziehen:

c1) *Ort*
- No sabe a dónde vamos.
(= Er weiß nicht, wohin wir gehen.)

c2) *Zeit*
- Le preguntó cuándo volvería.
(= Er fragte ihn, wann er zurückkehren würde.)

c3) *Ursache*
- Le preguntamos por qué no quería venir.
(= Wir fragten ihn, warum er nicht kommen wolle.)

c4) *Zweck*
- No sabía para qué servía esa máquina.
(= Er wußte nicht, wozu diese Maschine diente.)

c5) *Art und Weise*
- Le preguntamos cómo se hacía esto.
(= Wir fragten ihn, wie man das mache.)

d) Der indirekte Fragesatz kann auch Bestandteil eines anderen syntaktischen Gesamtgefüges sein. Dann verhält er sich wie ein selbständiger Satz. Im folgenden Beispiel ist er Hauptsatz einer irrealen Bedingung der Vergangenheit.

*Bsp.:* Ich dachte oft, wie alles gekommen wäre, wenn ich Hedwig nicht abgeholt hätte (vgl. Text X 2).
(= He pensado muchas veces cómo hubiera/habría sido todo si yo no hubiera ido a recoger a Hedwig.) (Vgl. dazu II.5.4.D.c.)

e) Indirekte Fragesätze können sich auf Personen oder Sachen beziehen. Die einleitenden Fragepronomina haben hierbei die Form von betonten Relativpronomina.

*Bsp.:* - No sabemos quién ha venido.
(= Wir wissen nicht, wer gekommen ist.)
- Le preguntamos qué le había ocurrido.
(= Wir fragten ihn, was ihm passiert sei.)
- No sabíamos cuáles eran tus sobrinos.
(= Wir wußten nicht, welche deine Neffen waren.)

Zum Vergleich mancher substantivierter Relativsätze mit indirekten Fragesätzen s. Text IV 21.

## II.5.3. **Adjektiv- oder Relativsätze**

### A. *Funktionen des Relativsatzes*

a) Relativsätze üben die Funktion eines Adjektivs aus und ergänzen entsprechend ein Substantiv.

Das Relativpronomen, das den Relativsatz einleitet, kann in diesem verschiedene syntaktische Funktionen ausüben.

*Bsp.:* - ***Subjekt***
- El amigo *que* estudia tanto se llama Manolo.
(= Der Freund, der so viel studiert, heißt Manolo.)

- *Objekt*
- El amigo *que* viste ayer se llama Manolo.
(= Der Freund, den du gestern gesehen hast, heißt Manolo.)
- *präpositionale Ergänzung*
- El amigo *de quien* te hablé se llama Manolo.
(= Der Freund, von dem ich dir erzählte, heißt Manolo.)

b) Illative Funktion

Sowohl im Dt. als auch im Sp. beziehen sich manche Relativsätze nicht auf ein Wort des übergeordneten Satzes, sondern auf den gesamten übergeordneten Satz.
*Im Dt.* werden diese Sätze durch „was" eingeleitet.
*Bsp.:* Er sprach sehr engagiert, *was* sein Interesse für diese Angelegenheit offenbarte.

Die Funktion dieser Relativsätze ist dann nicht mehr eine attributive (= nähere Bestimmung eines Substantivs aus dem Hauptsatz), sondern eine *illative* (= weiterführender Nebensatz). Dadurch wird meistens eine Reflexion oder ein Kommentar über den Hauptsatz zum Ausdruck gebracht.
Der (quasi-) koordinative Charakter dieser Sätze wird deutlich, wenn im Dt. „was" durch das Demonstrativpronomen „das" ersetzt wird.
*Bsp.:* Er sprach sehr engagiert; *das* offenbarte sein Interesse an dieser Angelegenheit.

Das Sp. - in der Tradition des lateinischen „Relativischen Satzanschlusses" - verwendet in diesen Fällen als Anknüpfungspronomina die Relativen „que" oder „cual" mit dem Neutrumartikel „lo".
*Bsp.:* Habló con gran apasionamiento, *lo que/lo cual* demostraba su interés por ese asunto.

In der sp. Umgangssprache steht oft für „lo que"/„lo cual" „cosa que":
*Bsp.:* Manolo siempre estaba contento, *cosa que* yo por aquel entonces no comprendía.
(= Manolo war immer sehr froh, was ich damals nicht verstand.)

Nach bestimmten Präpositionen stehen im Dt. statt „was" *Pronominaladverbien* (wodurch, dadurch etc.).
*Bsp.:* - Er schüttelte energisch den Kopf, *womit* er zu verstehen gab, daß er nicht einverstanden war.
(= Movió enérgicamente la cabeza, *con lo que* (*cual*) dio a entender que no estaba de acuerdo.)
- Er ließ den Jubilar hochleben, *wobei* alle Beifall klatschten.
(= Dio vivas al homenajeado, *a lo que (cual)* todos aplaudieron.)

B. Im Sp. gibt es *zwei Arten von Relativsätzen*:
- Oraciones de relativo *especificativas*
- Oraciones de relativo *explicativas*

Die ersten *definieren* das Beziehungswort, die zweiten fügen eine *zusätzliche Erklärung* hinzu. (Vgl. I.9.5.C.c2.)

a) Especificativas

*Bsp.:* El concierto que televisaron ayer fue muy bueno.
(= Das Konzert, das gestern übertragen wurde, war sehr schön.)
Vgl. Text V 14

Diese Relativsätze werden ohne Pause gesprochen und in der Schrift ohne Komma angeschlossen. Sie sind zur Kennzeichnung des Beziehungswortes notwendig.

b) Explicativas

*Bsp.:* El concierto de Año Nuevo, que televisaron ayer, fue muy bueno.
(= Das Neujahrskonzert, das gestern übertragen wurde, war sehr schön.)

Das Konzert ist durch „de Año Nuevo“ bereits determiniert. Der Relativsatz bringt daher lediglich eine zusätzliche Erklärung. Relativsätze dieser Art werden mit einer Pause gesprochen und in der Schrift mit Kommata versehen. Sie sind zum Verständnis der eigentlichen Aussage nicht notwendig.

C. *Zu den Relativpronomina*

a) QUE ist das häufigste Relativpronomen. Als *Subjekt* des Relativsatzes und bezogen auf Personen läßt es sich durch QUIEN oder „Artikel + QUE“ austauschen, wenn es sich um oraciones relativas *explicativas* handelt:

*Bsp.:* - Los estudiantes alemanes, que (oder: quienes/los que) tienen una lengua tan difícil, aprenden fácilmente el español.
(= Die deutschen Studenten, die eine so schwierige Sprache sprechen, lernen leicht Spanisch.)

*Aber:* - Los alumnos que estudian todos los días aprenden rápidamente una lengua extranjera.
(= Schüler, die täglich lernen, erwerben schnell eine Fremdsprache.)

Hier ist nur „que“ möglich, da das Relativpronomen *Subjekt* einer „oración de relativo especificativa“ (und nicht „explicativa“) ist.

Wenn QUIEN bzw. „Artikel + QUE“ nicht das Subjekt des Relativsatzes ist, kann es in beiden Arten von Relativsätzen verwendet werden.

*Bsp.:* - Los estudiantes con quienes hablamos el otro día...
(= Die Studenten, mit denen wir neulich sprachen...)
- Me lavé pensando en la hija de Muller, ***a la que*** no conocía en absoluto (Text X 33).
(= Ich wusch mich und dachte an Mullers Tochter, die ich gar nicht kannte.)

b1) Statt QUE kann auch EL (LA...) CUAL/CUALES als Subjekt eines Relativsatzes explicativa verwendet werden. Diese Form ist etwas gewählter und wird vornehmlich benutzt, wenn das Beziehungswort nicht unmittelbar vorangeht.

*Bsp.:* Sólo entonces el Romanticismo llegará a tener importancia, el cual se importa del norte de Europa (vgl. Text VII 15).
(= Erst dann hat die Romantik Bedeutung, die ein Import aus dem Norden Europas ist.)

b2) Für den Fall, daß das Beziehungswort nicht unmittelbar vorangeht, besteht eine weitere Anknüpfungsmöglichkeit darin, gewissermaßen als Stütze ein zusätzliches Beziehungswort einzuführen, welches das erste wieder aufnimmt.

*Bsp.:* La exigencia general de una respuesta, de una respuesta general, ***esa exigencia que*** a menudo suena tan a reproche... (Text IX 34)
(= Das allgemeine Verlangen nach einer Antwort, einer allgemeinen, das oft so vorwurfsvoll ertönt...)

c) Anders als im Dt. steht das sp. Relativpronomen ohne Präposition, wenn sein Beziehungswort die Funktion einer adverbialen Zeitangabe erfüllt.

*Bsp.:* - En las semanas que estuvimos trabajando en Sevilla...
(= In den Wochen, ***in*** denen wir in Sevilla gearbeitet haben...)
- Un día que la vi me dijo ...
(= An einem Tag, ***an*** dem ich sie sah, sagte sie zu mir ...)

Zum bestimmten Artikel mit Relativpronomen und Präposition s. I.1.2.

D. ***Relativadverbien***

Weit häufiger als im Dt. lassen sich im Sp. Adverbien in Relativfunktion verwenden:

a) DONDE

wird verwendet, wenn das Beziehungswort eine Ortsangabe ist.

*Bsp.:* - El pueblo donde nos conocimos está hoy abandonado.
(= Das Dorf, in dem wir uns kennenlernten, ist heute verlassen.)
- Alphons Clenin encontró allí donde la carretera de Lamboing sale del bosque un mercedes azul (Vgl. Text VIII 4).
(= Alphons Clenin fand dort, wo die Straße von Lamboing aus dem Walde hervortritt, einen blauen Mercedes.)

Mit den Präpositionen „de" und „por" drückt DONDE als relativischer Satzanschluß (s. II.5.3.A.b.) eine *Folge* aus.

*Bsp.:* Se encerró en el despacho, de donde dedujimos que tenía un trabajo urgente entre manos.
(= Er zog sich in sein Arbeitszimmer zurück; daraus entnahmen wir, daß er mit einer dringenden Arbeit beschäftigt war.)

b) COMO

wird verwendet, wenn das Beziehungswort Art und Weise ausdrückt.

*Bsp.:* No se ponían de acuerdo en la manera como habían de formular la carta.
(= Sie kamen nicht über die Art und Weise überein, wie sie den Brief formulieren sollten.)

c) CUANTO

wird häufig ohne eigentliches Beziehungswort mit Bezug auf eine Menge verwendet.

*Bsp.:* Podéis comer (todo) cuanto queráis.
(= Ihr könnt soviel essen, wie ihr wollt.)

„Cuanto" steht auch bei verallgemeinernden Aussagen.

*Bsp.:* Cuantos hablen con él lo comprenderán enseguida.
(= Alle, die mit ihm sprechen, werden es sofort verstehen.)

E. *Verbmodus in den Relativsätzen*

a) Der Modus des Relativsatzes wird durch eine einfache Regel festgelegt:

Ist der vom Beziehungswort indizierte Gegenstand dem Sprecher bekannt, steht im Relativsatz der *indicativo,* ist er ihm unbekannt, der *subjuntivo.*

*Bsp.:* - Tengo una secretaria que trabaja muy bien.
(= Ich habe eine Sekretärin, die sehr gut arbeitet.)

*Aber:* - Busco una secretaria que trabaje bien.
(= Ich suche eine Sekretärin, die gut arbeitet.)

Beachte auch den Unterschied:

- Busco a alguien que sabe inglés.
(= Ich suche jemanden, der Englisch kann.) Ich weiß bereits, wen ich suche!
- Busco a alguien que sepa inglés.
Ich kenne den Betreffenden nicht. Ich suche überhaupt jemanden, der Englisch kann.

Vgl. dazu: la norma vinculante para el difícil momento en que el bien común pueda verse en peligro (Text II 24)
(= verbindliche Richtschnur für den schwierigen Augenblick, in dem das Gemeinwohl möglicherweise in Gefahr gerät)

b) Zur Einführung *verallgemeinernder Relativsätze* gibt es im Dt. wie im Sp. spezifische Wendungen. Im folgenden werden die wichtigsten Entsprechungen angeführt:

*Bsp.:* - Quienquiera que/cualquiera que: wer auch immer
A cualquiera que llame, dile que no estoy.
(= Wer auch immer anruft, sage ihm, daß ich nicht da bin.)
- Cualquier + Subst. + que: welcher (+ Subst.) auch immer/jeder, der
Cualquier coche que tenga catalizador goza de ventajas fiscales.
(= Jeder Wagen, der mit Katalysator ausgerüstet ist, erhält Steuervorteile.)
- De cualquier modo que: wie auch immer
De cualquier modo que lo haga ella, estará bien hecho.
(= Wie auch immer sie es tut, wird es gut sein.)
- En cualquier parte que/dondequiera que: wo auch immer

Auch bei der Verwendung dieser Formeln ist die Bekanntheit der Bezugsgröße ausschlaggebend für den Gebrauch des Modus.

*Bsp.:* Dondequiera que le ve, le saluda cordialmente.
(= Wo er ihn auch sieht, grüßt er ihn herzlich.)

In der Regel aber beziehen sich diese verallgemeinernden Relativsätze auf eine unbekannte oder allgemeine Größe, so daß meistens hier der subjuntivo steht.

*Bsp.:* - indispensables para el que quiera estudiar la historia de España y América (Text I 45)
(= unentbehrlich für den, der die Geschichte Spaniens und Amerikas studieren will)
- ... comprometido con todo su ser dondequiera que estuviese (Text III 52)
(= ... mit seinem ganzen Dasein engagiert, wo er auch war)

F. *Substantivierung der Relativsätze*

a) Wie in II.5.1. erläutert, entspricht ein Adjektiv- oder Relativsatz einem Adjektiv. Wie ein normales Adjektiv kann auch ein Relativsatz - durch Verwendung des Artikels - substantiviert werden (vgl. dazu I.1.3.).

*Bsp.:* So wie in dem Satz
Los amigos encargados del deporte se han reunido.
(= Die mit dem Sport beauftragten Freunde sind zusammengekommen.)
das Adjektiv „encargados" sich mit einem Artikel substantivieren läßt:
Los encargados del deporte se han reunido.
(= Die Sportbeauftragten sind zusammengekommen.),
läßt sich auch die gleiche Operation mit dem Relativsatz
Los amigos *que están encargados del deporte* se han reunido.
vollziehen:
*Los que están encargados* del deporte se han reunido.

Diese Möglichkeit der einfachen Artikelsetzung ist im Dt. nicht gegeben. Man übersetzt etwa:
Diejenigen, die mit dem Sport beauftragt wurden, sind zusammengekommen.

b1) Der substantivierende Artikel stimmt in Geschlecht und Zahl mit dem Beziehungswort überein.

*Bsp.:* - Carmen es *la* que llora.
(= Es ist Carmen, die weint.)
- Manolo es *el* que viene.
(= Es ist Manolo, der kommt.)
- Fueron los árabes los que nos legaron esta forma de administrar justicia (Text II 12).
(= Es waren die Araber, die uns diese Form der Gerichtsbarkeit hinterlassen haben.)

Bei der Übersetzung ins Sp. achte man darauf, den – unverzichtbaren – Artikel zu setzen. Vor allem, wenn – wie in den obigen Beispielen – der substantivierte Relativsatz als Nominalprädikat fungiert, ist hier die Fehlergefahr groß. Erfahrungsgemäß vergißt man gerade in dieser Konstruktion beim Übersetzen den Artikel sehr oft.

Vgl. dazu:
- Diese Stühle sind es, die mir gefallen.
(= Estas sillas son *las* que me gustan.)
- Diese Bücher sind es, die ich brauche.
(= Estos libros son *los* que necesito.)

b2) Wenn das Beziehungswort des substantivierten Relativsatzes eine Person ist, läßt sich das Syntagma „Artikel + que" durch „quien/quienes" ersetzen.

*Bsp.:* - María es *la que/quien* llora.
- Manolo y Antonio son *los que/quienes* vienen.
- *Quien (= el que)* se dedica al estudio de la Historia tiene muchas posibilidades de... (Text I 35)
(= Wer sich dem Studium der Geschichte widmet, hat dann reichlich Gelegenheit...)
Vgl. Text IV 47

b3) Der Neutrumartikel „lo" substantiviert Relativsätze, die sich auf ein Neutrum-Demonstrativpronomen und/oder einen ganzen Sachverhalt beziehen.

*Bsp.:* - Lo que pasó ayer fue muy divertido.
(= (Das), was gestern passierte, war recht amüsant.)
- La literatura, por/en lo que respecta a su papel en la política, ha sido sobrevalorada (vgl. Text V 38).
(= Was ihre Rolle in der Politik angeht, wurde die Literatur überschätzt.)
- por lo que respecta al español, estaba primeramente fuera de duda que... (vgl. Text VI 14)
(= was das Spanische betrifft, so stand zunächst außer Frage, daß...)

Wie man sehen kann, ist der mit „lo“ substantivierte Relativsatz etwas anderes als der relativische Anschluß „lo que„, der in II.5.3.A.b. behandelt wurde. Der substantivierte Relativsatz übt im Ganzen eine syntaktische Funktion aus, während der relativische Anschluß ein selbständiger Satz ist.

*Bsp.:* - No comprendo lo que quieres decir.
(= Ich verstehe nicht, was du sagen willst.)
(*Substantivierter Relativsatz* in der Funktion eines Akkusativobjektes)
- Estuvo trabajando toda la tarde, lo que me parece muy bien.
(= Er arbeitete den ganzen Nachmittag, was ich sehr gut finde.)
(*Relativischer Satzanschluß* in illativer Funktion)

c) Der substantivierte Relativsatz kann auch Terminus eines Vergleichs sein (vgl. I.3.3.B.).

c1) Die Vergleichspartikel („que“ oder „de“) richtet sich - wie im nominalen Vergleich - danach, ob ein bloßer Vergleich zweier Termini („que“) oder ein Mengenvergleich („de“) vorliegt:

*Bsp.:* - Este coche te gustará más que el que vimos ayer.
(= Dieser Wagen wird dir besser gefallen als der, den wir gestern sahen.)
- Juan tenía más dinero del que necesitaba.
(= Juan hatte mehr Geld, als er brauchte.)
- Juan tenía más manzanas de las que necesitaba.
(= Juan hatte mehr Äpfel, als er brauchte.)

c2) Wenn der Relativsatz kein konkretes Beziehungswort hat, sondern sich auf einen bekannten Gedanken oder eine eben gemachte Aussage bezieht, dann wird dieser Satz durch den Artikel „lo“ substantiviert.

*Bsp.:* - La tendencia de, a base de interpretarla, adjudicar a la literatura de estos años más de lo que realmente allí se contiene (vgl. Text VII 33).
(= Die Versuchung, mehr in die Literatur dieser Zeit hineinzutragen, als in ihr enthalten ist.)
- Estas jovencitas suelen tener más hambre de lo que dicen (vgl. Text X 31).
(= Diese jungen Mädchen haben meistens mehr Hunger, als sie zugeben.)

d) Substantivierte Relativsätze können - wie jedes Substantiv - mit Präpositionen eingeführt werden.

*Bsp.:* – Ya conoces al que Manolo nombra en su carta.
(= Du kennst den schon, den Manolo in seinem Brief erwähnt.)
- Sé con los que cuento.
(= Ich weiß, mit wem ich rechnen kann.)

e) Zusammenfassend sei vermerkt, daß diese substantivierten Relativsätze die verschiedenen syntaktischen Funktionen eines Substantivs ausüben können: Subjekt, Prädikatsnomen, Objekt und, in Verbindung mit Präpositionen, adverbiale Angaben:

e1) *Subjekt*
- *Lo* que entonces me parecía perfectamente aceptable se habría convertido en un infierno (Text X 20).
(= Was mir damals ganz passabel erschien, wäre die Hölle geworden.)

e2) *Nominalprädikat*
- María es *la* que llora.
(= Maria ist *diejenige, die* weint.)

e3) *Objekt*
- Se acercó al automóvil con la intención de despertar al que dormía (Text VIII 21).
(= Er trat mit der Absicht ans Automobil, den Schlafenden zu wecken.)
- De las tres casas, compró la que tenía balcón.
(= Von den drei Häusern kaufte er dasjenige, das einen Balkon hatte.)

e4) *Präpositionale Ergänzung*
- ... indispensables para el que quiera estudiar la historia de España y América (Text I 44)
(= ... unentbehrlich für den, der die Geschichte Spaniens und Amerikas studieren will)
- Resuena en sus palabras algo de lo que desde Schiller viene llamándose orgullo (Text IV 22).
(= So klingt darin etwas an, das man seit Schiller als Stolz zu bezeichnen gewohnt ist.)

e5) *Adverbsatz*
- Manolo bailó con la que le guiñó un ojo.
(= Manolo tanzte mit der, die ihm zuzwinkerte.)
- Hablaré de lo que quieras.
(= Ich werde über das sprechen, was du willst.)

f) Für den *Modus der substantivierten Relativsätze* gilt das für die normalen Relativsätze bereits Gesagte (II.5.3.E.a.): Ist dem Sprecher der im Beziehungswort enthaltene Sachverhalt bekannt, dann steht der Indikativ, sonst der subjuntivo.

*Bsp.:* - indispensables para el que quiera estudiar la historia de España y América (Text I 45)
(= unentbehrlich für den, der die Geschichte Spaniens und Amerikas studieren will. Etwa: „für wen auch immer“)

*Aber:* - Manolo bailó con la que le guiñó un ojo.
(= Manolo tanzte mit der, die ihm zuzwinkerte.)
Hier ist die Bezugsgröße - eine bestimmte Person - bekannt.
- Pero quien sea capaz de bordear los diferentes Escilas y Caríbides llegará quizá a sentir... (Text IV 47)
(= Wer aber die verschiedenen Szyllen und Charybdisse umschifft, vermag vielleicht...)

g) Der substantivierte Relativsatz kann durch „todo" generalisiert werden. Das Syntagma „todo + Artikel + Relativpronomen" kann im Plural und im Neutrum durch „cuanto" ersetzt werden.
*Bsp.:* - Todo el que quiera podrá participar en el viaje.
(= Jeder, der will, kann an der Reise teilnehmen.)
- Regalad todo lo que (= cuanto) poseéis (Text IX 17).
(= Verschenkt, was ihr besitzt.)
- Todos los que (= cuantos) estuvieron ayer en la fiesta oyeron la noticia.
(= Alle, die gestern beim Fest waren, hörten die Nachricht.)

## II.5.4. **Adverbiale Nebensätze**

Nachfolgend sollen Nebensätze in adverbialer Funktion untersucht werden, wobei auf übersetzungsrelevante Aspekte besonders einzugehen ist.

### A. *Finalsätze*

a) Wie im Dt. (um ... zu + Inf.) werden im Sp. solche Finalsätze, die dasselbe Subjekt wie der Hauptsatz haben, mit Präposition und Infinitiv gebildet.
*Bsp.:* Vengo a clase para/por aprender español.
(Vgl. dazu I.6.2.B.a.)

b) Die dt. Konjunktion „damit", welche Finalsätze einleitet, die ein anderes Subjekt als das des Hauptsatzes haben, wird im Sp. meistens durch „para que" wiedergegeben. Soll die Zweckbestimmung nur schwach betont werden, steht „a que", bei starker Betonung „a fin de que". Der Modus der Finalsätze ist stets der *subjuntivo*.
*Bsp.:* (1) Vengo *a que* mi expliques la gramática.
(= Ich komme, damit du mir die Grammatik erklärst.)

(2) *para que* no se nos diga desde el extranjero lo que tenemos que hacer para actuar correctamente (Text IV 20)
(= damit man uns nicht vom Ausland aus sagt, wie wir es richtig zu machen haben)
(3) *A fin de que* aprendan de una vez la gramática, me he decidido a trabajar con Vds. también los sábados.
(= Damit Sie endlich die Grammatik lernen, habe ich mich entschlossen, auch samstags mit Ihnen zu arbeiten.)

Soll außerdem die Zweckursache (bzw. der Beweggrund) hervorgehoben werden, steht gelegentlich „porque" (vgl. entsprechend I.6.2.B.a.).

(4) *Porque* no le vieran en mangas de camisa, se puso rápidamente la chaqueta.
(= Um zu vermeiden, in Hemdsärmeln gesehen zu werden, zog er schnell die Jacke an.)

B. *Kausalsätze*

a) Für gewöhnlich werden Kausalsätze durch „porque" eingeleitet. Um die Ursache stärker hervorzuheben, kann statt „porque" auch „ya que" verwendet werden.
*Bsp.:* *Ya que* no quieres saber la verdad, es inútil que sigamos hablando.
(= Da du ja doch nicht die Wahrheit erfahren willst, hat es keinen Sinn, daß wir weiter miteinander sprechen.)

b) „Puesto que" hebt die Angabe der Ursache noch stärker hervor. Für diese konjunktionale Wendung gibt es im Dt. keine unmittelbare Entsprechung.
*Bsp.:* No te daré más dinero, *puesto que* no lo sabes gastar bien.
(= Ich gebe dir kein Geld mehr, da du ja doch nicht damit umgehen kannst.)

c) Andererseits gibt es wiederum im Sp. keine direkte Entsprechung für die Kausalkonjunktion des Dt. „zumal" (= „vor allem da/besonders weil"). Diese ist im Sp. durch eine Umschreibung wiederzugeben, z.B. mit „sobre todo + teniendo en cuenta que"/„si se tiene en cuenta que" oder mit „porque"/„sobre todo porque".
*Bsp.:* - Die modernen Verleger eröffnen dem Leser Möglichkeiten auf allen Gebieten des Geisteslebens, *zumal* in den letzten Jahren die Umsätze in diesem Bereich sehr lukrativ geworden sind (vgl. Text I 23).
(= Los editores modernos ofrecen al lector posibilidades en todos los sectores de la vida intelectual, *sobre todo teniendo en cuenta que* en los últimos años las ventas en este sector se han vuelto muy lucrativas.)

d) Darüber hinaus wird - vor allem im Gesprochenen - einfach „que" verwendet, was besonders für das Altspanische typisch ist.

*Bsp.:* No hable Vd. tan alto, *que* no soy sordo.
(= Reden Sie nicht so laut, ich bin doch nicht taub.)

e) Wenn der Kausalsatz dem Hauptsatz vorangestellt ist, wird die Konjunktion „como" benutzt. Im Dt. „da".

*Bsp.:* *Como* el caudal del río Turia era muy escaso, se inventó una sabia distribución del agua (vgl. Text II 18).
(= Da die Wassermenge des Flusses Turia sehr gering war, wurde eine kluge Verteilung des Wassers überlegt.)

Als Relikt der lateinischen Sprache und in gewähltem Stil findet sich in der Zeitstufe der Vergangenheit die Verwendung „como + Imperfekt subjuntivo" mit einer zusätzlichen temporalen Nebenbedeutung.

*Bsp.:* - Como el caudal del río Turia fuera muy escaso...
- Como nadie le respondiera, se retiró muy decepcionado.
(= Da ihm keiner antwortete, ging er sehr enttäuscht weg.)

f) Modus

Der normale Modus der Kausalsätze ist der *Indikativ*, da hier für gewöhnlich eine reale Begründung angegeben wird.
*Subjuntivo* in Kausalsätzen steht nur, wenn

f1) eine konzessive Bedeutung hinzukommt,

*Bsp.:* Yo creo que porque su padre sea juez, no tiene derecho a portarse así.
(= Ich glaube, daß er, auch wenn sein Vater Richter ist, kein Recht hat, sich so zu verhalten.)

f2) der Grund verneint wird,

*Bsp.:* No es porque lo haya escrito yo, pero es precioso.
(= Nicht weil ich das geschrieben habe, aber es ist wunderbar.)

f3) ein finaler Sinn hinzukommt (vg. II.5.4.A.b.(4)),

*Bsp.:* No siguió hablando porque no se enfadara su mujer.
(= Er redete nicht weiter, damit seine Frau nicht böse würde.)

f4) Disjunktivkonstruktionen vorliegen, bei denen die Gründe eher Annahmen sind.

*Bsp.:* Ya porque hiciera frío, ya porque tuviera dolores de cabeza, nunca llegaba puntualmente a la oficina.
(= Sei es daß es kalt war, sei es daß er Kopfschmerzen hatte, pünktlich kam er nie ins Büro.)

C. *Konsekutivsätze*

a) Wie im Dt. können Konsekutivsätze im Sp. mit einer Partikel des Hauptsatzes korrelieren.

*Bsp.:* - Er drückte den Hut *so* tief, *daß* er die Wunde nicht mehr sehen konnte (vgl. Text VIII 48).
(= Le puso el sombrero *tan* bajo *que* ya no pudo ver la herida.)
- Er sprach *so* viel, *daß* er die Stimme verlor.
(= Habló *tanto que* perdió la voz.)

Sie können aber auch direkt von einer eigenen Konsekutivkonjunktion eingeleitet werden.

*Bsp.:* Der Saal erweist sich als zu klein, *so daß* wir dann durch die Stadt ziehen, um einen anderen zu suchen (vgl. Text IX 3).
(= La sala resulta demasiado pequeña, *de modo que* recorremos a pie la ciudad para buscar otra.)

b) Die reine Folge wird im Sp. im *Indikativ* ausgedrückt, wie aus den vorigen Beispielen ersichtlich ist.

c) Soll diese Folge mit einer finalen Nebenbedeutung versehen werden, so steht im Konsekutivsatz der *subjuntivo*.

*Bsp.:* plantear una pregunta *de tal manera que* los espectadores no *puedan* seguir viviendo sin una respuesta (vgl. Text IX 29)
(= eine Frage *dermaßen* zu stellen, *daß* die Zuschauer ohne eine Antwort nicht mehr leben können)

d) Diese finale Bedeutung tritt praktisch immer auf, wenn der Hauptsatz verneint ist.

*Bsp.:* No era tan tonto que no entendiese la ironía de la pregunta.
(= So dumm war er nicht, daß er die Ironie der Frage nicht verstanden hätte.)

e) Mit dem Ausdruck „de ahí que" wird eine Folge eingeleitet, die immer im subjuntivo steht.

*Bsp.:* Como a persona honrada que era se le ocurrió primero lo más probable. *De ahí que quisiera* tratar al extraño no en tono oficial, sino humano (Text VIII 19).
(= Als ordentlicher Mensch kam er auf das Nächstliegende. Er wollte daher dem Fremden nicht amtlich, sondern menschlich begegnen.)

f) Nach dem Ausdruck „por lo tanto" steht immer der Indikativ.
*Bsp.:* A través de los siglos ha ido adquiriendo carácter modelo y, por lo tanto, sigue siendo hoy uno de los tribunales más destacados en su género (Text II 36).
(= Im Laufe der Jahrhunderte hat es mehr und mehr Modellcharakter gewonnen, so daß es noch heute eines der hervorragendsten Tribunale seiner Art ist.)

g) Die Wahl von „de ahí que+ subjuntivo"/„por lo tanto + indicativo" ist rein stilistisch bedingt (z.B. in den Sätzen e) und f)). Der subjuntivo verleiht der Aussage einen gehobeneren Anstrich.

D) *Konditionalsätze*

Das Grundschema der sp. Bedingungssätze läßt sich auf folgende Art zusammenfassen:
a) Reale Bedingung

Im Haupt - und Nebensatz steht der Modus Indikativ.
*Bsp.:* Nadie sufre daño serio alguno si varía la calidad de la literatura (vgl. Text V 10).
(= Niemand nimmt ernsthaft Schaden, wenn die Qualität der Literatur schwankt.).

b) Eventuelle Bedingung

b1) Anders als das Dt. verfügt die sp. Sprache über Möglichkeiten, die Eventualität einer Bedingung auszudrücken. Hierbei steht das Verb im *subjuntivo*. Das Tempus richtet sich nach den Regeln der Zeitenfolge (s. II.2.3.).
*Bsp.:* (1) - *(En) caso (de) que* la veas, dile que la espero a la entrada del teatro.
(= Falls du sie siehst, sag ihr, daß ich an der Eingangstür des Theaters auf sie warte.)

Bei dieser Wendung steht das Verb des Hauptsatzes meistens in Imperativ (Befehl oder Verbot) oder Indikativ Futur.

Hier ist daran zu erinnern, daß die Bedingungskonjunktion „si" *nie* mit Präsens oder Perfekt des subjuntivo stehen kann.

(2) - *Con tal (de) que* escribas a menudo, estará contenta.
(= Vorausgesetzt, daß du (wenn du nur) oft schreibst, wird sie zufrieden sein.)

(3) - Le dio un día libre sólo *bajo/con la condición de que* terminara ese trabajo la próxima semana.
(= Er gab ihm einen Urlaubstag, jedoch unter der Bedingung, daß er diese Arbeit nächste Woche fertig bekäme.)

(4) - El te recibirá, *siempre que* se lo pidas.
(= Er wird dich empfangen, wenn du ihn nur darum bittest.)

b2) Mit „como + subjuntivo" drückt man im Sp. eine eventuelle Bedingung aus, die zusätzlich einen mahnenden oder drohenden Charakter enthält. Es handelt sich hierbei um eine häufig gebrauchte Wendung.

*Bsp.:* - Como hoy no vengas pronto, estamos perdidos.
(= Wenn du heute nicht früh kommst, sind wir verloren.)
- Como no escribas pronto a tus padres, les darás un gran disgusto.
(= Wenn du deinen Eltern nicht bald schreibst, wirst du ihnen viel Kummer machen.)

c) Irreale Bedingung

In bezug auf irreale Bedingungssätze ist zwischen Irrealität der Gegenwart und der Vergangenheit zu unterscheiden.

c1) Gegenwart

Im Bedingungssatz steht Imperfekt subjuntivo, im Hauptsatz Konditional I.

*Bsp.:* Si vinieras (oder: vinieses) esta tarde, te invitaría a una cerveza.
(= Wenn du heute nachmittag kämest, würde ich dich zu einem Bier einladen.)
Vgl. Text IX 28; X 41

c2) Vergangenheit

Im Bedingungssatz steht Plusquamperfekt subjuntivo, im Hauptsatz Konditional II.

*Bsp.:* El riego habría sido totalmente imposible, si no se hubiera (oder: hubiese) inventado una sabia distribución del agua (vgl. Text II 20).
(= Die Bewässerung wäre völlig unmöglich gewesen, hätte man nicht eine kluge Verteilung des Wassers erdacht.)
Vgl. Text X 4

c3) Bei den Verben „poder", „deber", „querer" und „haber" kann im Hauptsatz statt des Konditional auch die „-ra-Form" des subjuntivo stehen.

c3.1) Gegenwart
- Si quisiera, podría/pudiera venir.
- Si pudiera, debería/debiera venir.
- Si fuera verdad, él querría/quisiera seguramente hablar contigo.

c3.2) Vergangenheit
- Si hubiera querido, habría/hubiera venido.
(Vgl. dazu I.9.3.B.g.).

d) Zum Ausdruck der Bedingung mittels - Infinitiv s. I.9.5.A.d.5)
- gerundio s. I.9.5.B.c.1.4)

E. *Konzessivsätze*

a) Konzessivsätze drücken einen Sachverhalt aus, welcher der Realisierung der Handlung des Hauptsatzes entgegensteht, ihn aber nicht verhindert.

b1) Wird der Hinderungsgrund als *real* angesehen, so steht im sp. Konzessivsatz der Modus *Indikativ*.

*Bsp.:* Aunque ya es muy tarde, quiero terminar hoy este trabajo.
(= Obwohl es sehr spät ist, will ich diese Arbeit heute beenden.)

Als Realität kann auch etwas Zukünftiges betrachtet werden.

*Bsp.:* Aunque mañana estaré en Barcelona, no iré a verle.
(= Auch wenn ich morgen in Barcelona sein werde, werde ich ihn nicht besuchen.)

b2) Wenn der Hinderungsgrund als *Möglichkeit* dargestellt werden soll, steht im Konzessivsatz der Modus *subjuntivo*.

Wie im Konditionalsatz (s. II.5.4.D.b. und c.) läßt sich auch hier durch die Wahl des Tempus Eventualität oder Irrealität zum Ausdruck bringen.

b2.1) Eventualität

*Bsp.:* Aunque quiera venir, no debes permitírselo.
(= Auch wenn er kommen will, darfst du es ihm nicht erlauben.)

II.5.4.E.

Hier steht das Verb des Hauptsatzes meistens in Imperativ (Befehl oder Verbot) oder Indikativ Futur. Vgl. II.5.4.D.b.1 (1)

b2.2) Irrealität

*Bsp.:* Aunque fuera verdad, no lo creería.
(= Auch wenn es wahr wäre, würde ich es nicht glauben.)

c) Im Laufe der Zeit haben sich einige Konzessivpartikeln fest mit einem bestimmten Modus verbunden. Die häufigsten dieser Fixierungen sind:

c1) *Mit subjuntivo*

c1.1) - *(Aun) a riesgo de que* no les guste, tengo que decirles la verdad.
(= Selbst wenn es ihnen nicht gefällt, muß ich ihnen die Wahrheit sagen.)

c1.2) - „Por (muy) + Adjektiv/Adverb + que"
- *Por pronto que* venga, no conseguirá entrar.
(= Egal wie früh er kommt, es wird ihm nicht gelingen hereinzukommen.)
- *Por muy simpático que* seas, si no trabajas, no conseguirás nada.
(= Du kannst so nett sein, wie du willst, wenn du nicht arbeitest, wirst du nichts erreichen.)

c2) *Mit Indikativ*

c2.1) - Voy a presentarme al examen, *(aun) a sabiendas de que* no lo aprobaré.
(= Ich will die Prüfung machen, auch wenn ich weiß, daß ich sie nicht bestehe.)

c2.2) - Madariaga, en ocasiones, no estuvo lejos del relativismo, *si bien* su humanidad le preservó de convertirlo en indiferencia (vgl. Text III 51).
(= Madariaga war manchmal nicht weit vom Relativismus entfernt, obwohl seine Menschlichkeit ihn davor bewahrte, daraus Gleichgültigkeit zu machen.)

c2.3) - „con (todo) lo + Adj. + que"
- *Con todo lo dispuestos* a conversar y *todo lo abiertos que* se muestran, de vez en cuando llaman la atención sobre determinadas cosas... (vgl. Text IV 28)
(= So gesprächsbereit und offen sie sich auch geben, so verweisen sie doch ab und an auf bestimmte Dinge...)

c3) Andere häufig benutzte Partikeln können sowohl mit Indikativ als auch mit subjuntivo verwendet werden. Hierfür gelten die in b1) und b2) angegebenen Regeln:

c3.1) - *Aun cuando* esto no es poco: de más no la creo capaz (Text V 29).
(= Auch wenn das nicht wenig ist - mehr kann ich ihr nicht zutrauen.)

c3.2) - *Por más que* bebe/beba, no se emborracha/emborrachará nunca.
(= So viel er auch immer trinkt/trinken mag, bekommt er davon keinen Rausch.)

c3.3) - *Por muchos amigos que* le escriben, siempre está solo.
(= So viele Freunde ihm auch schreiben mögen, er ist trotzdem immer allein.)
- *Por mucho que* le llames por teléfono, si no le vas a ver, no podrás ayudarle.)
(= Egal wieviel du mit ihm telefonierst, wenn du ihn nicht besuchst, wirst du ihm nicht helfen können.)

d1) Zum Ausdruck einer konzessiven Äußerung mittels

- Infinitiv s. I.9.5.A.d.4)
- gerundio s. I.9.5.B.c.1.5)

d2) In der sp. Umgangssprache ist es üblich, nach gerundio, Partizip oder Adjektiv eine konzessive Bestimmung durch die Wendung „y todo" zu markieren.

*Bsp.*: - Pidiéndole disculpas y todo no consiguieron hacerle cambiar de parecer.
(= Auch wenn sie sich bei ihm entschuldigt hatten, konnten sie ihn nicht von seiner Meinung abbringen.)
- Enfermo y todo llegó hoy temprano a la oficina.
(= Trotz Krankheit kam er heute frühzeitig ins Büro.)

F. *Modalsätze*

a) Unter dem allgemeinen Begriff *Modalsätze* lassen sich im Dt. eine Reihe verschiedener adverbialer Nebensätze zusammenfassen, deren sp. Entsprechungen allerdings eigenständige Strukturen aufweisen. Was den Modus dieser Nebensätze betrifft, so gilt prinzipiell das Kriterium der *Vorwegnahme* (vgl. II.5.4.G.a.): Wenn der Sprecher etwas vorwegnimmt, was tatsächlich noch nicht geschehen ist, wenn also die Handlung des Nebensatzes in der Zukunft liegt, steht dessen Verb im *subjuntivo*.

II.5.4.F.

Vgl. den Unterschied zwischen den folgenden Sätzen:

- *Cuanto más* español sé, *más* me gusta esta lengua.
(= *Je* mehr Spanisch ich kann, *desto* besser gefällt mir diese Sprache.)
- El primer día de clase se lo anuncio: cuanto más español sepan, más les gustará esta lengua.
(= Gleich am ersten Unterrichtstag prophezeie ich Ihnen: Je mehr Spanisch Sie können, desto besser wird Ihnen diese Sprache gefallen.)

Mit vielen Ausdrücken ist bereits ein bestimmter Modus fest verbunden, so daß es sich empfiehlt, jede dieser Strukturen mit dem dazugehörigen Modus zu lernen. Im folgenden sei vom Dt. her auf die häufigsten Satztypen und Einzelstrukturen eingegangen.

b) Instrumentalsatz

*Bsp.*: - Er wurde der beste seiner Gruppe, *indem* er mehrere Stunden täglich lernte.
(= Llegó a ser el mejor de su grupo *estudiando* varias horas cada día.)
- Sie erholte sich *dadurch, daß* sie eine leichtere Arbeit verrichtete.
(= Descansó *haciendo* un trabajo más fácil.)

Für die Übersetzung mit dem sp. gerundio s. I.9.5.B.c.1.2.

c) Modalsatz des fehlenden Begleitumstandes

*Bsp.*: Er ging weg, *ohne daß* wir es merkten.
(= Se marchó *sin que* nos *diéramos* cuenta.)

Bei „sin que" steht ausnahmslos der *subjuntivo*.

d) Komparativsatz

d1) *Verhältnis der Gleichheit*

*Bsp.*: - Es ist alles *(so)* gekommen, *wie* ich es vorausgesagt hatte.
(= Ha ocurrido todo *(tal y) como* yo lo había predicho.)
- Zieht hinaus und tut,*wie* Franziskus getan hat (Text IX 19).
(= Id y haced *como* hizo Francisco.)

*Aber*: - Es wird geschehen, wie er es voraussagen wird.
(= Ocurrirá todo como lo prediga.)
- Er arbeitet noch immer *so, wie* er früher gearbeitet hat.
(= Sigue trabajando *igual que* antes.)

- Diese Rechtsinstanz wurde *so* geschaffen, *wie* sie bis zum heutigen Tag unverändert Recht spricht (vgl. Text II 15).
(= Esta institución jurídica quedó organizada *de la forma en que* viene impartiendo justicia hasta nuestros días sin variación alguna.)
- Er hat mir *so* schnell geantwortet, *wie* ich erwartet hatte.
(= Me ha respondido *tan* rápidamente *como* esperaba.)
- Ich will nicht verhehlen, daß mich solcher Zustrom *ebenso* überrascht *wie* erfreut (vgl. Text IX 10).
(= No quiero ocultar que una acogida así me sorprende *en la misma medida en que* me alegra.)
- *So* gescheit er ist, *so* ungeschickt ist er auch.
(= Todo lo que tiene de inteligente lo tiene de torpe.)

d2) *Verhältnis der Ungleichheit*

Das Verhältnis der Ungleichheit wird im Dt. oft mit „anders...als" ausgedrückt:

*Bsp.:* Er denkt *anders* darüber, *als* wir annahmen.
(= Piensa sobre esto *de forma distinta a como* nosotros suponíamos.)

d3) *Hypothetisches Verhältnis der Gleichheit*

*Bsp.:* - Er spricht *so, als wäre* er ein professioneller Redner.
(= Habla *como si fuera* un orador profesional.)
- Es war ihm gewesen, *als sei* der Fahrer auf das Steuer niedergesunken (vgl. Text VIII 14).
(= Le había dado la impresión de *como si* el conductor *estuviera* desplomado sobre el volante.)

Bei diesem Satztyp steht im Sp. immer Imperfekt oder Plusquamperfekt des subjuntivo.

d4) *Proportionales Verhältnis*

*Bsp.:* - *Je mehr* ich mich bemühe, *um so* nervöser werde ich.
(= *Cuanto más* me esfuerzo, (*tanto*) *más* nervioso me pongo.)

*Aber:* - *Cuanto más* me esfuerce, *(tanto) más* nervioso me pondré.
-*Je mehr* der Versuch unternommen wird, den Stierkampf zu erklären, *um so* mehr wird man behaupten... (Text IV 45)
(= *Cuanto más* se haga el intento de explicar la corrida de toros, *tanto más* se afirmará...)

- *Je nachdem ob* ich Zeit habe oder nicht, schaue ich heute Abend bei euch vorbei.
(= Puede que pase esta tarde por vuestra casa, *depende de que* tenga tiempo.)
- Die Gründe für eine Klage können sehr vielfältig sein, *je nachdem ob* dies oder jenes vorliegt (vgl. Text II 28).
(= Los motivos para una demanda pueden ser muy variados, *según se trate* de esto o de lo otro.)

e) Modalsatz der Spezifizierung
*Bsp.*: - Dieses Thema ist *insofern* (oder: *insoweit*) wichtig, *als* es sehr aktuell ist.
(= Este tema es importante *en la medida en que* es muy actual.)

*Aber*: - Este tema será importante en la medida que sea actual.
(= Dieses Thema wird *in dem Maße* Bedeutung haben, *in dem* es aktuell ist.)
- Diese Frage ist *um so* wichtig*er*, *als* wir ohne ihre Lösung nicht weitermachen können.
(= Esta cuestión es *tanto más* importante, *cuanto que* sin su solución no podemos seguir adelante.)

f) Restriktivsätze

Hier sind eine Reihe Ausdrucksweisen im Dt. möglich, die im Sp. vielfältige Entsprechungen finden.
*Bsp.*: - Und ich will nicht verhehlen, daß mich solcher Zustrom, *gleichviel was* folgt, ebenso überrascht wie erfreut (vgl. Text IX 7).
(= Y no quiero ocultar que una acogida así - *pase lo que pase* - me sorprende en la misma medida en que me alegra.)
Vgl. dazu I.9.3.C.b.2.1.
- *Soweit/soviel ich weiß*, ist heute ihr Geburtstag.
(= *Que yo sepa/Por lo que sé*, hoy es su cumpleaños.)
- *Wie* mir Peter sagte, haben wir noch eine Chance.
(= *Según* me dijo Pedro, aún tenemos una oportunidad.)
- Sie war schon beruhigt, *nur* konnte sie ab und zu nicht gut schlafen.
(= Ya estaba tranquila, *pero/salvo que/excepto que/sólo que* de vez en cuando no podía dormir bien.)
- Ich werde nicht von hier weggehen, *allenfalls* um Zigaretten zu kaufen.
(= No me moveré de aquí, *en todo caso* para comprar tabaco.)
- In Spanien lassen sich Unmengen solcher Bücher finden, *es sei denn*, man versteht es nicht, sie aufzuspüren (Text I 12).
(= En España, uno puede encontrar una enorme cantidad de estos libros *a no ser que* no sea capaz de descubrirlos.)

- Man wird ihn entlassen, *sofern* er seine Arbeitsweise nicht radikal ändert.
(= Le van a despedir, *a menos que* cambie radicalmente de forma de trabajar.)

G. *Temporalsätze*

a) In Temporalsätzen steht der *subjuntivo*, wenn die Handlung, die der Temporalsatz beschreibt, in der Zukunft liegt. Dieses Kriterium der *Vorwegnahme* gilt auch im Zusammenhang mit Modalsätzen. (Vgl. dazu II.5.4.F.a.):

*Bsp.*: - *Luego que* volvamos a Madrid, nos enteraremos del asunto.
(= Sobald wir wieder in Madrid sind, werden wir uns über die Angelegenheit erkundigen.)
- *Hasta que* no te acostumbres a decir la verdad, no quiero hablar contigo.
(= Bis du dich nicht daran gewöhnt hast, die Wahrheit zu sagen, möchte ich nicht mit dir sprechen.)
- Cualquier respuesta humana, *en cuanto* rebase el ámbito de la respuesta personal, será refutable (vgl. Text IX 40).
(= Jede menschliche Antwort, sobald sie über die persönliche Antwort hinausgeht, wird anfechtbar sein.)
- *Cuando* termine de lavar los platos, la llamaré por teléfono.
(= Wenn ich mit dem Spülen der Teller fertig bin, rufe ich sie an.)
- *Mientras* no termines la carrera, no quiero que me hables de tus ambiciosos planes.
(= Ich möchte nicht, daß du mir von deinen ehrgeizigen Plänen berichtest, solange du dein Studium nicht beendet hast.)
- *Después de que* él termine la carrera, se casarán.
(= Nach Beendigung seines Studiums werden sie heiraten.)
- *antes de que* el reloj del „Miguelete" dé las doce (Text II 6)
(= bevor die Uhr des „Miguelete" zwölf schlägt)

(Durch *antes (de) que* wird immer eine Handlung sprachlich vorweggenommen; daher steht in diesen Sätzen immer der subjuntivo.) (Vgl. II.5.4.G.a.).

b) Wenn durch die Temporalsätze allerdings eine Tatsache aus der Vergangenheit (Erzählung, Bericht etc.) zum Ausdruck kommt, steht der *Indikativ*.

*Bsp.*: - *Luego que* volvió a Madrid, se enteró del asunto.
(= Nach Madrid zurückgekehrt, erfuhr er von der Angelegenheit.)
- *Hasta que no* se acostumbró a decir la verdad, nadie habló con él.
(= Bis er es sich nicht zu eigen gemacht hatte, die Wahrheit zu sagen, sprach niemand mit ihm.)

- *Tan pronto como* terminó de cenar, se fue a la cama.
(= Sofort nachdem er das Abendessen eingenommen hatte, ging er zu Bett.)
- *Cuando* mi patrona vino con el desayuno, yo todavía seguía sentado en el borde de la cama (Text X 21).
(= Als meine Wirtin mit dem Frühstück kam, saß ich immer noch auf der Bettkante.)
- *Mientras* no terminó la carrera, no quiso que le hablaran de otros planes ambiciosos.
(= Solange er sein Studium noch nicht beendet hatte, mochte er nicht, daß man ihm von anderen ehrgeizigen Plänen erzählte.)
Vgl. Text X 25
- *Después de que* terminó la carrera, se casó.
(= Nachdem er das Studium beendet hatte, heiratete er.)

c) Die iterative Bedeutung („immer wenn") von Temporalsätzen kommt zum Ausdruck

- für die *Gegenwart* durch den Indikativ Präsens:
*Bsp.:* Cuando (= siempre que) estamos comiendo, no nos gusta que nos molesten.
(= Wenn wir essen, gefällt es uns nicht, daß man uns stört.)

- für die *Vergangenheit* durch den Indikativ Imperfekt (vgl. I.9.4.C.e.):
*Bsp.:* En todo caso, así la (= la vida) calificaba yo cuando hablaba de ello conmigo mismo (Text X 14).
(= So nannte ich es (= das Leben) jedenfalls, wenn ich mit mir selbst darüber sprach.)

# III. RECHTSCHREIBUNG

Im Rahmen dieser Ausführungen kann nicht auf die zahlreichen Detailregeln der sp. Rechtschreibung eingegangen werden. Im folgenden sollen lediglich einige Aspekte berücksichtigt werden, die bei der Übersetzung ins Sp. erfahrungsgemäß Probleme bereiten.

## III.1. **Großschreibung**

III.1.1. Wie im Dt. steht im Sp. der Großbuchstabe am Satzanfang. Ansonsten werden mit Majuskeln geschrieben:

A. *Eigennamen*
*Bsp.:* Manolo, Toledo, el Neoclasicismo, el Romanticismo (Text VII 6)

B. *Göttliche Attribute*
*Bsp.:* - el Creador (= der Schöpfer)
- el Redentor (= der Erlöser)

C. *Konkrete Titel*
*Bsp.:* el Rey, el Presidente del Gobierno, el Director (Text X 44) etc.
Hier ist stets ein konkreter Mensch gemeint.
Als allgemeine Begriffe werden diese Wörter klein geschrieben.
*Bsp.:* El rey y el duque son personas como nosotros.
(= Der König und der Herzog sind Menschen wie wir.)

D. *Abgekürzte Anreden*
*Bsp.:* Vd., Sr., Sra. etc.

E. *Bezeichnungen für Körperschaften und Institutionen sowie offizielle Bezeichnungen*
*Bsp.:* - el Tribunal de las Aguas (Text II 1)
- el Archivo de Indias (Text I 40)
- el Premio Extraordinario (Text III 6)
- el Día del Libro (Text I 29)
- la Biblioteca Nacional (Text I 40)
- la Academia de Pedagogía (Text X 38)

sowie bei *Abkürzungen*: CEE (Comunidad Económica Europea = EWG), OPEP (Organización de Países Exportadores de Petróleo = OPEC), ONU (Organización de las Naciones Unidas = UNO) etc.

F. Bezeichnungen von *Studienfächern* sowie die Substantive in *Titeln literarischer Werke*, falls diese nicht zu lang sind.

*Bsp.*: - el estudio de la Historia (Text I 36)
- Las Hermanas Coloradas (F. García Pavón)

*Aber*: - Consideraciones sobre los caracteres fundamentales de la literatura española (A. Farinelli).

III.1.2. **Nach dem Doppelpunkt**

A. Nach einem Doppelpunkt fängt das erste Wort *mit einem Großbuchstaben* an,

a) wenn die direkte Rede angekündigt wird:

*Bsp.*: Estas fueron sus palabras: „No os olvidéis de rezar."
(= Das waren seine Worte: „Vergeßt das Beten nicht."),

b) teilweise anders als im Dt. beim Briefbeginn nach der Anrede:

*Bsp.*: Muy señores míos: El motivo de mi carta es el comunicarles...
(= Sehr geehrte Herren, Anlaß, Ihnen diesen Brief zu schreiben, ist, Ihnen mitzuteilen...)

B. *Mit kleinem Buchstaben* wird nach dem Doppelpunkt begonnen, wenn

a) nach dem Doppelpunkt eine Erläuterung des vorigen Satzes folgt:

*Bsp.*: Manolo tiene mucha suerte en la lotería: ya le han caído varias veces premios importantes.
(= Manolo hat viel Glück im Lotto: Er hat schon oft sehr hoch gewonnen.)

b) nach dem Doppelpunkt ein Kommentar oder eine Zusammenfassung des Vorhergesagten folgt.

*Bsp.*: Manolo ha ganado muchas veces en la lotería: ¡tan injusta es la vida!
(= Manolo hat sehr oft im Lotto gewonnen: So ungerecht ist das Leben!)

c) Vgl. dazu im Dt.: Hier wird nach dem Doppelpunkt mit Minuskeln begonnen, wenn vor oder/und hinter dem Doppelpunkt kein vollständiger Satz steht.

## III.2. Kommasetzung

III.2.1. Im Sp. folgt die Kommasetzung nicht wie im Dt. primär syntaktischen Regeln. Komma steht im Sp. meist als graphisches Zeichen für Pause und Sprechmelodie. Die Setzung ist daher weitgehend dem subjektiven Empfinden des Schreibers überlassen. Im folgenden sollen einige Fälle der Übereinstimmung bzw. Nichtübereinstimmung zwischen dem Sp. und dem Dt. vorgestellt werden.

### III.2.2. **Die Kommasetzung stimmt im Sp. und im Dt. überein:**

A. Bei *Aufzählungen*. In beiden Sprachen steht kein Komma, wenn die Einzelglieder durch die Konjunktionen „y", „ni", „o" bzw. „und", „oder" verbunden sind.
*Bsp.:* - Pedro, Juan y Andrés ya han llegado.
(= Peter, Johannes und Andreas sind schon da.)
- Esta película no es ni buena ni mala.
(= Dieser Film ist weder gut noch schlecht.)

B. Bei der *Anrede* (Vokativ):
*Bsp.:* Te repito, Antonio, que estoy esperándote.
(= Anton, ich sage dir nochmal, daß ich auf dich warte!)

C. Wenn die *Quelle* einer Aussage angegeben wird:
*Bsp.:* La verdad, escribe un político, se ha de defender con palabras y argumentos.
(= Die Wahrheit, schreibt ein Politiker, muß mit Worten und Argumenten verteidigt werden.)

D. Bei *Konditionalsätzen*:
*Bsp.:* Si quieres, puedes.
(= Wenn du willst, kannst du es auch.)

### III.2.3. **Anders als im Dt. wird im Sp. ein Komma gesetzt:**

A. Um ergänzende *Erläuterungen* einzuschieben, welche die Haupterzählung unterbrechen; eine stilistisch nicht unbeliebte Möglichkeit, besonders bei Zeitangaben.

*Bsp.:* - Incluso el decreto real en que, en el año 1561, se prescribe a la Universidad de Salamanca... (Text VI 23)
(= Sogar der königliche Erlaß, in dem der Universität von Salamanca im Jahre 1561...)
- El Neoclasicismo, al final del siglo, estaba totalmente acabado (Text VII 8).
(= Der Neoklassizismus war am Ende des Jahrhunderts vollends erschöpft.)

B. Um *Einschübe* wie „pues", „por último", „por consiguiente", „sin embargo", „no obstante", „por ejemplo", „por lo menos", „al parecer", „dijo", „a ser posible" in den Text zu integrieren.
*Bsp.:* - Tales incidentes, sin embargo, no se repitieron por entonces.
(= Solche Zwischenfälle wiederholten sich dennoch damals nicht.)
- ... se pueden, por lo menos, entrever las posibilidades de una interacción (vgl. Text V 19)
(= ... lassen sich die Möglichkeiten einer Gemeinsamkeit zumindest ahnen)
Vgl. Text IX 16; X 26, 52

C. Um bei *Veränderungen der Satzstellung* vorweggenommene Passagen abzuheben.

Konstruktionen dieser Art liegen vor allem vor, wenn adverbiale Angaben vorangestellt werden und unmittelbar darauf das Subjekt des Satzes folgt. Vgl. dazu II.1.2.A.
*Bsp.:* - Sin embargo, hay que tratar de comprender... (Text V 12)
(= Dennoch muß man versuchen zu erfassen...)
- A mi entender, sólo se puede explicar porque la literatura... (Text V 36)
(= Dies kann nach meinem Verständnis nur dadurch erklärt werden, daß...)
- El año pasado, nuestros amigos estuvieron en Palencia.
(= Letztes Jahr waren unsere Freunde in Palencia.)

III.2.4. Bei den **Relativsätzen** hat das Komma eine semantische Funktion. Siehe hierzu den Unterschied zwischen

a) oraciones de relativo especificativas
b) oraciones de relativo explicativas

(II.5.3.B.).

## III.3. Zum Akzent auf einsilbigen Wörtern

Es gibt eine Reihe einsilbiger Wörter im Sp., die, ohne als Fragepartikel zu fungieren, in der Schrift dennoch ein Akzentzeichen tragen. Dadurch werden sie von Wörtern mit identischer Lautstruktur, jedoch mit anderer Bedeutung oder grammatischer Funktion unterschieden. Hier die wichtigsten dieser Wortpaare:

- más: mehr - dé: Konj. Präsens von „dar"
- mas: aber - de: Präposition

*Bsp.:* Los estudiantes esperan de una pieza de teatro que dé una solución.
(Vgl. Text IX 12).
(= Die Studenten erwarten von einem Schauspiel, daß es eine Lösung liefere.)

- él: Personalpronomen - sé: Ind. Präsens von „saber"
- el: Artikel - se: Reflexivpronomen

- sí: ja bzw. Reflexivpronomen mit Präposition (para sí)
- si: wenn/ob

- mí: mich/mir nach Präposition - té: Tee
- mi: mein (Adjektiv) - te: dich/dir

- tú: du
- tu: dein (Adjektiv)

## III.4. Graphische Darstellung zusammengesetzter Adjektive

Bei Zusammensetzung zweier Adjektive, die Völker oder Länder bezeichnen, gelten folgende graphische Regeln:

### III.4.1. Zusammenschreibung

Wenn das eine Adjektiv das andere näher bestimmt, d. h., wenn beide zusammen einen neuen Begriff bilden, dann werden sie zusammengeschrieben.

*Bsp.:* - el pueblo checoslovaco
(= das tschechoslovakische Volk)
- el Banco Hispanoamericano
- la perspectiva centroeuropea (Text VII 26)
(= die Perspektive Mitteleuropas)

## III.4.2. **Bindestrich**

Wenn beide Adjektive gleichberechtigt sind oder gar im Gegensatz zueinander stehen, dann werden sie durch einen Bindestrich verbunden.

*Bsp.:* - In „el Congreso Hispano-Americano“ wird zum Ausdruck gebracht, daß an diesem Kongreß Spanier und Amerikaner beteiligt sind.

- el Pacto Germano-Soviético

Bei diesen Komposita unterliegt nur der zweitgenannte Bestandteil der Flektion (vgl. I.3.2.B.b.).

*Bsp.:* - la Reunión Hispano-American*a*

- los congresos hispano-american*os*

# IV. WORTBILDUNGEN

Wenn auch nicht so häufig wie in der dt. Sprache, findet man auch im Sp. eine Reihe von Verben, Substantiven und Adjektiven, die mit - meist aus dem Lateinischen übernommenen - Vor- und Nachsilben gebildet werden, etwa:

## IV.1. **Vorsilben (Präfixe)**

- anti- : antifascista
- ante- : antesala (Text V 24)
- con- : condueño, compatriota, colaboración, corromper
- contra- : contradecir
- dis-/des-: desconocido, desacostumbrado, disgusto
- in- : inolvidable, imposible, irreal, ilegal
- pre- : preescolar, prerrevolucionario, prejuicio (Text V 26)
- re- : a) reconstruir/rehacer (Wiederholung)
  b) repleto/relleno (Verstärkung)

Zu beachten sind bei „con-" und bei „in-" die orthographischen Veränderungen, welche die Nähe des folgenden Lautes verursacht (Assimilation), sowie die Anpassung der Schrift an die Aussprache beim doppelten „rr„, etwa in „pre*rr*evolucionario".

## IV.2. **Nachsilben (Suffixe)**

Von den vielen Möglichkeiten von Ableitungen durch Nachsilben sollen im folgenden nur einige häufige Fälle vorgestellt werden. Zur Erleichterung der Erlernung von Vokabeln wird jeweils die Grundbedeutung der Suffixe hinzugefügt. Es soll unterschieden werden zwischen *Ableitungen von*

### IV.2.1. **Verben**

- ificar: (etwas machen): planificar: planen
-izar : (eine Eigenschaft verleihen): modernizar: modernisieren

## IV.2.2. **Substantiven**

-dad/tad: la igualdad, la libertad:
(Substantivierung von abstrakten Eigenschaften)

-eza: riqueza, certeza:
(Substantivierung von Eigenschaften)

-(er)ía: la lavandería, la secretaría, la cafetería
(Ort, an dem gewöhnlich eine Handlung stattfindet)

-ismo : el humanismo, el totalitarismo (Text III 32), el dadaísmo
(Begriffe, die eine Weltanschauung, Lehre, wissenschaftliche oder künstlerische Richtung etc. bezeichnen)

-ista: (1) el marxista, el humanista (Text VI 27)
(Bezeichnung der Anhänger einer Lehre, einer Weltanschauung)
*Anm.*: Hier handelt es sich um durch Artikel substantivierte Adjektive.
(2) el periodista, el deportista, el coleccionista (Text I 7)
(Berufsbezeichnungen)

-ario: el funcionario, el secretario
(Berufsbezeichnungen)

-dor/tor: el trabajador, el vendedor, el escritor, el lector (Text I 7)
(Ausführender einer Handlung)

-azo: mazazo, puñetazo (= Faustschlag), telefonazo, bocinazo
(einmalige Handlung mit einem instrumentalen Gegenstand)

-ada: payasada, olimpiada
(Akt innerhalb einer typischen Kategorie)

-ido : ladrido, pitido
(Handlung, durch die ein bestimmtes Geräusch hervorgerufen wird)

## IV.2.3. **Adjektiven**

-al: comercial, cultural
(Adjektive, die eine Eigenschaft bezeichnen, die von einem Substantiv abgeleitet ist)

-oso,-a: cariñoso, peligroso
(Adjektiv der Art und Weise)

-ble: potable, indispensable
(Adjektive, die anzeigen, daß etwas möglich ist)
Vgl. Text I 38

## IV.2.4. **Vergrößerung/Verkleinerung**

A. *Im Dt.* besteht die Möglichkeit, durch die Endungen „-chen“ und „-lein“ die Verkleinerung eines Substantivs zu erwirken.

*Bsp.:* das Häuschen, das Büchlein

Gelegentlich nehmen diese Diminutive einen abwertenden (pejorativen) Beiklang an.

*Bsp.:* ein Männlein

B. *Im Sp.* verfügt man über spezifische Endungen, um

- die Vergrößerung (los aumentativos)
- die Verkleinerung (los diminutivos)
- die Verachtung (los despectivos)

auszudrücken. Im folgenden sei auf die häufigsten dieser morphologischen Möglichkeiten hingewiesen. Zu beachten ist dabei, daß es keine klaren Regeln gibt, welche die Zuordnung einer dieser Endungen zu Substantiven eines bestimmten Typus festlegen. Man muß praktisch jedes Wort für sich lernen, weil die einzelnen Formeln i.d.R. allein durch den Sprachgebrauch fixiert sind, d.h. normalerweise kann nicht jede an sich mögliche Endung an ein Substantiv angehängt werden.

a) Aumentativos

-ón (-ona) : hombrón, mujerona, casona
-azo (-aza): perrazo, gatazo, buenazo
-ote : librote, muchachote (-a), chicote

Bei manchen dieser Aumentativa ist im Bewußtsein der Sprecher das Moment der Vergrößerung verloren gegangen, so daß sich eine eigenständige Bedeutung entwickelt hat.

*Bsp.:* - el cajón : die Schublade
- el sillón: der Sessel

IV.2.4.B.

- Bei „el ratón" (= „die Maus") ergibt sich sogar die paradoxe Situation, daß ein Aumentativ-Suffix den kleineren Gegenstand bezeichnet (vgl." la rata" = „die Ratte").

Zu „puñetazo, mazazo, telefonazo" etc. s. IV.2.2.

b) Diminutivos

-ito/a: casita, librito, perrito, gatito
-illo/a: chiquillo, cosilla
-ico/a: arbolico, gatico (regional: Aragón, Navarra)
-uelo/a: chicuelo, aldehuela (literarisch)

Die Substantive und Adjektive auf -r, -n, -e werden durch die Endung „-ito" mit Einschub eines „c" verkleinert.

-r: barecito, mujercita, pastorcito
-n: corazoncito, jovencita (Text X 29)
-e: pobrecito, madrecita

Auch hier werden manche ursprünglich diminutive Substantive nicht mehr als solche empfunden.
*Bsp.:* - la ventanilla: der Schalter, das Auto- oder Zugfenster (Text VIII 13)
- la portezuela: die Wagentür (Text VIII 27)
- la mirilla (de la puerta): der Türspion
- la sombrilla: der Sonnenschirm

c) Despectivos

-aco/a: libraco, monicaco (‹ mono)
-ucho/a: casucha, paliducho
-uco/a: mujeruca
-uzo/a: gentuza

Die Substantive, die auf betontem „-e“ enden, werden durch die Endung „-ucho“ mit Einschub eines „t“ mit pejorativem Aspekt versehen.

*Bsp.:* café: cafe*t*ucho

C. *Stilistische Merkmale*

Die durch „aumentativos“, „diminutivos“ und „despectivos“ gebildeten Substantive und Adjektive drücken nicht nur Vergrößerung, Verkleinerung oder Geringschätzung aus, sondern erhalten darüber hinaus zusätzliche Nuancen und Nebenbedeutungen.

Es bedarf eines sicheren Sprachgefühls, um die jeweils zum Ausdruck gebrachte Nuance zu erkennen. Im folgenden seien einige Beispiele angeführt:

- Ein „perrazo“ ist nicht nur ein großer Hund, er ist evtl. auch schön und/oder gefährlich;

- ein „cochazo“ ist ein großes „tolles Auto“ und wird immer als positiv empfunden;

- eine „mujerona“ ist eine große und unförmige Frau; der Ausdruck wirkt eher negativ, „mujercita“ wirkt dagegen immer positiv;

- mit „pobrecito“ verbindet sich eine gefühlsmäßige Anteilnahme.

# BIBLIOGRAPHIE

## I. Zu einzelnen Fragestellungen des Spanischen und des Deutschen


- Abad Nebot, Francisco: *El Artículo - Sistema y usos*. Madrid 1977.

- Alonso, Amado: „Estilística y gramática del artículo en español". In: A. Alonso, *Estudios de Lingüística. Temas españoles*. Madrid³1982, 125 - 160.

- Berschin, Helmut: *Präteritum- und Perfektgebrauch im heutigen Spanisch*. Tübingen 1976.

- Contreras, Heles: *El orden de las palabras en español*. Madrid 1978.

- Coseriu, Eugenio: „Sobre las llamadas ‚construcciones con verbos de movimiento': un problema hispánico". In: E. Coseriu, *Estudios de lingüística románica*. Madrid 1977, 70 - 78.

- Domínguez, José M: „La fraseología, una ‚bella durmiente' en la enseñanza lingüística". *Lebende Sprachen* 20, 1975, 116 - 119.

- Fente, Rafael: „Sobre los verbos de cambio o ‚devenir'". *Filología moderna* 38, 1970, 157 - 172.

- Frank, Dorothea: *Grammatik und Konversation*. Königstein 1980.

- Ibañez, Roberto: *Negation im Spanischen*. München 1972.

- Launay, Michel: „Acerca de los auxiliares y frases verbales". *Lingüística española actual* 2, 1980, 39 - 79.

- Lorenzo, Emilio: „Sobre los verbos de cambio". *Filología moderna* 38, 1970, 173 - 197.

- MacLennan, L. Genaro: *El problema del aspecto verbal. Estudio crítico de sus presupuestos*. Madrid 1962.

- Navas Ruiz, Ricardo: *Ser y estar: Estudio sobre el sistema atributivo del español*. Salamanca, Diss. 1963.

- Thun, Harald: *Dialoggestaltung im Deutschen und Rumänischen. Eine strukturell-kontrastive Studie zu den Existimatoren.* Tübingen 1984.

- Weinrich, Harald: „Zur Syntax des Artikels in der deutschen Sprache". *Jahrbuch für internationale Germanistik*, I (1), 1969, 61 - 74.

- Weydt, Harald: *Abtönungspartikel: Die deutschen Modalwörter und ihre französischen Entsprechungen.* Bad Homburg 1969.

**II. Kontrastive Untersuchungen Spanisch - Deutsch**

- Angulo V., Aramis: „Algunas observaciones sobre la relación entre tiempo y aspecto en los idiomas castellano y alemán". *Lenguaje y ciencias* 13, 1973, 1 - 4.

- Arana M., Rosalinda: „Sobre la cuantificación negativa en alemán y su equivalencia en castellano". *Lenguaje y ciencias* 12, 1972, 36–40.

- De Bruyne, Jacques: „Das Partizip I und fast gleichwertige Formen im Spanischen". *Linguistica Antverpiensia* 5, 1971, 7 - 14.

- Dauses, August: „‚Ser' und ‚estar' mit prädikativem Adjektiv. Ein kontrastiver Ansatz". In: Ernst, Gerhard und Stefenelli, Arnulf (Hg.), *Sprache und Mensch in der Romania. Heinrich Kuen zum 80. Geburtstag.* Wiesbaden, 1979, 14 - 20.

- Gartmann, Beate: *Das Übersetzungsproblem der spanischen Verbalperiphrasen.* Fachhochschule Köln (Diplomarbeit) 1986.

- Gauger, Hans-Martin: „Problemas de una gramática contrastiva del español y del alemán: un ejemplo: la voz pasiva". *Iberoromania* 7, 1978, 18 - 27.

- Hamacher, Josef: „Zur Übersetzung der deutschen Modalverben ins Spanische". *Lebende Sprachen* 24, 1979, 32 - 34.

- Jäger, Gert und Jäger, Sonja: „Zum Problem der Namen beim Übersetzen aus dem Deutschen ins Spanische". *Fremdsprachen* 1968, 131 - 134.

- Medina, Mario: „Análisis comparativo del uso del subjuntivo en alemán y en español". *Beiträge zur romanischen Philologie* 18, 1979, 267–271.

- Monteverde Ganoza, Luisa: „El comportamiento sintáctico de los adjetivos ‚seguro' e ‚importante' en los idiomas alemán y castellano". *Lenguaje y ciencias* 13, 1973, 41 - 45.

- Monteverde Ganoza, Luisa: „La traducción del gerundio español al alemán utilizando métodos algorítmicos". *Lenguaje y ciencias* 35, 1970, 26 - 33.

- Monteverde Ganoza, Luisa: „Los equivalentes españoles de la palabra alemana ‚es'". *Lenguaje y ciencias* 12, 1972, 64 - 70.

- Moral, Manuel: „Los verbos modales alemanes y su traducción al español". *Idioma* 6, 1969, 196 - 199, 296 - 304.

- Ortiz de Latierro, Enrique: „Los signos de puntuación en alemán y español". *Lebende Sprachen* 4, 1977, 171 - 175.

- Pajarez Márquez, D.: „Un algoritmo para la traducción del alemán al castellano por un traductor humano". *Lenguaje y ciencias* 22, 1966, 18 - 23.

- Pelzing, Ernst: „Zeichensetzung - Ein Vergleich spanischer und deutscher Beistrich-(Komma-) Regeln". *Lebende Sprachen* 1, 1986, 36 - 38.

- Romero Benavides, Dorothee: *Zur Übersetzbarkeit deutscher Abtönungspartikeln ins Spanische*. Fachhochschule Köln (Diplomarbeit) 1985.

- Schifko, Peter: „Kontrastive Probleme der Präfigierung im Spanischen und Deutschen" *Beiträge zur romanischen Philologie* 18, 1979, 291 - 305.

- Schneider, Hans: „‚Null-acht fünfzehn' und ‚Cero-ocho quince'. Ein kritischer Beitrag zum Problem der literarischen Übersetzung". *Romanistisches Jahrbuch VII (1955 - 56)*, 332 - 357.

- Weiffen, Corinna: *Zur Übersetzbarkeit verbaler Zusammensetzungen mit Richtungsadverbien vom Deutschen ins Spanische*. Fachhochschule Köln (Diplomarbeit) 1986.

- Wu de Zierer, Carolina: „Los equivalentes en castellano de la preposición alemana ‚an'". *Lenguaje y ciencias* 20, 1966, 16 - 20.

- Zierer, Ernesto: „El fenómeno de la metábasis en la traducción entre los idiomas alemán y español". *Lenguaje y ciencias* 14, 1964, 1 - 4.

- Zierer, Ernesto: „Equivalencias españolas de algunos adjetivos alemanes de uso peculiar". *Lenguaje y ciencias* 17, 1965, 15 - 20.

- Zierer, Ernesto: „Los equivalentes de las partículas expletivas alemanas *aber*, *vielleicht* y *ja* en el idioma español". *Lenguaje y ciencias* 12, 1972, 71 - 76.

- Zierer, Ernesto: „Algunos casos particulares de expresiones adverbiales y modales en los idiomas alemán y español". *Beiträge zur romanischen Philologie* 14, 1975, 315 - 317.

- Zierer, Ernesto. *Las partículas ilocutivas del idioma alemán y sus equivalentes en el idioma español*. Universidad Nacional de Trujillo 1978.

- Zierer, Ernesto: „Der Satzakzent als Unterscheidungsmerkmal beim modalen und illokutiven ‚vielleicht' und seine Entsprechungen im Spanischen". *Lenguaje y ciencias* 19, 1979, 41 - 50.

- Zierer, Ernesto: „Las partículas ilocutivas *eben*, *halt* y *ja* del alemán y sus equivalentes en el español". *Lenguaje y ciencias* 22, 1982, 59 - 70.

- Zurdo, María Teresa: „Estilística comparada de las preposiciones en español y alemán". *Filología moderna* 14, 1974, 50 - 51, 233 - 267.

- Zurdo, María Teresa: „Intento de análisis contrastivo de los sintagmas preposicionales de tiempo en español y en alemán". *Filología* 18, 1978, 63 - 64, 229 - 242.

**III. Kontrastive Untersuchungen Spanisch - andere Sprachen.**

- Arlandis, Irmgard de.: „La traducción del alemán ‚werden', del francés ‚devenir', del inglés ‚to become' al español". *Lebende Sprachen* 5 - 6, 1956, 166.

- Beltram, Amparo: „Modelo comparativo de los pronombres complementarios en castellano, inglés y alemán". *Lenguaje y ciencias* 28, 1968, 6–14.

- Criado de Val, Manuel: *Fisionomía del español y de las lenguas modernas. Sus características comparadas con las del francés, italiano, portugués, inglés y alemán*. Madrid 1972.

Bibliographie

- Dworschak, Gernot: „Imperfekt oder Präteritum? Ein Vergleich der einfachen Vergangenheitsform im Dt. mit entsprechenden Zeiten im Franz., Span. und Engl". *Deutschunterricht für Ausländer* 15, 1965, 90 - 98.

- Hoffmann, Dietmar: *Studien zur Verwendung der Artikel im Spanischen, Französischen, Englischen und Deutschen*. Tübingen, Diss. 1967.

- Lamíquiz, Vidal: „El demostrativo en español y en francés. Estudio comparativo y estructuración". *Revista de filología española* 50, 1970, 163 -202.

- Lamiroy, Béatrice: *Les verbes de mouvement en français et en espagnol. Étude comparée de leurs infinitives*. Leuwen: University Press, 1983.

- Pottier, Bernard: „L'impersonnalisation en français et en espagnol". In: Bausch, K.-R. und Gauger, H.-M. (Hg.), *Interlinguistica - Sprachvergleich und Übersetzung. Festschrift zum 60. Geburtstag von Mario Wandruszka*, Tübingen 1971, 265 - 269

- Sacks, Norman P.: „English ‚very', French ‚très', and Spanish ‚muy': a Structural Comparison and its Significance for Bilingual Lexicography". *Publications of the Modern Language Association of America* 86, 1971, 190 - 201.

- Schmid, Helmut: *Studien über modale Ausdrücke der Notwendigkeit und ihrer Verneinungen. Ein Übersetzungsvergleich in vier europäischen Sprachen*. Tübingen, Diss. 1966.

- Tison, Alexandre: „Le complément d'objet. Comparaison avec le ‚complemento directo' espagnol. Construction - confusions fréquentes - difficultés diverses." *Le français dans le monde* 46, 1967, 31 - 38.

- Tison, Alexandre: „Sur la traduction du ‚gerundio' espagnol". *Le français dans le monde* 10, 1962, 36 - 39.

- Vanriest, Juan B.: „Expressions négatives françaises et espagnoles". *Lenguaje y ciencias* 20, 1966, 23 - 26; 21, 1966, 1 - 4.

- Wu de Zierer, Carolina: *El gerundio español. Sus equivalentes en los idiomas inglés, francés y alemán*. Universidad Nacional de Trujillo 1965.

# SACH - UND WORTREGISTER